ATLAS UNSERER ZEIT

Alastair Bonnett ist Professor für Sozialgeografie an der Universität Newcastle. Er war Herausgeber der psychogeografischen Avantgarde-Zeitschrift *Transgressions: A Journal of Urban Exploration*. Auf Deutsch erschien bereits sein Buch *Die seltsamsten Orte der Welt. Geheime Städte, Wilde Plätze, Verlorene Räume, Vergessene Inseln* (2015).

Die englische Originalausgabe erschien 2017 unter dem Titel *New Views. The World Mapped Like Never Before* bei Aurum Press, London.
© 2017 Quarto Publishing plc.
Text © 2017 Alastair Bonnett
Design: Paileen Currie
Maps: Lovell Johns

Erste Auflage 2017
© 2017 für die deutsche Ausgabe: DuMont Buchverlag, Köln
Alle Rechte vorbehalten

Verlagskoordination: Marisa Botz
Übersetzung: Theresia Übelhör
Lektorat: Kerstin Thorwarth
Satz: Nazire Ergün
Umschlag: Birgit Haermeyer

Printed in China
ISBN 978-3-8321-9930-2

www.dumont-buchverlag.de

ALASTAIR BONNETT

ATLAS UNSERER ZEIT

50 KARTEN EINES SICH RASANT VERÄNDERNDEN PLANETEN

DUMONT

INHALT

- 4   Inhalt
- 6   Einleitung

8   LAND, LUFT UND MEER

- 10   Feuersbrünste
- 14   Asteroiden-Einschläge
- 18   Verwundbarkeit durch Naturkatastrophen
- 22   Wälder: Verlust und Zuwachs
- 26   Wasserstress
- 30   Pangaea Ultima
- 34   Das Heben und Senken der Erdkruste
- 38   Atomkraft und erneuerbare Energien
- 42   Luftverschmutzung
- 46   Sonnenenergie
- 50   Temperaturanomalien
- 54   Flugverkehr
- 58   Die von niemandem beanspruchte Welt
- 62   Müll im Meer
- 66   Unbekannte Meere
- 70   Trockenlegung der Ozeane
- 74   Driftbojen
- 78   Blitzschläge
- 82   Unterwasserkabel
- 86   Schwankungen des Meeresspiegels
- 90   Veränderung der Niederschläge

- **94 MENSCH UND TIER**
  - 96 Artenvielfalt der Amphibien
  - 100 Ameisen
  - 104 Vielfalt der Vogelarten
  - 108 Länder mit den meisten giftigen Tieren
  - 112 Vernachlässigte Tropenkrankheiten
  - 116 Fünf Prozent der Weltbevölkerung
  - 120 Ökologischer Fußabdruck jedes Einzelnen
  - 124 Friedfertigkeit
  - 128 Die Erde bei Nacht
  - 132 Sprachliche Vielfalt
  - 136 Gesamtfruchtbarkeitsrate
  - 140 Religiöse Vielfalt
  - 144 Fettleibigkeit
  - 148 Glück

- **152 GLOBALISIERUNG**
  - 154 Twitter-Verbindungen
  - 158 Amerikanische Fastfood-Ketten
  - 162 Schifffahrtswege
  - 166 Energieflüsse
  - 170 Zahl der Migranten
  - 174 Globale Menschenströme
  - 178 Bewohner der USA, die nicht dort geboren wurden
  - 182 Entfernung zur nächsten Stadt
  - 186 Stark gefährdete Sprachen
  - 190 Weltweiter Handel mit Nüssen
  - 194 Benzinpreise
  - 198 Essbare Insekten
  - 202 Waffenbesitz
  - 206 Drogenproblematik
  - 210 Zuckerkonsum

  - 212 Kartenprojektionen
  - 218 Literaturverzeichnis
  - 220 Index
  - 223 Bildnachweis
  - 224 Danksagung

EINLEITUNG

Nie war es aufregender, nie war es notwendiger, die Welt zu kartografieren. In diesem Buch finden sich fünfzig Karten unseres sich schnell verändernden Planeten. Fünfzig neue Ansichten, die uns überraschen und provozieren, uns aber auch veranlassen werden, das Leben auf der Erde aus neuen Blickwinkeln zu betrachten.

Es handelt sich um eine Achterbahnfahrt, die Themen streift, deren Relevanz nicht auf den ersten Blick einleuchten mag – wie zum Beispiel essbare Insekten und Blitzschläge –, die aber auch zu den größten sozialen Problemen unserer Tage führt, beispielsweise den globalen Migrationsströmen und dem ökologischen Fußabdruck eines jeden Einzelnen. Wir werden feststellen, dass all diese Dinge von der Geografie abhängen, auch die schmackhaften Grillen und die Blitze.

Landkarten rücken immer stärker ins Zentrum unserer Kultur. Weil so viele Menschen Geräte mit sich herumtragen, die unsere Welt im Nu kartografieren können, haben wir uns zu einer auf Karten fixierten Zivilisation entwickelt. Unsere fünfzig Karten entstanden zum großen Teil durch unsere jüngst erworbene Fähigkeit, Massendaten zu verarbeiten, egal, ob es um Ameisen oder um Sprachenvielfalt geht. Die erstaunlichen Bilder der Welt, die vor allem von Satelliten der NASA aufgenommen werden, revolutionieren die Art und Weise, wie wir die Erde betrachten. Im Laufe des vergangenen Jahrzehnts haben wir Zugang zu Aufnahmen der Welt von nie da gewesener Qualität, Genauigkeit und Vollständigkeit erhalten. Von den Feuersbrünsten bis hin zur Erde bei Nacht sind die so entstandenen Weltkarten ungeheuer nützliche Werkzeuge für jeden, der über die größten Herausforderungen, vor denen wir stehen, Bescheid wissen muss, um herauszufinden, wo zielführende Lösungen ansetzen sollten.

Aber sie sind noch viel mehr: Sie sind schön, faszinierend und aufregend.

Diese fünfzig Weltkarten beruhen auf unzähligen Terabyte an Daten, doch ebenso, was noch wichtiger ist, auf Millionen Arbeitsstunden von Fachleuten. Um nur ein Beispiel zu nennen: Die Karte der Unbekannten Meere basiert auf der umfassendsten Erhebung von Leben, die der Planet je gesehen hat. An ihr waren Tausende Wissenschaftler und Hunderte Expeditionen beteiligt, deren Arbeit zur Entdeckung von sechstausend neuen Spezies führte. Aus solchen Projekten ist *Der Atlas unserer Zeit* hervorgegangen, und er stellt, so hoffe ich, auch eine Art Hommage an diese und ähnliche Unternehmungen dar.

Die Weltkarte hat etwas Erhabenes. Sie kann ein bisschen zu verführerisch sein. Häufig gehen kleinere und sehr wichtige Details verloren, und wir gewinnen lediglich eine allgemeine Großansicht. Doch in einer global vernetzten Welt müssen wir das Gesamtbild sehen, und ein solcher Überblick wird immer wichtiger. Weltkarten verdeutlichen ein Problem sofort; so erkennt man beinahe auf den ersten Blick das Ausmaß der Friedfertigkeit oder des Wassermangels auf dem Planeten. Beim genaueren Hinsehen beginnen wir Verbindungen zwischen Ländern, regionale Muster und Ähnlichkeiten zu erkennen, die für ein globales Verständnis entscheidend sind.

Wir haben diese Karten ausgewählt, weil uns jede von ihnen etwas Originelles und Wichtiges zu sagen hat. Wir haben versucht, ein breites Spektrum von Themen abzudecken, von denen einige rein sozialer Art sind, wie zum Beispiel der Waffenbesitz, und manche ausschließlich natürlicher Art, beispielweise aufsteigende und sinkende Landmassen oder die Pangaea Ultima. Aber darüber hinaus werden wir sehen, wie häufig die Weltkarte Mensch und Natur miteinander verbindet. Und dass die Geografie vieler „Naturphänomene", wie zum Beispiel der Vielfalt der Vogelarten oder Temperaturschwankungen, durch das Handeln des Menschen beeinflusst wird.

Die Verbindung zwischen Natur und Gesellschaft wird auf jenen Karten besonders augenfällig, die Themen behandeln, von denen wir vielleicht dachten, dass sie niemals kartografiert werden könnten. So sagt uns etwa unsere Karte der Benzinpreise ebenso viel über die Art und Weise, wie Regierungen die Benzinpreise manipulieren, wie darüber, welche Länder große Erdölvorkommen besitzen. Die Weltkarte der Müllansammlungen im Meer ist sowohl eine Abbildung unserer Wegwerfkultur als auch der natürlichen Meeresströmungen.

„Jeder, der einen Atlas aufschlägt, will maßlos alles auf einmal – die ganze Welt", schreibt Judith Schalansky, die den *Atlas der abgelegenen Inseln* verfasst hat. „Ich würde einen Atlas heute noch jedem Reiseführer vorziehen", erklärt sie, „weil es kein poetischeres Buch gibt." Der *Atlas unserer Zeit* ist ein Buch der harten Fakten und realen Daten, doch vielleicht besitzt er ebenfalls einen Hauch von Poesie. Die Aussagekraft und der Zauber der Karte faszinieren uns und regen unsere Fantasie an.

LAND, LUFT UND MEER

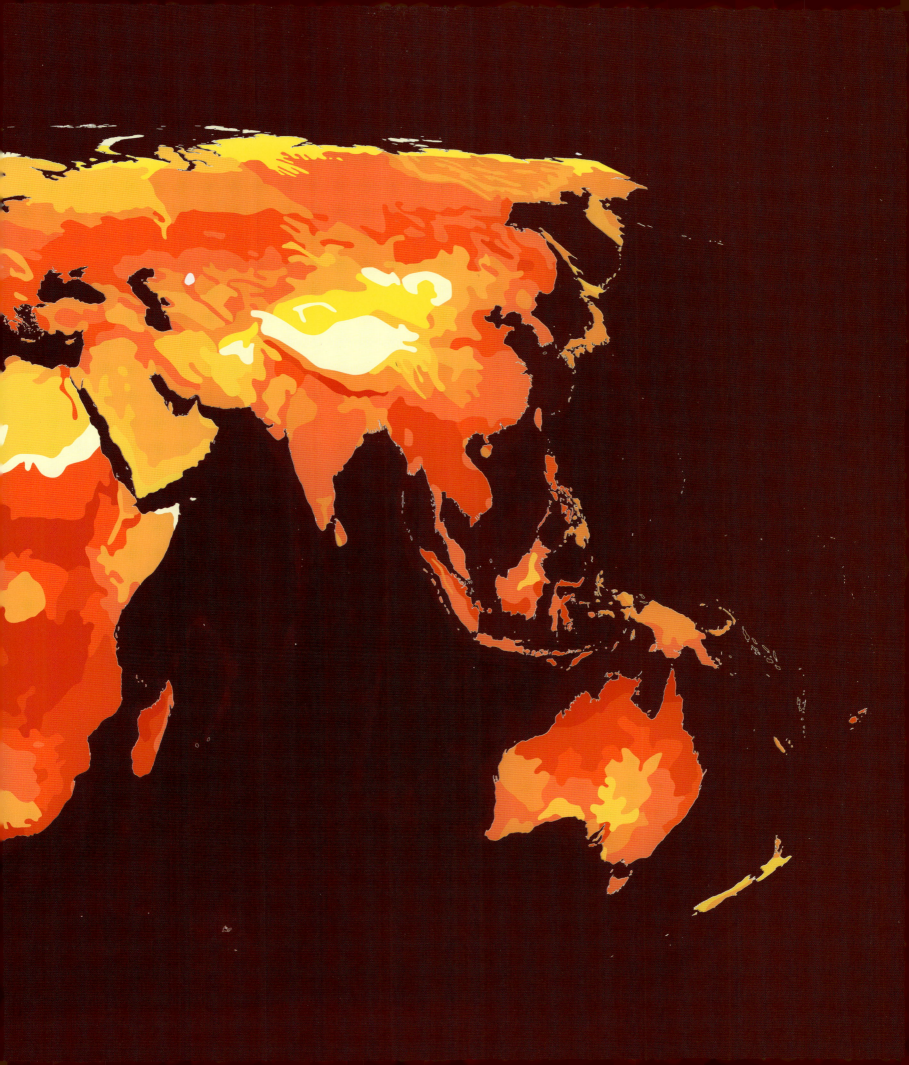

FEUERSBRÜNSTE

Feuer ist sowohl eine zerstörerische als auch eine schöpferische Kraft. Es zerstört die Vegetation und das Leben von Menschen und Tieren, kann aber dennoch ein wichtiger Bestandteil des Ökosystems sein. Hier findet sich eine Karte, die anzeigt, wo es am häufigsten zu Bränden kommt. Es handelt sich um eine auf der Ökologie basierende Karte, die Satellitendaten über Flächenbrände mit Daten von brennbarem Pflanzenbewuchs kombiniert, um einen Index der Feueraktivität zu erstellen, der von 0 (geringste Aktivität) bis 1 (höchste Aktivität) reicht. Das Ergebnis ist eine Abbildung, die zeigt, in welchen Teilen der Erde am häufigsten Bände zu verzeichnen sind. Die Bedeutung der ökologischen Dimension besteht darin, dass die Karte uns in die Lage versetzt, nicht nur einzelne Vorfälle, sondern auch die Anfälligkeit für Bände zu erkennen. Die Karte zeigt uns, dass die heißesten Orte der Erde, wie zum Beispiel die Sahara, weniger anfällig für Bände sind als deutlich kältere Regionen. Das liegt daran, dass es in der Wüste so wenig brennbares Material gibt. Die Tropen sind die Regionen, wo es am häufigsten zu schweren und verheerenden Flächenbränden kommt. Ein leuchtend rotes Band mit gezackten Rändern zieht sich von Mittelamerika und dem Amazonasgebiet über das subsaharische Afrika bis in den Norden Australiens – Regionen, in denen es heiß und eine üppige Vegetation vorhanden ist.

Diese Karte hätte ohne die Daten, die vom *Fire Information for Resource Management System* der NASA gesammelt wurden, nicht erstellt werden können. Ein Satellit der NASA macht unentwegt Aufnahmen von Flächenbränden und gibt schon drei Stunden nach jedem Überflug die entsprechenden Karten heraus. Dieses ständig aktualisierte Bild unseres brennenden Planeten zeigt, dass Feuersbrünste besser als jemals zuvor aufgespürt und beobachtet werden können.

Das schwelende Band aus Feuer, das auf der Karte zu sehen ist, stellt jedoch nicht notwendigerweise eine zerstörerische Kraft dar. Juli Pausas, ein Pflanzenökologe am Wüstenforschungszentrum in Spanien, der die Daten für diese Karte gesammelt und zusammengefügt hat, erklärt, dass „manche Pflanzen nur nach einem Brand blühen und andere eine dickere Rinde bilden, um zu überleben". Er fügt hinzu, dass es „in unseren Ökosystemen schon immer zu Bränden gekommen ist". Für Pausas „ist eine Welt ohne Bände wie eine Kugel, die nicht rund ist, das heißt, sie ist gar nicht vorstellbar".

Doch die Karte zeigt uns darüber hinaus die Anfälligkeit unseres Planeten für Feuersbrünste, insbesondere in Anbetracht zunehmender Erderwärmung. Höhere Temperaturen werden dazu führen, dass mehr Regionen der Welt, selbst in gemäßigten Zonen, in die Kategorie „besonders stark gefährdet" hinaufgestuft werden müssen. Pausas stellt fest, dass „in einer feuchten Ökoregion mit üppiger Vegetation viel leichter Bände entstehen als in einem trockenen Gebiet". Weiter erklärt er, dass „die Brandempfindlichkeit bei hohen Temperaturen in Gegenden mit hoher Flächenproduktivität viel größer ist", was bedeutet, dass „minimale Temperatur-

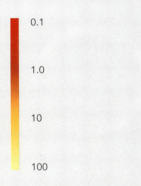

Ein Band aus Feuer bedeckt die Tropen. Die Karte zeigt die Feueraktivität im März 2010.

Feuerpunkte / 1000 km² / Tag

veränderungen in produktionsstarken Gebieten eine viel stärkere Wirkung auf die Brandhäufigkeit haben".

Das geschulte Auge erkennt auf der Karte bereits das Eingreifen des Menschen. Die Theorie besagt, dass Vegetation und Hitze die besten Zutaten für Brände darstellen, demnach müsste im Süden der USA mehr Feueraktivität zu verzeichnen sein, als sich tatsächlich entfaltet. Pausas vermutet, dass Maßnahmen zur Feuerbekämpfung angefangen haben, das Bild zu verzerren, was bedeutet, dass weniger Brände in Regionen ausbrechen, deren Pflanzenbewuchs historisch an diese Feuer angepasst ist. Hingegen kommt es in einigen tropischen Gebieten häufiger zu Bränden, als die Natur nahelegt. Das könnte auf die Abholzung und die darauf folgende Ausbreitung von Gräsern und Holzgewächsen zurückzuführen sein, die leichter entzündlich sind als Tropenwälder.

FEUERSBRÜNSTE 13

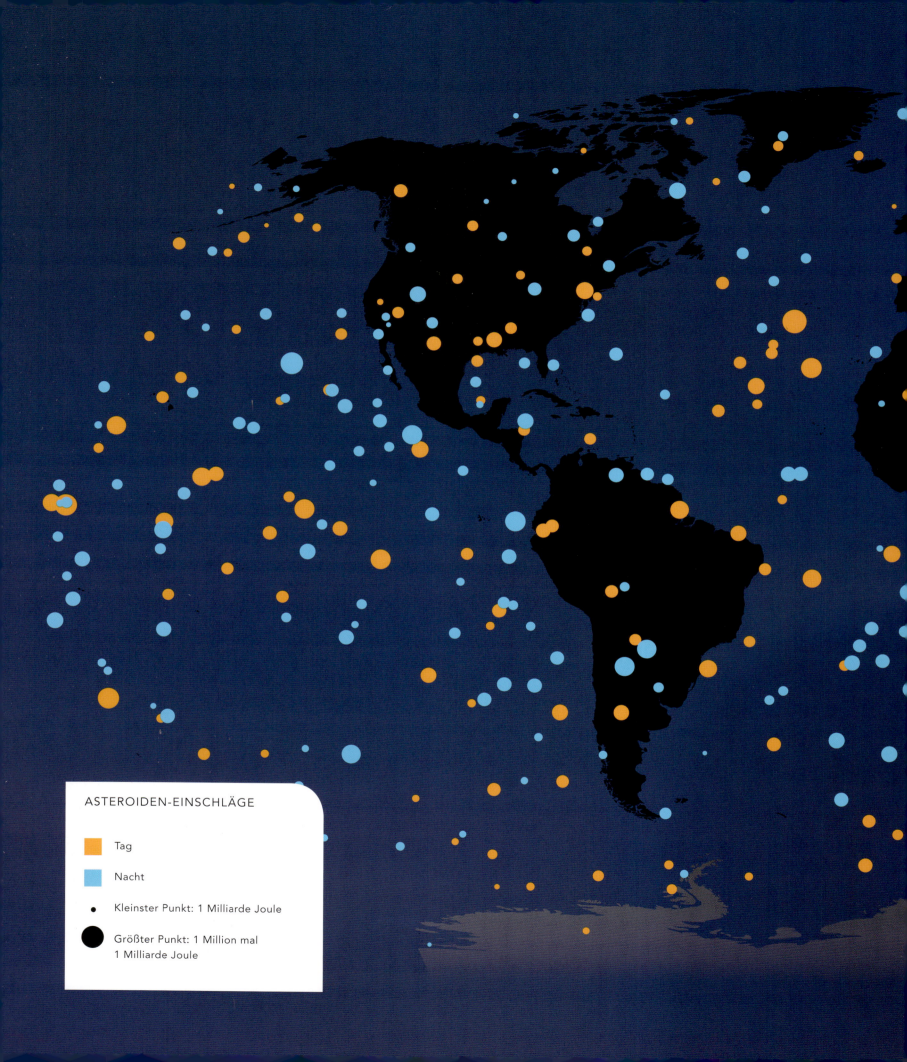

ASTEROIDEN-EINSCHLÄGE

Unser Planet wird ständig mit Material aus dem Weltraum bombardiert. Jeden Tag verglühen etwa 100 Tonnen Staub und Partikel von der Größe eines Sandkorns in der Atmosphäre. Die Daten dieser Karte basieren auf dem Material, das im November 2014 vom *Near-Earth Object Observations Program* der NASA herausgegeben wurde. Sie zeigt die weltweite Verteilung dessen, was als „Einschlag kleiner Asteroiden" eingestuft wird, deren Größe zwischen 1 und 20 Metern liegt, und umfasst einen 20-Jahreszeitraum zwischen 1994 und 2013. Die orangen Punkte kennzeichnen Einschläge bei Tag, die blauen solche bei Nacht. Die Punkte sind je nach Energie des Einschlags (in Joule gemessen) unterschiedlich groß. Sie mögen zwar als „kleine Einschläge" bezeichnet werden, doch der kleinste Punkt auf der Karte repräsentiert eine Milliarde Joule Strahlungsenergie, das Äquivalent von etwa fünf Tonnen des Sprengstoffs TNT. Die größten Punkte stellen bis zu einer Million mal eine Milliarde Joule dar, was einer Million Tonnen TNT entspricht.

Besonders auffällig an dieser Karte ist, wie weit verstreut die Einschläge sind. Sie zeigt ein Zufallsmuster. Kein Ort wird wahrscheinlicher getroffen oder nicht getroffen als irgendein anderer. Das heißt aber nicht, dass die Chancen, irgendwann getroffen zu werden, gleich groß sind. Jüngste Forschungsergebnisse legen nahe, dass es bestimmte Zeiten im Jahr gibt, in denen die Erdumlaufbahn Einschläge wahrscheinlicher macht. Nördlich des Äquators ist die Wahrscheinlichkeit eines Meteoriteneinschlags im Monat November am größten, im Mai und Juni am geringsten.

Es handelt sich um Einschläge in die Erdatmosphäre. Sämtliche Asteroiden zerbrechen in der Atmosphäre und gelangen nur als kleinere Fragmente, „Meteoriten" genannt, auf die Erdoberfläche. Der größte Einschlag ist auf der Karte mit einem orangen Punkt in Südrussland markiert. Der große Feuerball, der am Morgen des 15. Februar 2013 am Himmel über Tscheljabinsk zu sehen war, war ein Asteroid von 17 bis 20 Metern Größe, der mit hoher Geschwindigkeit in die Erdatmosphäre eintrat. Die dadurch entstandene Druckwelle beschädigte Gebäude in der ganzen Stadt und forderte Hunderte Verletzte, aber zum Glück waren keine Todesopfer zu beklagen.

Der Zweck, alle diese Einschläge aufzuzeichnen, besteht darin, uns auf das Ausmaß des Problems aufmerksam zu machen und uns auf größere und verheerendere Einschläge vorzubereiten. Das Ziel des *Near-Earth Object Observations Program* ist es, „möglicherweise gefährliche Asteroiden ausfindig zu machen, bevor sie uns finden", erklärt der Leiter des Projekts, Donald Yeomans. Etwa einmal im Jahr trifft ein Asteroid von der Größe eines Autos auf die Erdatmosphäre, und nur circa einmal alle 5000 Jahre schlägt ein Asteroid von der Größe eines Fußballfelds in die Erdatmosphäre ein. Und es kommt im Durchschnitt alle paar Millionen Jahre zu einem kolossalen Einschlag, der so verheerend ist, dass er das Leben auf der Erde radikal verändert oder sogar auslöscht.

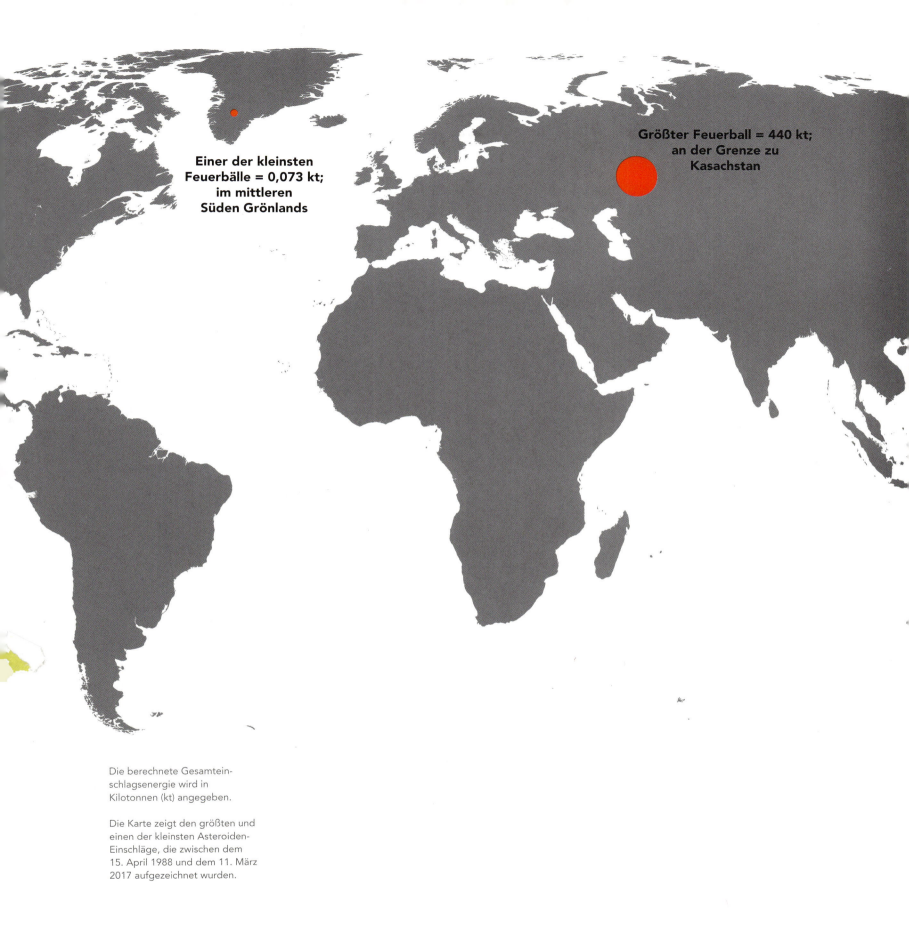

Die berechnete Gesamteinschlagsenergie wird in Kilotonnen (kt) angegeben.

Die Karte zeigt den größten und einen der kleinsten Asteroiden-Einschläge, die zwischen dem 15. April 1988 und dem 11. März 2017 aufgezeichnet wurden.

ASTEROIDEN-EINSCHLÄGE

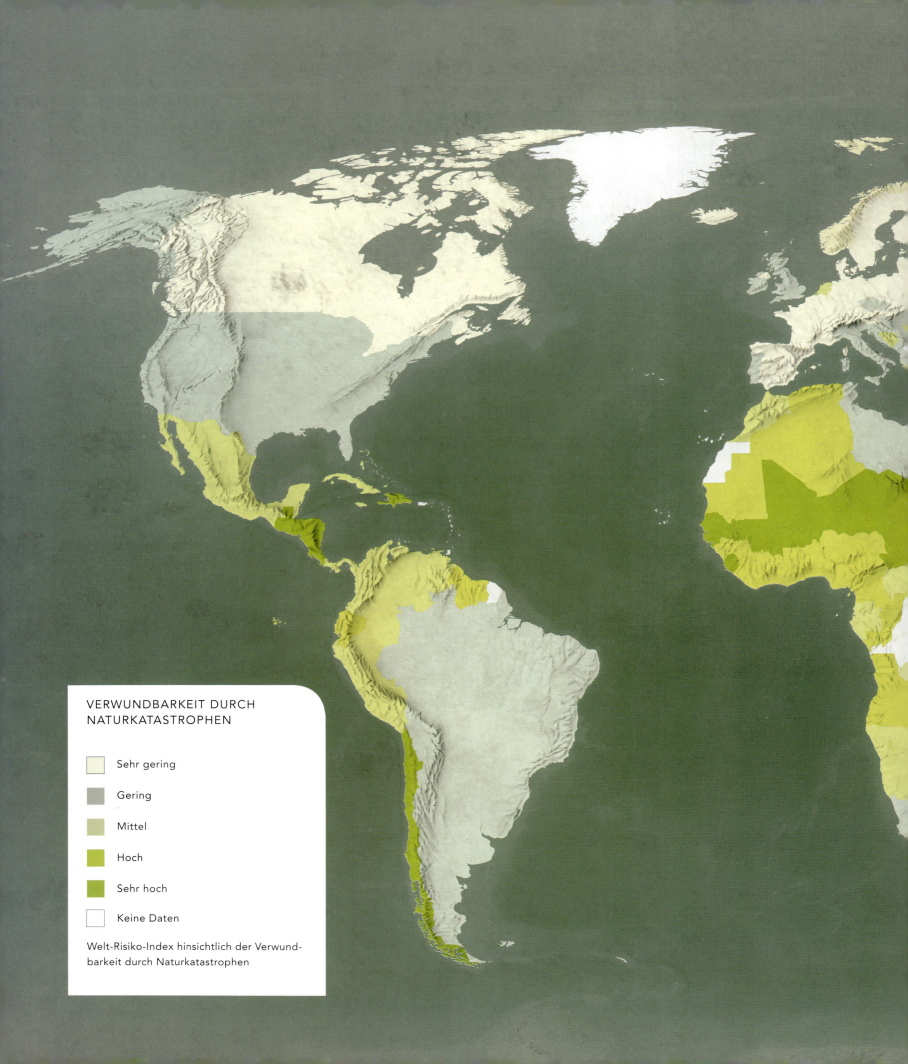

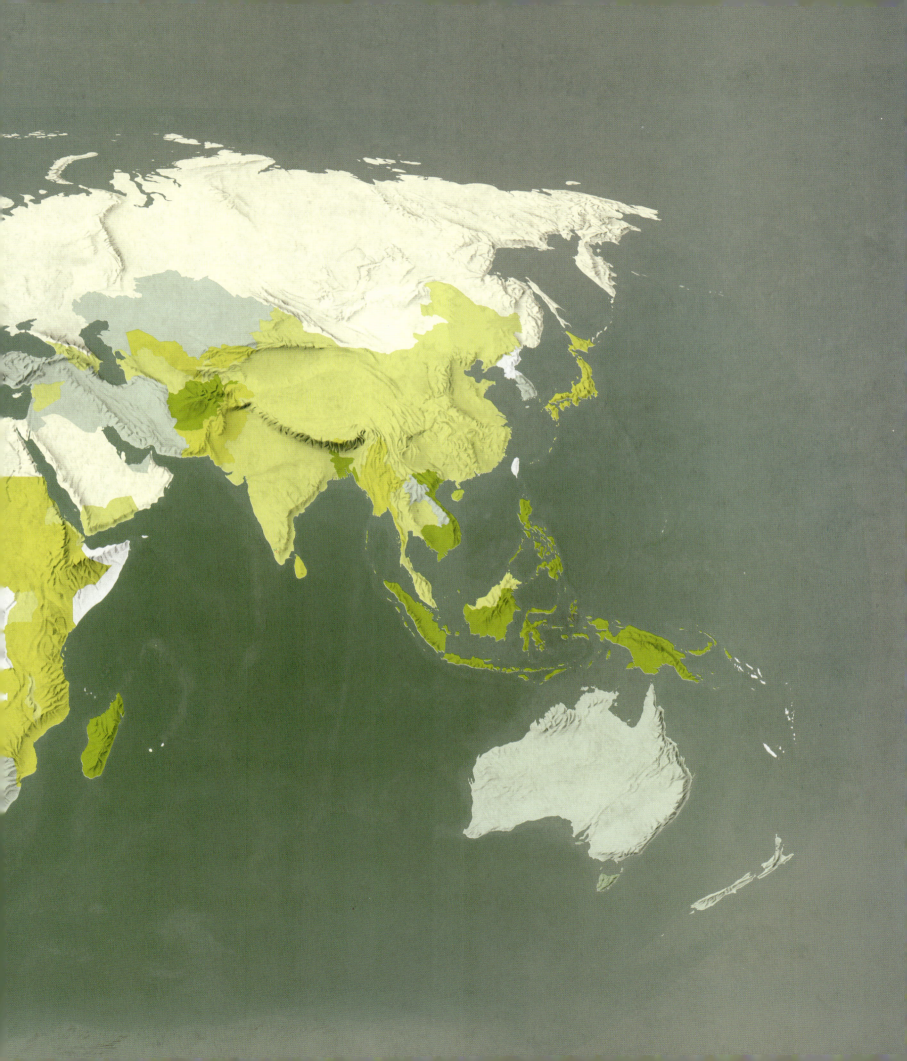

VERWUNDBARKEIT DURCH NATURKATASTROPHEN

Ständig ereignen sich Erdbeben, Dürren, Überschwemmungen und Wirbelstürme. Nur wenn diese Ereignisse für die Menschen katastrophale Folgen haben, schenken wir ihnen wirklich Beachtung. Diese Karte basiert auf dem Welt-Risiko-Bericht der Vereinten Nationen von 2012, in dem die Inselgruppe Vanuatu im Pazifik als der gefährdetste Ort auf dem Planeten bezeichnet wird und Katar, das auf der Arabischen Halbinsel liegt, als der am wenigsten gefährdete.

Vanuatu hat darunter zu leiden, dass es in einer Erdbeben- und Wirbelsturmzone liegt und nicht die Ressourcen besitzt, damit fertigzuwerden. Es mag winzig sein, aber die gleiche Gefährdungslage gilt für die Philippinen, dem Nachbarn im Pazifik: Mit einer Bevölkerung von 100 Millionen Menschen sind die Philippinen das Land, das in Sachen Gefährdung an dritter Stelle rangiert. Die Karte zeigt, dass die Mehrheit der Weltbevölkerung in Gebieten mit mittlerer bis hoher Gefährdung lebt. In den meisten dieser Länder geht es nicht nur darum, dass nicht genügend Ärzte vorhanden sind, sondern es mangelt auch an Planung und an der Einrichtung und Wartung von Warnsystemen. Das Frühwarnsystem, das in vielen Ländern installiert wurde, nachdem 2004 etwa 280 000 Menschen einem Tsunami im Indischen Ozean zum Opfer gefallen waren, ist ein typisches Beispiel dafür. Es funktionierte mancherorts drei oder vier Jahre lang, wurde aber nicht gewartet, und inzwischen sind viele Frühwarnbojen kaputt oder verloren gegangen.

Der Wissenschaftler, der die Risiko-Index-Karte entwickelt hat, nämlich Professor Jörn Birkmann von der Universität Stuttgart, erklärt, dass die „Verwundbarkeit eines Landes zum größten Teil darüber entscheidet, ob aus einer Naturgefahr eine Katastrophe wird". So wird ein Wirbelsturm, wenn er die USA trifft, zwar Schäden verursachen, sich aber wahrscheinlich nicht zur Katastrophe auswachsen; trifft er jedoch die Philippinen, werden viele Menschen in höchster Gefahr sein. Der leuchtend grüne Streifen der Länder Afrikas, der ihre akute Verwundbarkeit anzeigt, macht dies sehr deutlich. Die Naturkatastrophe, die diese Gebiete am ehesten heimsucht, ist eine Dürre – eine eine Katastrophe, bei der angemessene Ressourcen und Vorbereitungen Abhilfe schaffen könnten. Das erklärt auch, warum benachbarte Länder, die mit den gleichen „natürlichen" Risiken konfrontiert sind, in ihrer Verwundbarkeit ganz unterschiedlich eingestuft werden können. Zum Beispiel Haiti und Kuba oder der Jemen und Saudi-Arabien: Es bestehen die gleichen Risiken, aber der Umgang damit ist verschieden.

Es wäre jedoch ein Fehler zu glauben, dass sich die Verwundbarkeit durch mehr Geld oder Bildung aus der Welt schaffen ließe. Trotz unübertroffener Vorsichtsmaßnahmen bleibt Japan sehr verwundbar: Der Mensch kann die Auswirkungen eines großen Erdbebens nur bis zu einem gewissen Grad abmildern. Es gibt keine Nation, die von Mutter Natur nicht sehr schnell in die Knie gezwungen werden kann. Naturkatastrophen fordern pro Jahr im Durchschnitt etwa 68 000 Menschenleben und haben gravierende Auswirkungen auf weitere 218 Millionen (diese Zahlen beziehen sich auf die Jahre 1994 bis 2013). Aufgrund der

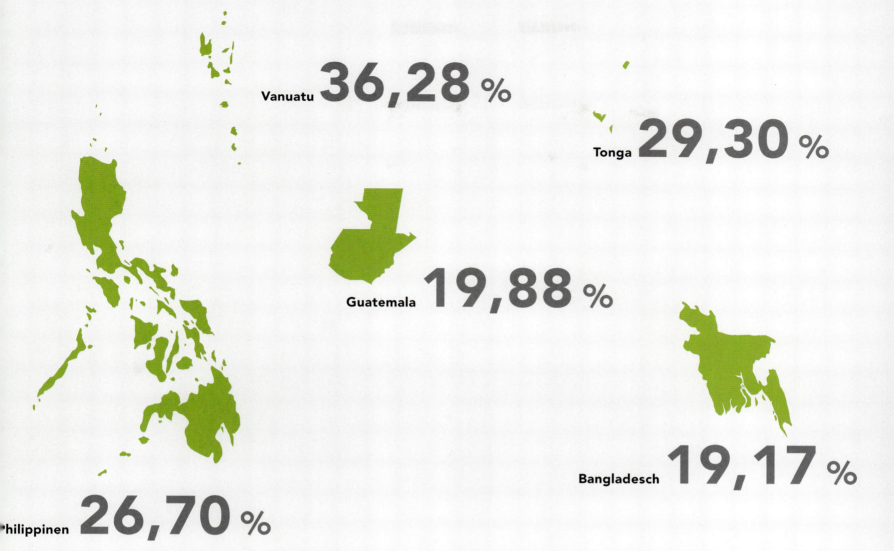

Die fünf durch Naturkatastrophen verwundbarsten Länder im Jahr 2016. Die Prozentangabe des Welt-Risiko-Index wird durch die Kombination der Daten über Bewältigung, Anfälligkeit und Verwundbarkeit berechnet.

Tatsache, dass – zusätzlich zum Klimawandel und zum Rückgang natürlicher Schutzsysteme (wie etwa Sandbänke oder Sumpfgebiete in Küstennähe) – eine wachsende Bevölkerung in gefährdeten Gegenden lebt, wie zum Beispiel in Küstenstreifen und Millionenstädten, wird meist eher ein Anstieg als ein Absinken dieser Zahlen prognostiziert.

Es sind nicht nur die bekannten Katastrophen, die die Zahlen in die Höhe treiben. Eine neue Gefahr muss in Betracht gezogen werden, nämlich die weltweite demografische Entwicklung, die eine alternde und deshalb verletzlichere Bevölkerung zur Folge hat. Es wird erwartet, dass sich zwischen 2010 und 2040 die Zahl der Menschen über 65 Jahre in den weniger entwickelten Ländern verdreifachen wird. Die Verwundbarkeit wird also erhalten bleiben.

VERWUNDBARKEIT DURCH NATURKATASTROPHEN

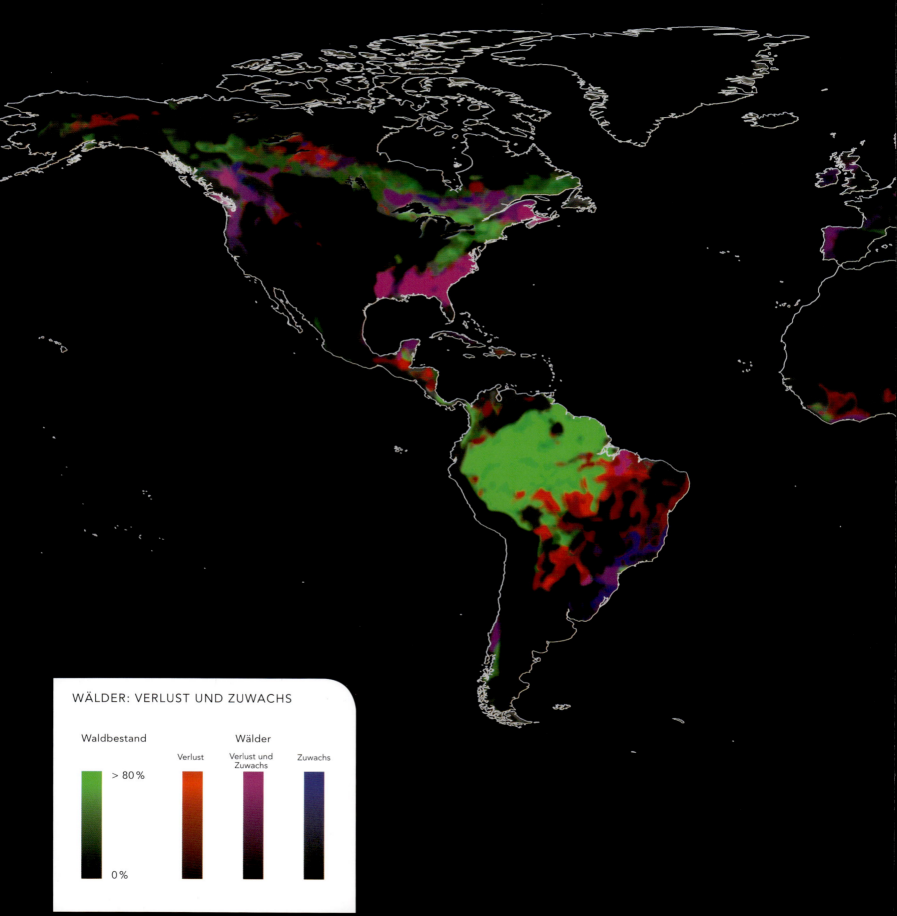

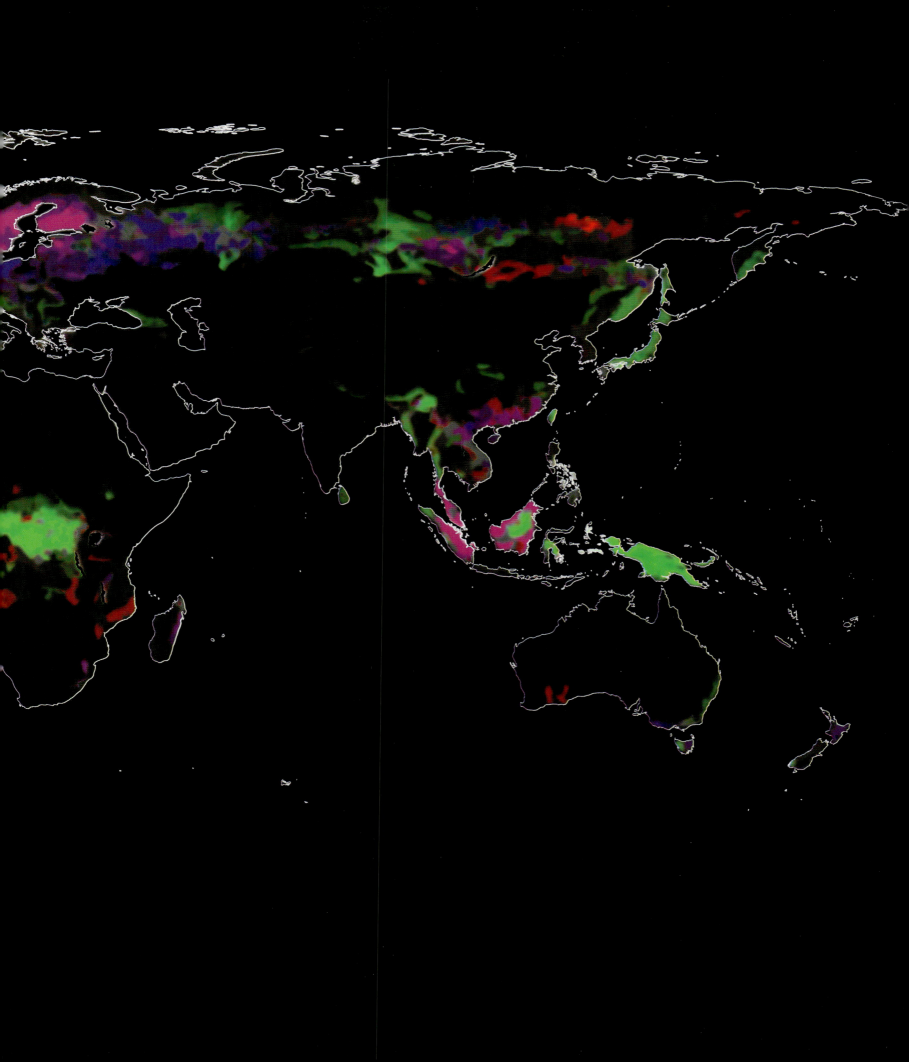

WÄLDER: VERLUST UND ZUWACHS

Die Welt wird sich des Problems der Abholzung von Wäldern allmählich bewusst. Leider zeigt diese Karte an, dass man vor allem dort sensibel wird, wo das Problem am geringsten ist. Die roten Bereiche kennzeichnen die Verluste, die blauen die Zugewinne. Es ist klar, dass in Teilen Nordamerikas, Europas und Russlands Waldflächen zurückgewonnen wurden, doch in den Tropen, dem artenreichsten Gebiet auf unserem Planeten, kommt es weiter zu dramatischen Verlusten. Diese bemerkenswerte Aufnahme basiert auf Satellitenüberwachungen, die zwischen 2000 und 2012 jedes Jahr durchgeführt wurden. Im Laufe dieser Zeit gingen fast 2 300 000 km² Wald verloren, während circa 800 000 km² hinzugewonnen wurden. Ein großer Teil dieses Zugewinns fand auf früheren Wald- beziehungsweise Agrarflächen statt, insbesondere in Russland.

Das Expertenteam für Fernerkundung, das die ursprüngliche Version dieser Karte erstellte, leistete beachtliche Arbeit. Die Detailgenauigkeit lässt uns erkennen, wie erfolgreich bestimmte Naturschutzstrategien sind. So sehen wir zum Beispiel, dass in Brasilien, wo der Waldverlust ganz offensichtlich ist, die Schutzmaßnahmen des Landes Wirkung zeigen, denn es gibt auch Zugewinn an Waldflächen. Einige der größten entwaldeten Flächen Südamerikas befinden sich in Bolivien, im Herzen des Kontinents. Sehr deutlich sind die Verluste auch in mehreren Ländern in West- und Zentralafrika.

Die violetten Bereiche zeigen sowohl Verluste als auch Zugewinne an. Sie weisen gewöhnlich auf intensive Forstwirtschaft mit fortdauernder Rodung und Bepflanzung hin. Matthew Hansen, der Leiter des Fernerkundungsteams, erklärt: „Wenn man sich Finnland und Schweden ansieht, so erkennt man in den vielen Flächen mit ständigem Wechsel von Schwund und Zuwachs einfach das der Landschaft aufgeprägte IKEA – es handelt sich um eine Kultur der Waldbewirtschaftung." Ähnliches gilt für Gebiete in Nordamerika mit intensiver Aufforstung und Abholzung, vor allem im Südosten und Nordwesten der USA und in Kanada.

Manche behaupteten, diese Karte spiele die Problematik des Waldverlusts herunter. Weil der Begriff „Wald" laut Definition „sämtliche Vegetation, die höher ist als 5 Meter", umfasst, zählen dazu auch Monokulturen von Ölpalmen, Gummi- und Eukalyptusbäumen, die auf gerodeten Waldflächen angepflanzt wurden. Kritiker führten ins Feld, dass „die Einstufung von Plantagen als Wälder von einem gefährdeten Lebensraum und seinen größten Bedrohungen ablenkt". Hansen und sein Team konterten mit der Feststellung, sie hätten nie behauptet, zwischen Gut und Böse zu unterscheiden. Das ist ein wichtiger Hinweis, und die Karte sollte unvoreingenommen betrachtet werden. Aber die Kritik erinnert uns sinnvollerweise an die tief sitzenden Überzeugungen, mit denen so oft an Weltkarten herangegangen wird. Wir gehen davon aus, dass mehr Wald, mehr Wachstum stets etwas Positives sei. Dabei handelt es sich um eine Verallgemeinerung, die gewöhnlich zutrifft, aber dennoch eine Verallgemeinerung bleibt.

ATLAS UNSERER ZEIT

Waldverlust und -zuwachs zwischen 2000 und 2012

WÄLDER: VERLUST UND ZUWACHS

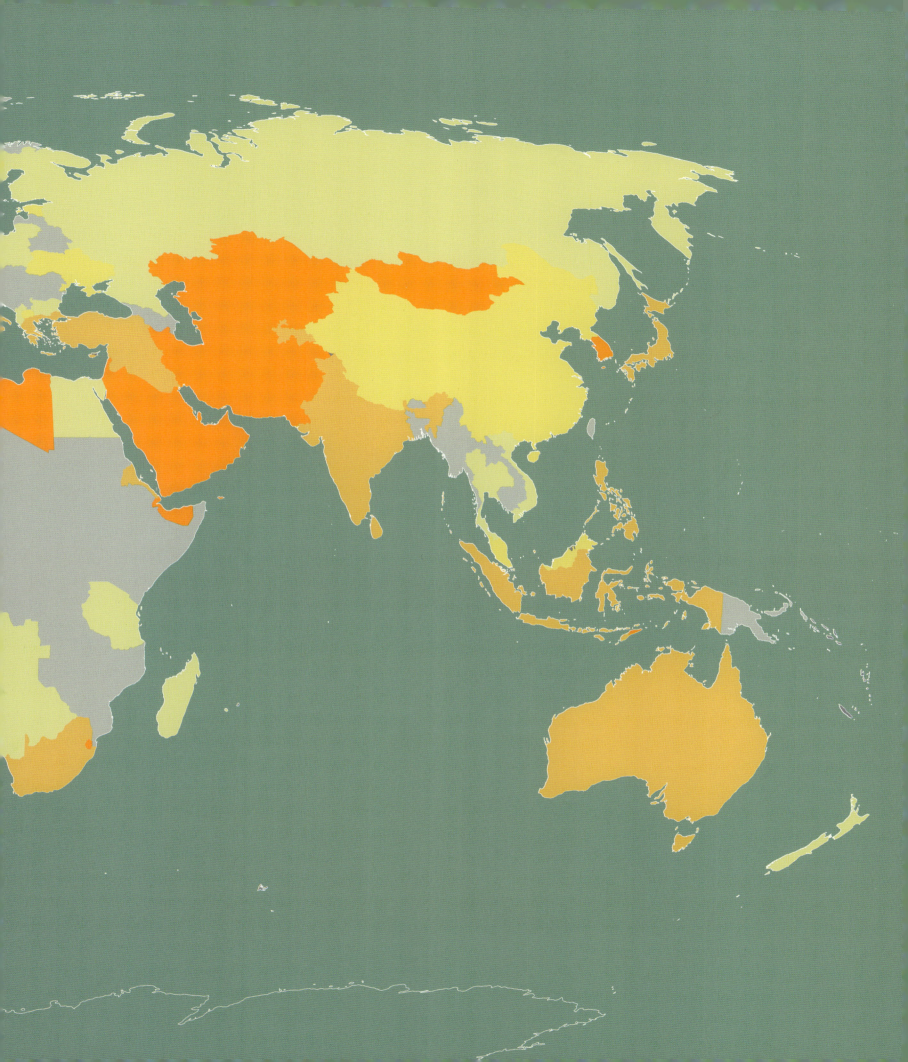

WASSERSTRESS

Wasser ist unsere wertvollste Ressource, eine Ressource, die immer knapper wird. Mit dem Begriff „Wasserstress" wird diese Situation treffend beschrieben. Der Wasserstress wird durch das Verhältnis von Wasserverbrauch und Wasserversorgung ermittelt. Hoher Stress bedeutet, dass es wenige Wasservorräte gibt, der Verbrauch aber hoch ist. Diese Momentaufnahme entstand mithilfe von Daten aus dem Jahr 2013, die vom World Resources Institute zur Verfügung gestellt wurden. Die Daten wurden gesammelt, bevor eine große Dürre und Massenhungersnot eine ganze Reihe von Ländern in West- und Ostafrika heimgesucht hat. Die Abbildung zeigt einen Bogen von hohem Stress, der sich von Chile über Mexiko hinweg und über die Länder an der Mittelmeerküste, über den ganzen Nahen Osten und Zentralasien, dann hinunter nach Indien, Indonesien und schließlich bis nach Australien erstreckt. Es handelt sich um ein Riesenproblem, das zu einer der entscheidenden Krisen des 21. Jahrhunderts zu werden droht.

Die Liste der Länder mit geringem Wasserstress ist ziemlich kurz. Darauf finden sich eine Reihe von äquatornahen Ländern wie Brasilien und einige Länder in Zentralafrika, wo es große Flüsse gibt und darüber hinaus eine Kombination aus riesigen Landflächen und geringer Bevölkerungsdichte vorliegt. Das heißt jedoch nicht notwendigerweise, dass die Menschen in diesen Regionen ausreichend mit Wasser versorgt sind. Viele Menschen im subsaharischen Afrika leiden noch immer unter dem, was als „wirtschaftliche Wasserknappheit" bezeichnet wird. Die Ursache dafür ist, dass sie überhaupt keine Wasserversorgung haben: Es gibt kein Leitungsnetz und keine Infrastruktur, die es ihnen ermöglichen würden, das eigentlich reichlich vorhandene Wasser zu nutzen.

Beim Wasserstress geht es nicht um jedes x-beliebige Wasser, sondern um frisches Wasser – um trinkbares, salzfreies Wasser. Etwa 97 Prozent des Wassers auf der Erde finden sich in den Ozeanen. Wir haben jede Menge Wasser; woran es uns allerdings mangelt, ist salzfreies Wasser. Frisches Wasser ist rar und die künstliche Herstellung äußerst kostspielig.

Es gibt ein paar clevere Ansätze, das Problem in den Griff zu bekommen. In Hongkong werden etwa 80 Prozent der Toiletten dank eines separaten Leitungssystems, das in den 1950er-Jahren installiert wurde, mit Meerwasser gespült. Doch diese Idee wurde an keinem anderen Ort der Welt aufgegriffen. Es gibt keine einfachen Lösungen zur Behebung von Wasserstress.

Aus zahlreichen Gründen wird Wasserstress zu einem zunehmenden Problem. Das Klima verändert sich, und das bedeutet für einige Menschen mehr Regen, für die meisten aber weniger, insbesondere in vielen Gegenden der Welt, in denen Getreide erzeugt wird. Hinzu kommt das Bevölkerungswachstum vor allem in Regionen, in denen es schon heute an Wasser mangelt. Im Nahen Osten und in Nordafrika leben 6,3 Prozent der Weltbevölkerung, doch dort gibt es nur 1,4 Prozent der weltweiten erneuerbaren Frischwasserreserven. Kein Wunder also, dass diese Gebiete die wasserärmsten Regionen der Welt sind.

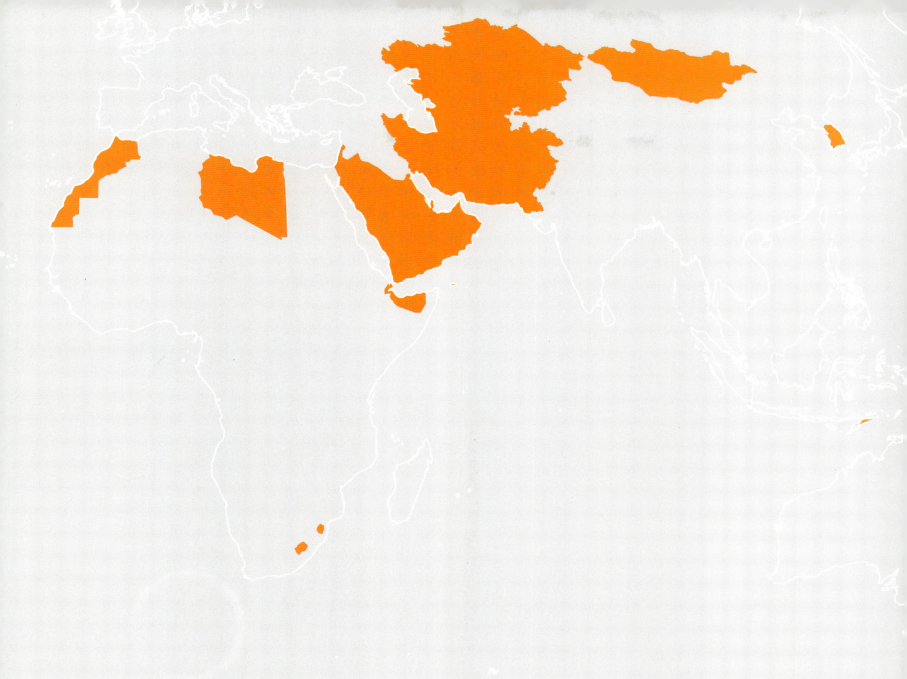

Durstiges Land. Die orangefarben dargestellten Länder verzeichneten 2013 den höchsten Wasserstress.

Aber sogar in diesen Regionen, etwa im Nahen Osten, wie auch überall sonst, wird der größte Teil des Frischwassers nicht etwa von den Menschen getrunken, sondern für die Bewässerung der landwirtschaftlich genutzten Flächen verwendet. Mehr als 90 Prozent des Frischwasserverbrauchs auf der Welt fließt in die Landwirtschaft. Wasserintensive Getreidearten wie Weizen, Reis und Mais verbrauchen 27 Prozent, die Fleischproduktion benötigt 22 Prozent und die Milchwirtschaft 7 Prozent. Wir müssen auf weniger durstige Feldfrüchte umsteigen und beginnen, dürreresistentes Getreide wie Hirse und Sorghum anzupflanzen.

WASSERSTRESS

PANGAEA ULTIMA

PANGAEA ULTIMA

Hier geht es nicht um die Welt von früher; hier geht es um die zukünftige Welt. „Pangaea" ist der Name eines Superkontinents, der vor 300 Millionen Jahren existierte. Er brach auseinander, und die Kontinente, die wir heute kennen, bildeten sich heraus. Aber die Bewegung der großen Erdplatten, auf denen sich die Meere und das Land befinden, ist nicht etwa zum Stillstand gekommen. Aufgrund unserer Kenntnisse der früheren Bewegungen dieser Platten können wir in etwa vorhersagen, wohin die Reise geht, und es hat den Anschein, als führe sie direkt zum Ausgangspunkt zurück. Zu einem Superkontinent namens „Pangaea Ultima".

In etwa 300 Millionen Jahren werden unsere Kontinente sich wieder angenähert haben. Falls unsere fernen Nachkommen noch da sind und es genießen können, werden sie die Freiheit haben, ungehindert von der einstigen Antarktis über Australien und Asien hinaufzuwandern und wieder hinunter zur Spitze von Südamerika, eine Reise, die viele schöne Ausblicke auf ein riesiges Binnenmeer bieten wird.

Dieser spekulative Superkontinent ist nicht die einzige Möglichkeit. „Amasia" und „Novopangaea" sind die Namen weiterer Anwärter, aber sie alle sagen eine Rückkehr zu einer einzigen großen Landmasse wie Pangaea voraus. Der starke Zusammenprall der Platten würde zu einer beachtlichen Anhebung führen, und in Regionen, in denen die Kontinente aufeinanderstoßen, würden neue Gebirgsketten entstehen.

Modelle, die nicht gar so weit in die Zukunft reichen, entwerfen ein gesicherteres, aber ähnliches Szenario. Die Afrikanische Platte, auf der ein großer Teil von Südeuropa liegt, ist vor vielen Millionen Jahren mit Nordeuropa kollidiert, wodurch die Alpen und die Pyrenäen entstanden. In etwa 50 Millionen Jahren wird derselbe Prozess das Mittelmeer verschwinden und eine Gebirgskette entstehen lassen, die eher mit dem gewaltigen Himalaja-Gebirge als mit den bescheidenen Alpengipfeln zu vergleichen sein wird.

Trotz dieser dramatischen Kollisionsstellen muss darauf hingewiesen werden, dass Pangaea Ultima eher wie ein schlecht zusammengesetztes Puzzle der noch erkennbaren Teile des Planeten aussieht. Es handelt sich jedoch weder um einen Irrtum noch um eine kartografische Schlamperei. Die Kontinente schwimmen auf dem Erdmantel (der Schicht unmittelbar unter der Erdkruste), und dort unten finden alle wirklichen geologischen Ereignisse statt. Die Formen der Kontinente und selbst Merkmale wie Berge erodieren nur langsam und bleiben lange erhalten, wenn sie von den darunterliegenden Platten nicht direkt nach oben oder unten gedrückt werden.

Pangaea Ultima ist eine geologische Voraussage von Dr. Christopher Scotese, einem Geologen an der Universität von Texas. Über die seltsame Form des Kontinents sagt er, dass er „eher wie ein großer Donut oder Bagel aussieht als wie Pangaea", und er räumt ein, dass er, als es um die Namensfindung ging, „auch an Bagelaea oder Donutaea" gedacht habe, „aber ich bin zu dem Schluss gelangt,

32   ATLAS UNSERER ZEIT

Ein unheimliches Echo aus der Vergangenheit, das in die Zukunft hallt. Die angelsächsische *Mappa Mundi* (1025–1050) ist eine frühe Darstellung der Welt, als man noch glaubte, sie bestehe aus einer zusammenhängenden Landmasse. Der Osten wird oben dargestellt, die Britischen Inseln befinden sich in der unteren linken Ecke.

dass es die ganze Sache trivialisieren würde". Er entschied sich für „Pangaea Ultima", weil es „nobel klingt, wie ein schickes Auto", doch er ist der Erste, der einräumt, dass die Implikation des Namens – nämlich dass es sich um das Ende eines Prozesses, das letzte Pangaea, handle – „definitiv falsch ist". Und er fügt hinzu: „Aber es ist die letzte Vorhersage, die ich mache."

Nach der Entstehung von Pangaea Ultima wird es einen fortdauernden Kreislauf von auseinanderbrechenden Superkontinenten geben, deren Teile sich ausbreiten, miteinander kollidieren und neue Pangaea-Formen bilden werden – das Hin und Her, der Druckaufbau und -abbau eines dynamischen, im wahrsten Sinne des Wortes „lebendigen" Planeten.

PANGAEA ULTIMA

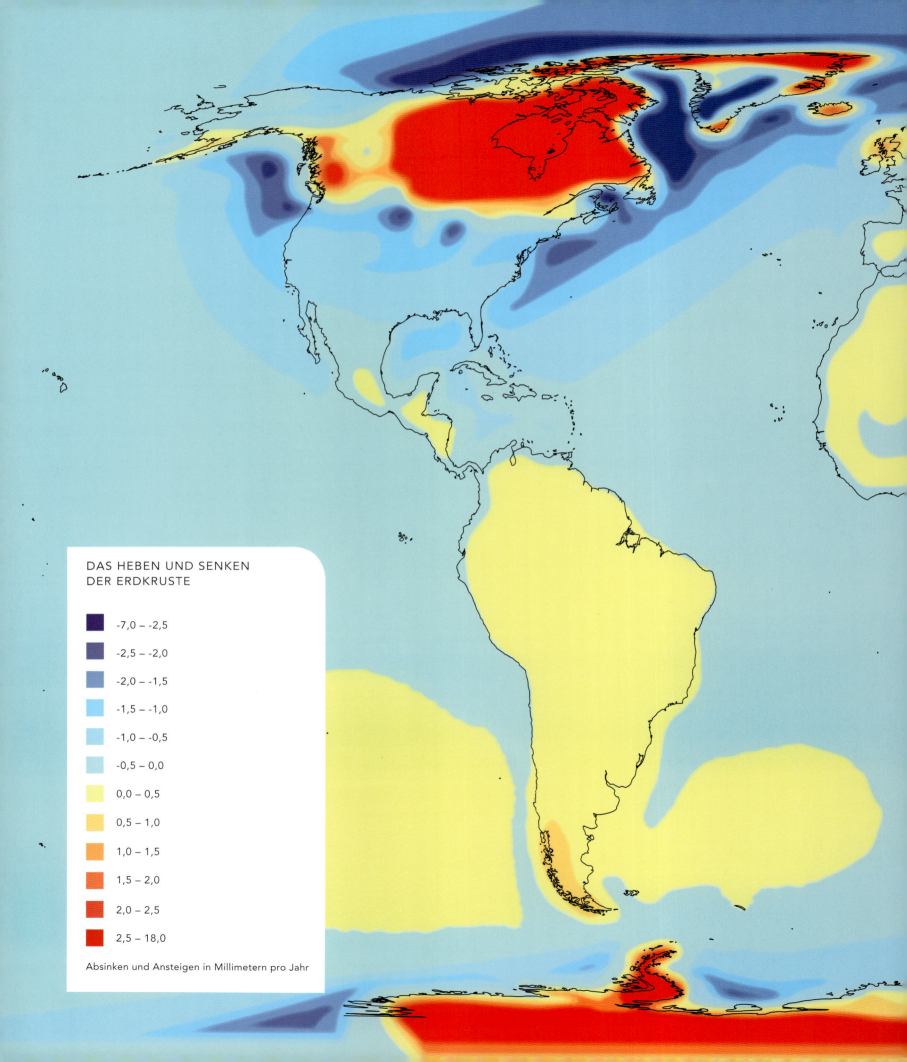

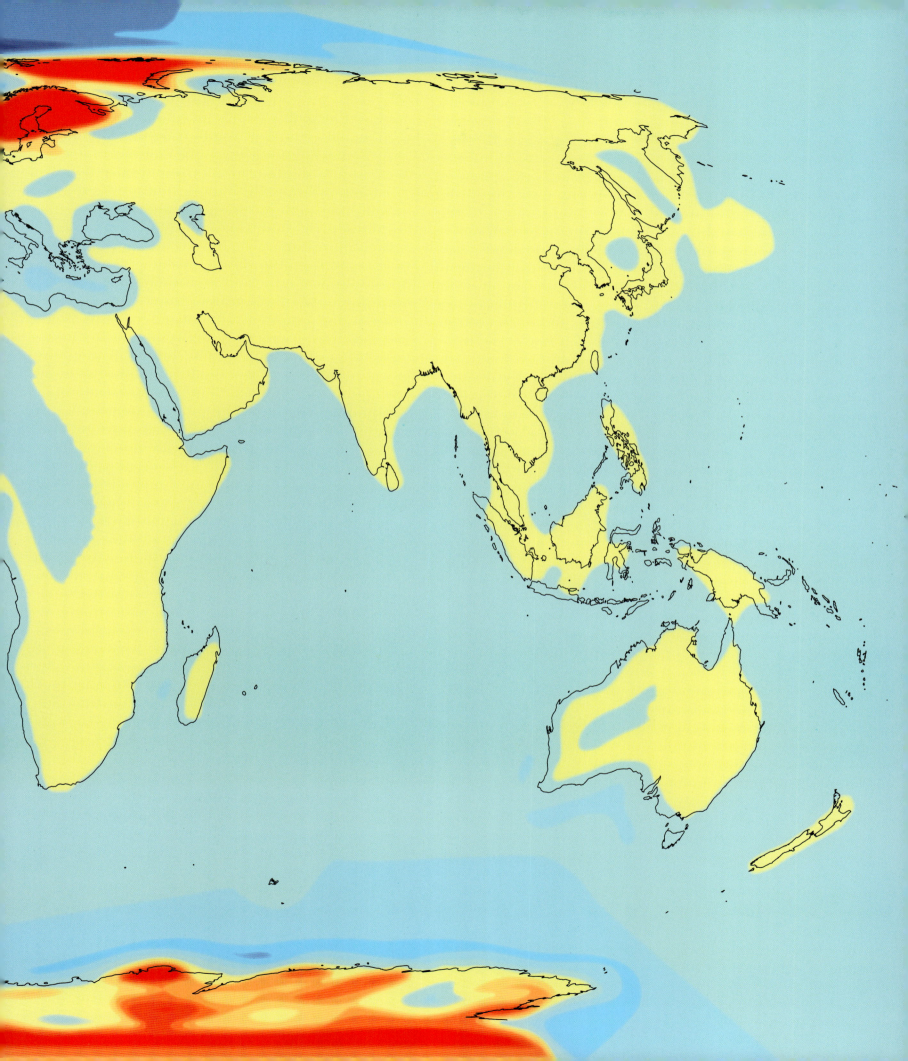

DAS HEBEN UND SENKEN DER ERDKRUSTE

Die dunkelroten und orangefarbenen Bereiche auf dieser Karte zeigen an, wo die Erdkruste sich hebt. Das ist ein folgenschwerer Prozess, denn wenn einige Teile der Erde ansteigen, sinken andere ab. Vor etwa 20 000 Jahren waren Nordeuropa, Nordamerika und die Antarktis von massiven Eisschichten bedeckt, die an manchen Stellen bis zu 3 Kilometer dick waren. Das Gewicht dieser Eismassen drückte die Erdkruste um bis zu 500 Meter nach unten. Zur gleichen Zeit wölbte sich das Land unmittelbar jenseits der Eisschichten bis zu 300 Meter nach oben. Nun, da der größte Teil dieser Eisschicht geschmolzen ist, passt sich die Erdkruste an die neuen Verhältnisse an.

Die Skala auf der Karte gibt die Anhebung in Millimetern pro Jahr an. Sie reicht von einem Anstieg von 18 Millimetern pro Jahr an den dunkelroten Stellen bis zu einer Absenkung von -7 Millimetern an den dunkelblauen. Diese Zahlen mögen nicht sonderlich beeindruckend klingen, und es handelt sich nach menschlichem Maßstab um einen langsamen Prozess, doch nach geologischen Maßstäben ist die Sache dramatisch (obwohl wir darauf hinweisen sollten, dass die durchschnittliche Hebung in den roten Bereichen deutlich unter 18 Millimetern liegt). Die Auswirkungen dieser Hebung zeigen sich bereits heute. Die Tatsache, dass es in Skandinavien tief im Landesinneren Orte gibt, die als „Insel" beziehungsweise „Schäre" bezeichnet werden, liefert uns einen Hinweis. Diese Flecken waren früher von Wasser bedeckt, aber die gesamte Landschaft wurde angehoben, deshalb bilden sie inzwischen kleine, von Wald und Ackerland umgebene Hügel.

Aus dem gleichen Grund schließt sich der Bottnische Meerbusen zwischen Schweden und Finnland ganz allmählich. Die Hebung des Landes erfolgt dort tatsächlich so schnell, dass eine Gegend rund um den Archipel Kvarken von der UNESCO aufgrund ihrer „herausragenden geologischen und geomorphologischen Merkmale" als Weltnaturerbe eingestuft wurde. Die UNESCO erklärt, dass der Archipel sich „mit einer Geschwindigkeit hebt, die zu den höchsten in der Welt zählt", sodass „Inseln auftauchen und sich vereinen, Halbinseln sich vergrößern, aus Buchten Seen entstehen und sich zu Sümpfen und Torfmooren entwickeln". Die negativen Folgen dieser Hebung spürt man weiter im Süden Europas.

Manche Nationen bekommen das Problem direkt zu spüren, wie zum Beispiel Großbritannien, wo das ehemals eisbedeckte Schottland und der Norden Englands ansteigen, während der Süden absinkt. Wie die Karte erkennen lässt, konzentrierten sich einst die größten Eisbereiche auf Kanada und Grönland. Diese Gebiete heben sich jetzt, und in der Folge sinken große Teile der USA ab. Aber es handelt sich nicht einfach um eine Wippbewegung in Nord-Süd-Richtung. Die Karte zeigt darüber hinaus, dass es um die schnell ansteigenden Zonen herum Gebiete gibt, die die größten Sinkgeschwindigkeiten aufweisen. Diese benachbarten Zonen sind das, was Glaziologen als „Ausbauchungen" bezeichnen, nämlich die unmittelbar an die Eisschicht grenzenden Regionen, die sich ehemals nach oben wölbten und die nun die extremste Absenkung erfahren.

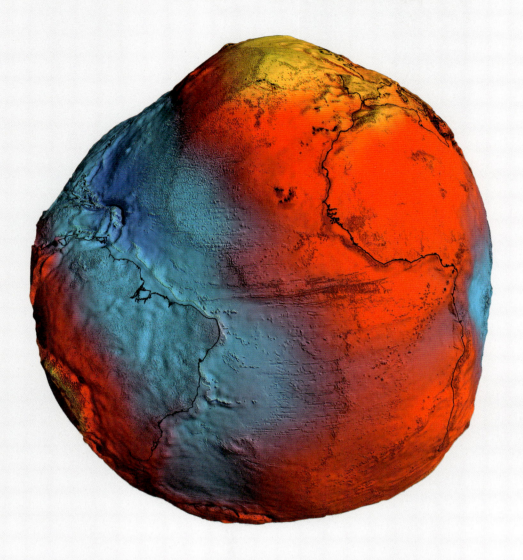

Die Gestalt der Erde wird von zahlreichen Kräften bestimmt. Dieses Modell aus dem Jahr 2011 zeigt die Form, die die Oberfläche der Ozeane allein durch den Einfluss der Rotation der Erde und ihrer Schwerkraft annehmen würde. Rot kennzeichnet hohe Schwerkraftlevels, Blau niedrige.

Die Kräfte, die an den Schnittstellen der tektonischen Platten Berge entstehen lassen und zu Aufstieg und Subduktion führen, sind auf dieser Karte, die sich auf die Anhebung infolge der Eisschmelze konzentriert, nicht dargestellt. Der Mensch steht diesen gewaltigen geologischen Ereignissen machtlos gegenüber. Es ist jedoch wichtig, sie zu verstehen, weil sie die Probleme ansteigender Meeresspiegel in Regionen wie zum Beispiel West- und Mitteleuropa und in den USA verschärfen können.

Das Ansteigen und Absinken der Landmasse hat immense Veränderungen zur Folge und führt nicht zuletzt zu neuen Streitigkeiten über den Landbesitz. Wem gehört das neue Land, das aus dem Meer aufgestiegen ist? Die Antwort lautet gewöhnlich, dass es dem Besitzer des Wassers gehört, nicht dem des Küstenabschnitts. Weniger klar ist jedoch, wie es bei Land aussieht, das langsam im Meer versinkt. Und was ist mit Nationen, deren Küstenlinien zurückweichen? Sollten sie anfangen, neue künstliche Inseln aufzuschütten oder ihre Hoheitsgewässer neu zu definieren?

DAS HEBEN UND SENKEN DER ERDKRUSTE

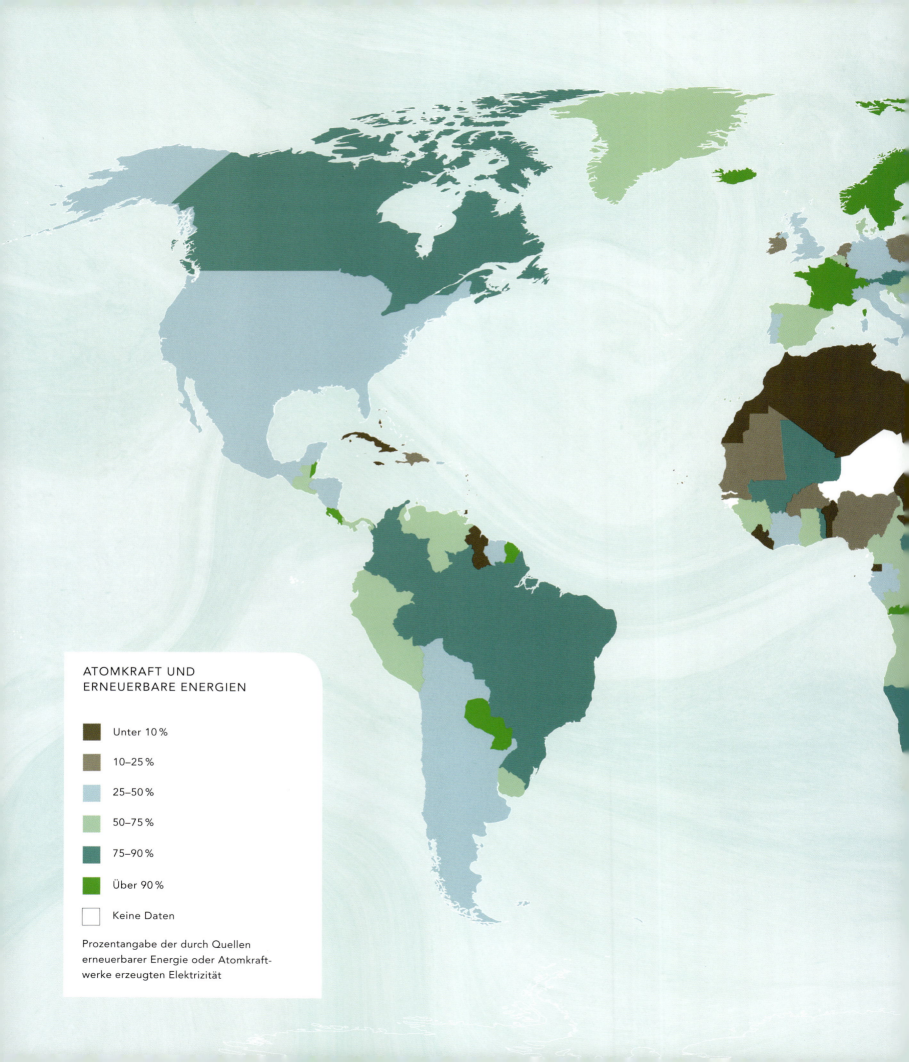

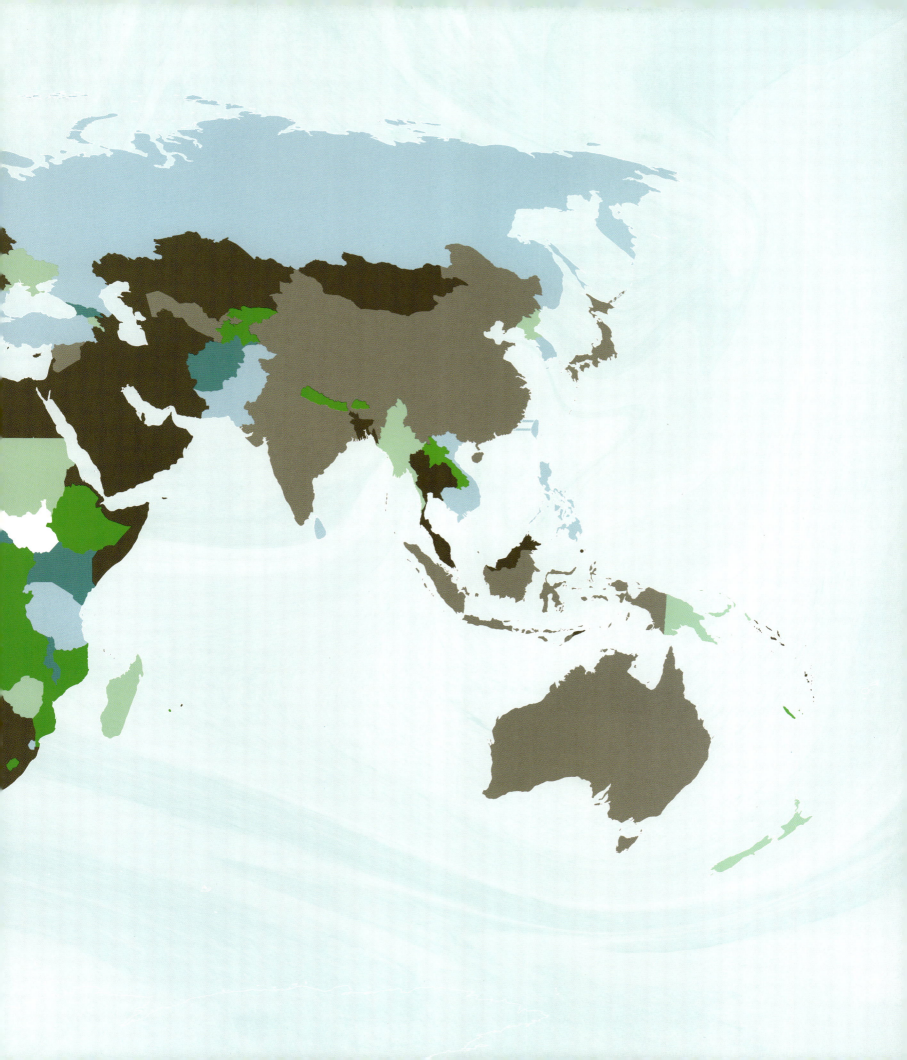

ATOMKRAFT UND ERNEUERBARE ENERGIEN

Auf der Welt herrscht kein Mangel an Energie, aber es fehlt an effizienten Möglichkeiten, an sie heranzukommen. Manche Nationen machen es deutlich besser als andere, und diese Karte hält in dieser Hinsicht einige Überraschungen bereit. Wir wissen, dass Norwegen, Schweden und Finnland einen großen Teil ihrer Elektrizität aus Wasserkraft gewinnen, aber was ist mit den großen grünen Flecken in Afrika und Südamerika? Wenn es um erneuerbare Energie geht, stellt sich heraus, dass es diese häufig nicht beachtete, aber bewährte Energieressource ist – die Wasserkraft –, die es sowohl reichen als auch armen Ländern ermöglicht hat, auf fossile Energieträger zu verzichten.

Die Wasserkraft ist die bei Weitem größte Quelle erneuerbarer Energie. In den USA werden etwa 95 Prozent der erneuerbaren Energie durch Wasserkraft gewonnen. In Paraguay erfolgt die Stromerzeugung zu nahezu 100 Prozent mithilfe von Wasserkraft. Dieses südamerikanische Binnenland besitzt so viel Wasserkraft, dass diese sich zu einem der Hauptexportgüter entwickelt hat – Paraguay verkauft 90 Prozent seiner gewonnenen Energie an seine Nachbarn. Äthiopien erzeugt den größten Teil seiner Elektrizität mithilfe von Dämmen am Blauen Nil, und in der Demokratischen Republik Kongo werden mehr als 95 Prozent der Elektrizität durch Wasserkraft gewonnen, ein großer Teil davon durch zwei riesige Dämme 225 Kilometer südlich der Hauptstadt Kinshasa. Genau genommen könnte die Demokratische Republik Kongo noch mehr Strom erzeugen: Es wird geschätzt, dass das Land das Potenzial hat, 13 Prozent der weltweiten Wasserkraft beizusteuern. Darüber hinaus besitzt das Land Hunderte Solarstromanlagen und riesige Biogasreserven.

Was Frankreich hilft, auf dieser Karte so gut abzuschneiden, ist nicht die Wasserkraft, sondern die Atomkraft. Die Ukraine und Ungarn erzeugen ebenfalls mehr als die Hälfte ihrer Elektrizität mithilfe von Atomkraftwerken. Der größte Teil von Nordafrika und der Nahe Osten sind nach wie vor vom Öl abhängig, und die Regierung Südafrikas hat es versäumt, nennenswerte Programme für erneuerbare Energiegewinnung auf den Weg zu bringen.

Erneuerbare Energien sind eine sich rasch wandelnde Ressource, und die Karte gibt einige der größten sich vollziehenden Entwicklungen nicht wieder. China investiert massiv in Solarenergie, und es wird geschätzt, dass im Jahr 2020 mehr als 15 Prozent der Energiekapazität des Landes durch nichtfossile Energieträger erzeugt werden. In Marokko gehen neue Solaranlagen ans Netz, und der „Wüstenstrom" verspricht, sowohl die Energiekosten als auch den Kohlendioxidausstoß zu senken.

Wichtig ist jedoch, nicht zu vergessen, dass Wasserkraft der größte und weitgehend stille Held der erneuerbaren Energiequellen ist. Länder mit großen Flüssen und Seen haben sich zu Zentren der grünen Energie entwickelt.

ATLAS UNSERER ZEIT

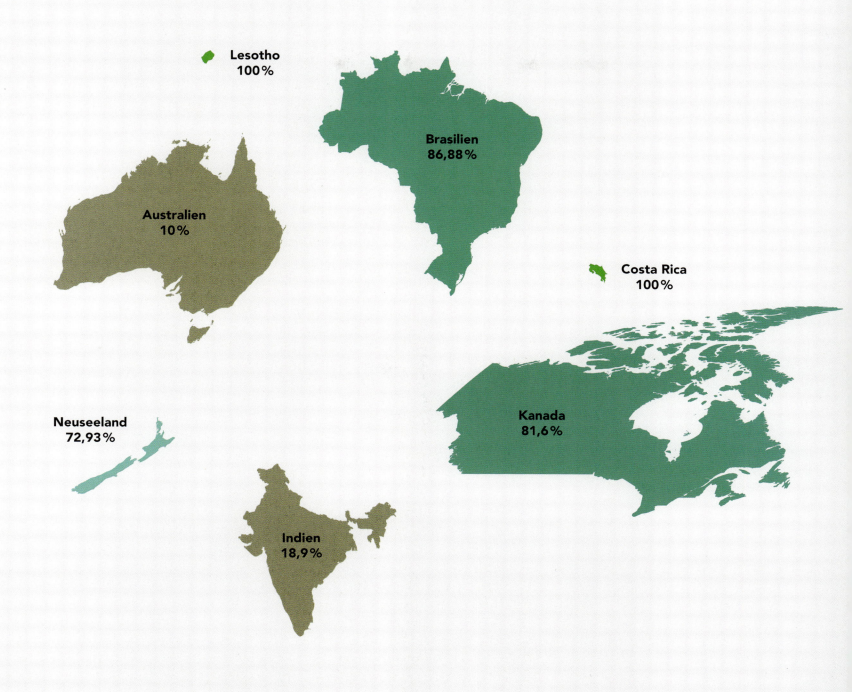

Lesotho und Costa Rica erzeugen ihre gesamte Elektrizität mithilfe von erneuerbaren Energien, was die Bemühungen Australiens im Vergleich dazu wesentlich unbedeutender wirken lässt.

ATOMKRAFT UND ERNEUERBARE ENERGIEN

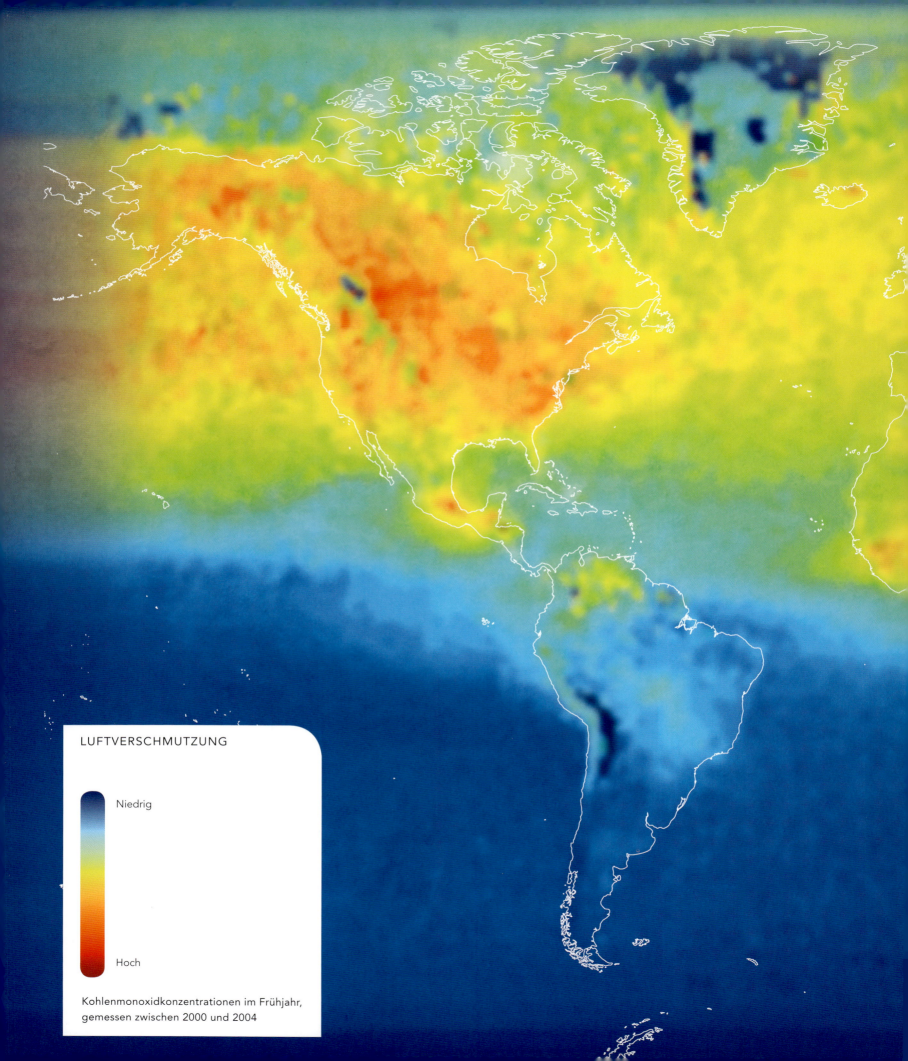

LUFTVERSCHMUTZUNG

Niedrig
Hoch

Kohlenmonoxidkonzentrationen im Frühjahr, gemessen zwischen 2000 und 2004

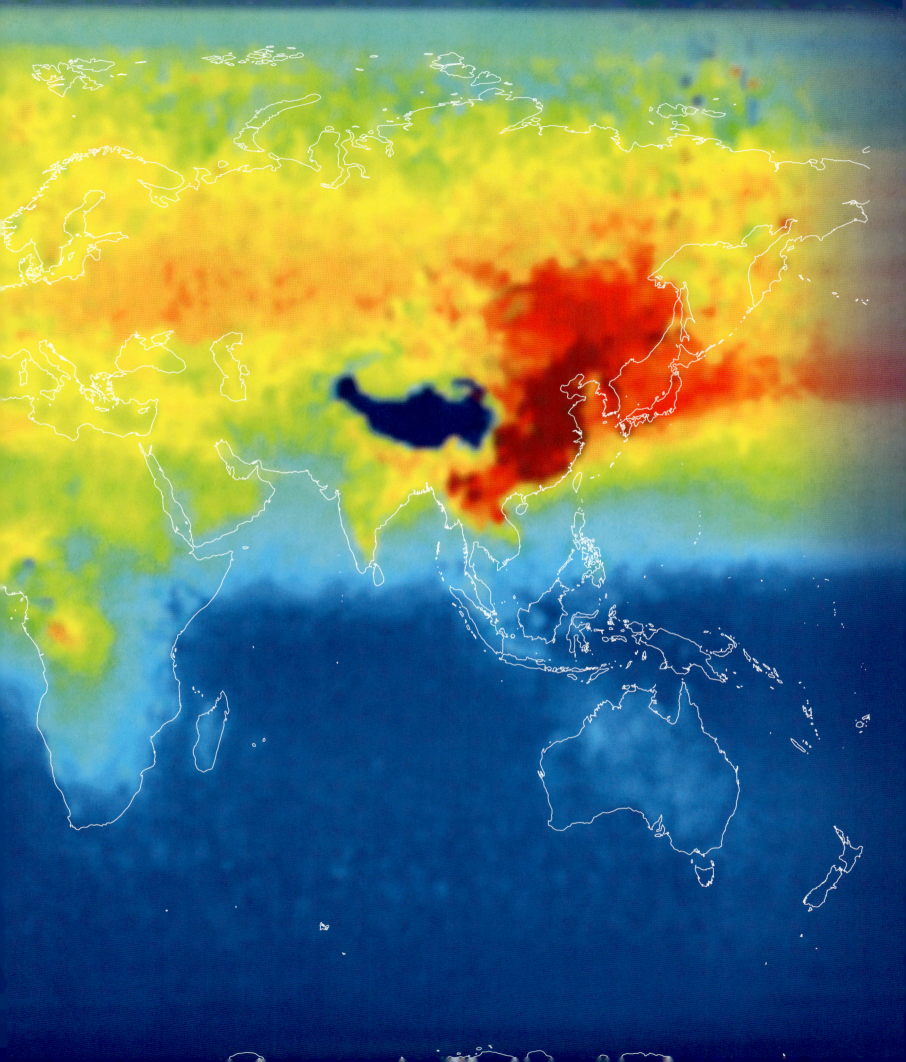

LUFTVERSCHMUTZUNG

Kohlenmonoxid ist ein tödliches Gas, das man weder sehen noch riechen kann. Es entsteht durch unvollständige Verbrennung. Einer der Haupterzeuger sind Waldbrände, aber diese Karte zeigt uns, dass es sich auch um einen industriellen und städtischen Luftschadstoff handelt. Der riesige rote Klecks kann als Beweis dafür herhalten, dass Ostasien sich inzwischen zur Werkstatt der Welt entwickelt hat, aber er weist auch auf die ungeheure Zahl an Verbrennungsmotoren hin, die dort herumtuckern.

Die Karte zeigt die durchschnittlichen Kohlenmonoxidkonzentrationen während des Frühjahrs in den Jahren 2000 bis 2004. Es handelt sich um eine der vielen Weltkarten der verschiedenen Arten von Verschmutzung, die uns inzwischen dank der an Satelliten installierten spezialisierten wissenschaftlichen Instrumente zur Verfügung stehen. Das MOPITT-Gerät (*Measures of Pollution in the Troposphere*), das diese spezielle Aufnahme gemacht hat, befindet sich an einem NASA-Satelliten und untersucht unentwegt die Erdatmosphäre. MOPITT scannt alle vier Tage 644 Kilometer breite Bahnen der Erde und liefert uns so ein globales Bild, das von unschätzbarem Wert ist, wenn wir sehen wollen, wo die Problemgegenden liegen und ob Maßnahmen zur Reduzierung der Luftverschmutzung tatsächlich Wirkung zeigen.

Bevor damit begonnen wurde, die Verschmutzung mithilfe von Satelliten zu messen, hatten wir keine Gesamtübersicht. Forscher mussten sich damit begnügen, Daten von örtlichen Untersuchungen abzuleiten. Das unermüdliche, die Erde ständig umkreisende MOPITT hat es verdient, stärker bekannt gemacht zu werden. Noch vor wenigen Jahrzehnten wussten wir nämlich noch wenig über die globale Verbreitung von Giftstoffen wie zum Beispiel Kohlenmonoxid, aber jetzt gibt es keine Ausrede mehr für Unwissenheit.

Kohlenmonoxid ist ein giftiges Gas, dessen Konzentrationen signifikante geografische Schwankungen und Saisonabhängigkeiten aufweisen. Das komplette und komplexe Bild erhält man wirklich nur dann, wenn man die ganze Bilderreihe betrachtet. Es wäre ein Fehler, sich diese spezielle Karte anzuschauen und den Schluss zu ziehen, Südamerika und Afrika würden das Problem hoher Kohlenmonoxidwerte nicht kennen – wo immer Verbrennung stattfindet, entsteht Kohlenmonoxid. Zwar sind die roten Schwaden über Ostasien eine chronische und beunruhigende Tatsache, doch andere Karten des MOPITT zeigen plötzliche Anstiege von Kohlenmonoxidkonzentrationen in Russland, Afrika, Südamerika und Australien – sie sind häufig das Resultat von Waldbränden oder die Folge saisonaler Verbrennung landwirtschaftlicher Rückstände.

Das MOPITT liefert sowohl gute als auch schlechte Nachrichten. Seit 2000 ist die Gesamtkonzentration von Kohlenmonoxid rückläufig, insbesondere auf der Nordhalbkugel, wo umweltgerechtere Autos und sauberere Industrieanlagen sich spürbar auf das Leben der Menschen auswirken. Sogar über China gab es einen

Die Kohlenmonoxidmenge ist zwischen 2000 und 2014 um fast 20 Prozent gesunken; gemessen im Volumenmischverhältnis „Teile pro Milliarde" *(ppbv – parts per billion by volume)*.

leichten Rückgang der Kohlenmonoxidbelastung, allerdings haben ähnliche Instrumente an Bord von Satelliten gemessen, dass die Konzentration anderer Schadstoffe zugenommen hat. Die von NASA-Satelliten erstellten Karten wie diese versetzen uns in die Lage, die Situation zu überwachen und unsere Beobachtungen einzusetzen, um Verbesserungen herbeizuführen.

LUFTVERSCHMUTZUNG

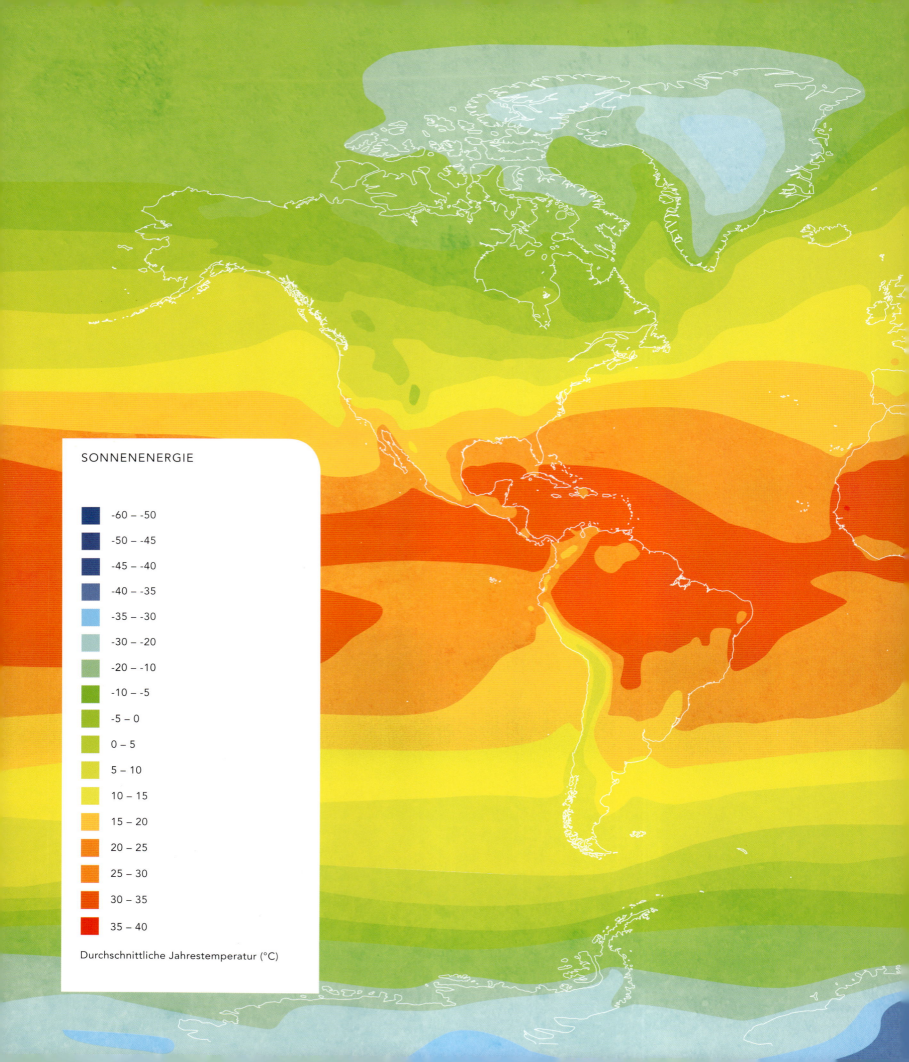

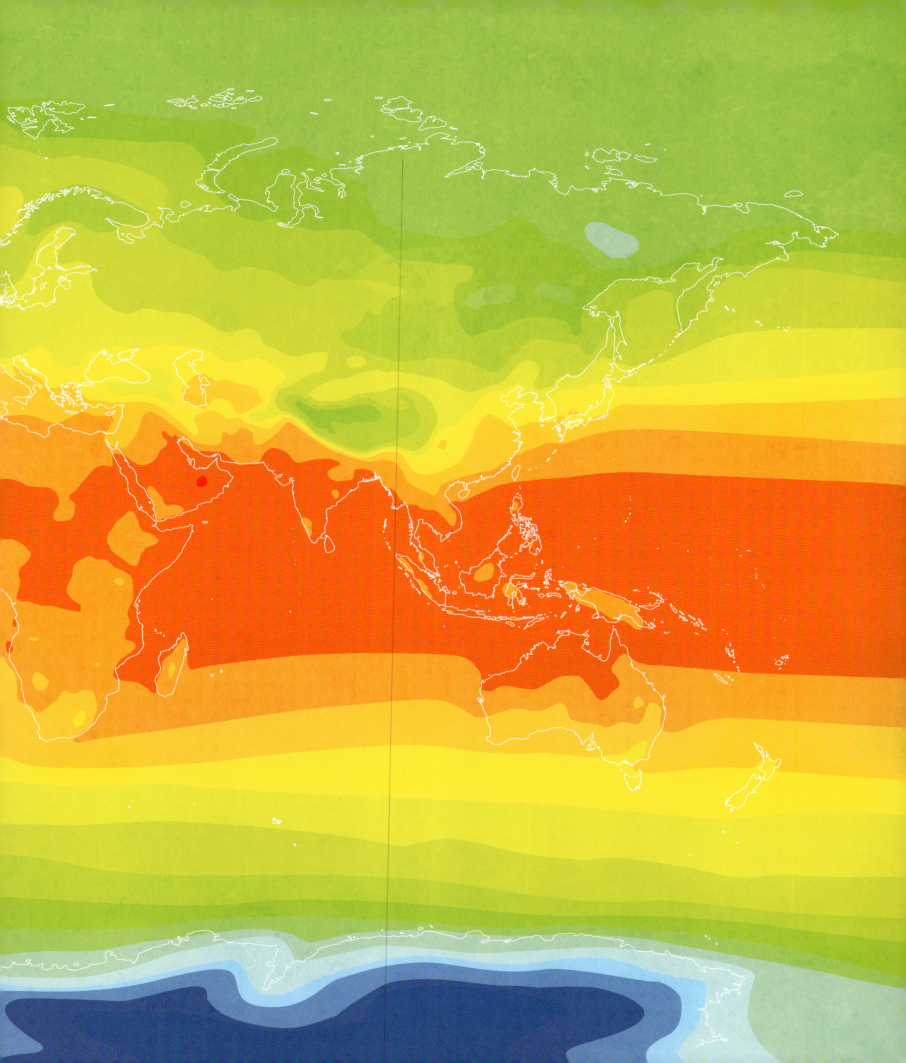

SONNENENERGIE

Jedes Jahr strahlt die Sonne genügend Solarenergie ab, um mehr als das Tausendfache unseres gesamten Strombedarfs zu decken. Diese Karte gibt uns die jährlichen Durchschnittstemperaturen auf dem Planeten an. Sie verdeutlicht, wie viel dieser Energie an die Meere und die Landflächen abgegeben wird. Ein breites Hitzeband zieht sich über den Indischen Ozean und den Pazifik, ein Streifen, der über Afrika, Südamerika und dem Atlantik löchrig wird. Bemerkenswert ist außerdem, um wie viel kälter es am Südpol ist als am Nordpol.

Einer der Faktoren, die sich auf die Temperatur auswirken, ist die Höhe über dem Meeresspiegel. Obwohl der Himalaja und das Tibetische Hochland, unmittelbar nördlich von Indien, auf dem gleichen Breitengrad liegen wie die Sahara, bleibt es dort kühl. Auch die Temperaturunterschiede, die wir auf dem afrikanischen und dem südamerikanischen Kontinent feststellen, können teilweise durch Berge und Hügel erklärt werden.

Darüber hinaus erkennt man den Einfluss von Meeresströmungen, die entweder warmes Wasser in kühlere Breiten oder kaltes Wasser in tropische Gewässer transportieren. Auf den Britischen Inseln sind die Temperaturen aufgrund des warmen Golfstroms, der durch den Nordatlantik führt, gemäßigter, als anhand ihrer Position auf der Nordhalbkugel zu vermuten wäre. Im Gegensatz dazu werden die Westküsten von Afrika und Südamerika von einem kalten Meeresstrom, der von den antarktischen Gewässern hinauffließt, gekühlt.

Ein weiterer Faktor, der eine kühlende oder wärmende Wirkung hat, ist der vorherrschende Wind. So weht der Wind zum Beispiel überwiegend aus südwestlicher Richtung über den Nordwesten Europas und bildet diese gelbe Ausbeulung, die man auf der Karte über diesem Teil der Welt erkennt. Unsere Karte, die eine jährliche Durchschnittstemperatur angibt, zeigt nicht die größten Temperaturunterschiede an, die zwischen verschiedenen Regionen in der gleichen farblichen Zone vorherrschen können. Gegenden im Zentrum eines Kontinents können im Sommer extrem heiße und im Winter sehr kalte Temperaturen aufweisen, während Länder, die am Meer liegen, wie zum Beispiel Großbritannien, das ganze Jahr über milde Temperaturen verzeichnen.

Angesichts der Klimawandel- und Energieversorgungskrisen erstaunt es nicht, dass Karten wie diese als Beleg für die dringende Notwendigkeit herangezogen wurden, Solarstrom zu erzeugen. Es wurde betont, dass der Strombedarf der ganzen Welt gedeckt werden könnte, wenn man gerade einmal 1,5 Prozent der Saharafläche mit Solaranlagen ausstatten würde. Aufgrund der Tatsache, dass nur etwa 30 Prozent der Afrikaner, die südlich der Sahara leben, Zugang zu Elektrizität haben, sind sowohl der Bedarf als auch das Potenzial gewaltig. Der erste Abschnitt des weltweit größten Solarkraftwerks wurde 2016 in Südmarokko in Betrieb genommen und wird 2018 genügend Strom erzeugen, um eine Million Haushalte zu versorgen. Die ganze Kraft, die die Sonne der menschenleersten und unfruchtbarsten Region der Welt schenkt, wird dann endlich genutzt werden.

Die von der Sonne ausgestrahlte
Energiemenge ist mehr als
1 000 Mal größer als der
Energiebedarf der Menschheit

1,5

Der Gesamtenergiebedarf kann
mithilfe von Solaranlagen auf lediglich
1,5 Prozent der Fläche der Sahara
gedeckt werden

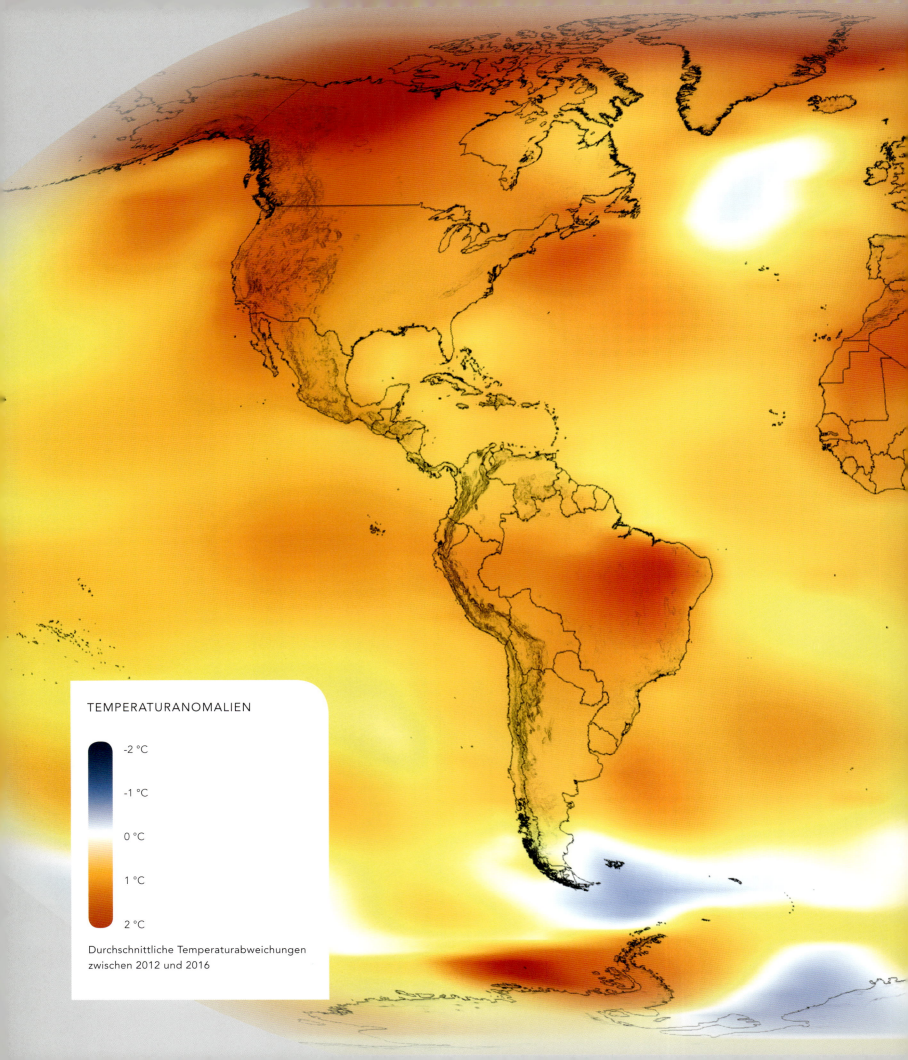

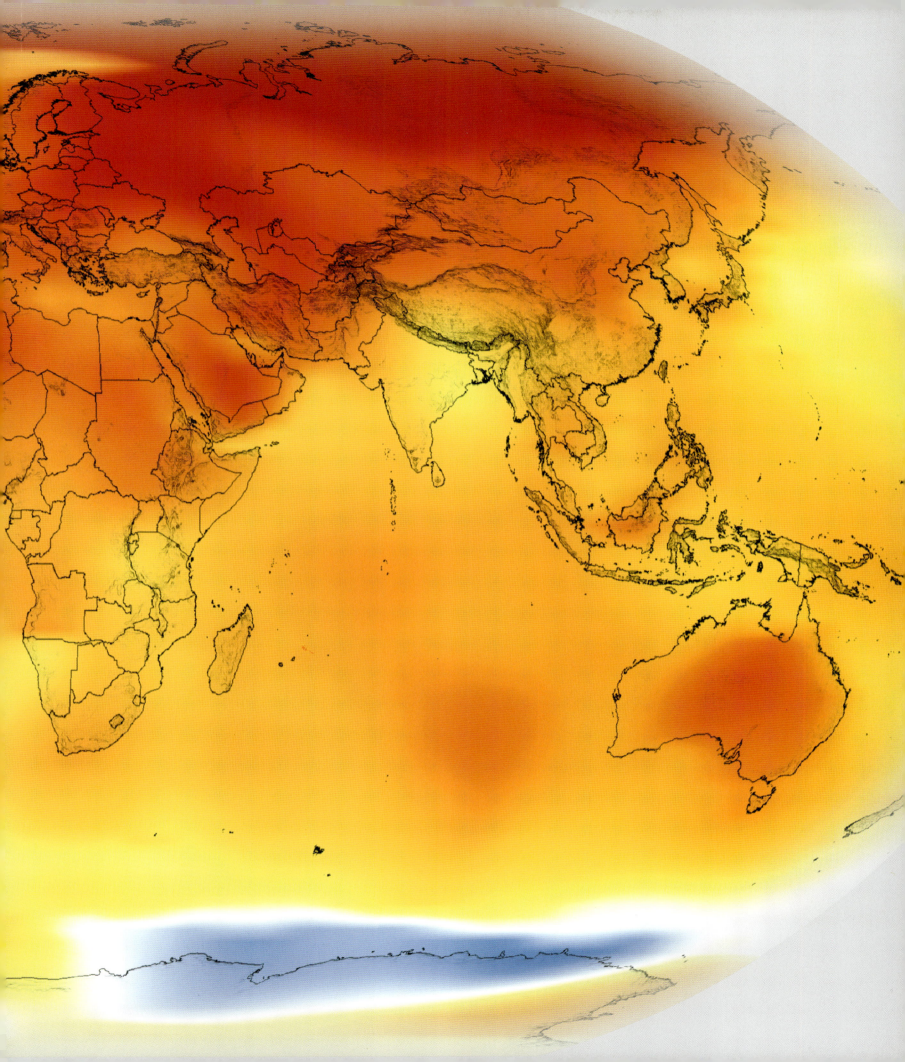

TEMPERATURANOMALIEN

Laut Aussage von Gavin Schmidt, dem Leiter des Goddard Institute for Space Studies der NASA, „ist 2016 bemerkenswerterweise das dritte Rekordjahr in Folge … Wir rechnen nicht jedes Jahr mit einem Rekord, aber der anhaltende langfristige Trend zur Erwärmung ist eindeutig." 2016 lag die Durchschnittstemperatur 0,99 Grad Celsius höher als noch Mitte des 20. Jahrhunderts. Das klingt nicht nach viel, aber der Anstieg scheint konstant und kontinuierlich voranzuschreiten. Seit dem Jahr 1880, in dem mit den Aufzeichnungen begonnen wurde, waren 16 der 17 wärmsten Jahre nach 2001 zu verzeichnen. Im Juli 2016 wurden weltweit die höchsten Temperaturen seit 1880 gemessen. Das letzte Jahr, in dem es kühler war als im Durchschnitt, war 1976.

Diese Karte zeigt uns die Veränderungen der durchschnittlichen Oberflächentemperaturen der Erde zwischen 2012 und 2016. Orangefarben sind höhere Temperaturen gekennzeichnet, blau kühlere Temperaturen im Vergleich zum Referenzzeitraum zwischen 1951 und 1980.

Die wirbelnden und pulsierenden Orangeschattierungen stellen einen uneinheitlichen Prozess dar. Die dunkelsten, fast roten Bereiche im äußersten Norden kontrastieren mit den blauen Flecken in den südlichen Weltmeeren. Das Jahr 2016 war am Nordpol das wärmste jemals gemessene Jahr, das zu einer Rekordschmelze der Meereseisdecke führte. Man erkennt auch dunklere Bereiche, die sich über einen großen Teil Europas bis in den Nahen Osten ziehen und die Mitte Brasiliens sowie einen großen Teil Australiens bedecken. In vielen dieser Regionen herrschen bereits hohe Temperaturen, deshalb hat die zusätzliche Erwärmung besonders gravierende Folgen. In Australien ist es zum Beispiel im Durchschnitt 8 Grad heißer als im Rest der Welt. Wird es dort noch heißer, dann wird Australien mit Problemen zu kämpfen haben, wie beispielsweise mit großflächiger Dürre und dem Verenden von Nutztieren – Probleme, mit denen Länder wie Deutschland nicht konfrontiert werden, weil sie sich von einer deutlich kühleren Ausgangstemperatur aus erwärmen.

Diese lokalen Entwicklungen führen in den meisten Fällen zu einer dunkleren Orangeschattierung vor einem orangefarbenen Hintergrund: Hotspots in einer heißen Welt. Eine der Fragen, die diese Karte aufwirft, ist, warum die Antarktis und die sie umgebenden Meere sich nicht erwärmen. Genau genommen wird es dort sogar kühler. Eine Theorie besagt, dass die Meeresströmungen und starken Winde um den südlichsten Kontinent dazu führen könnten, ihn von einer sich erwärmenden Welt zu isolieren. Seit Ende der 1970er-Jahre hat die Antarktis im jährlichen Durchschnitt 18 907 km² Meereis hinzugewonnen, während am Nordpol durchschnittlich 53 872 km² verloren gegangen sind. Lange Zeit haben wir die Arktis und die Antarktis für Zwillinge gehalten, für Spiegelbilder, doch diese Wahrnehmung wird zunehmend durch Messungen widerlegt. Sie scheinen ganz unterschiedlichen Schicksalen entgegenzugehen.

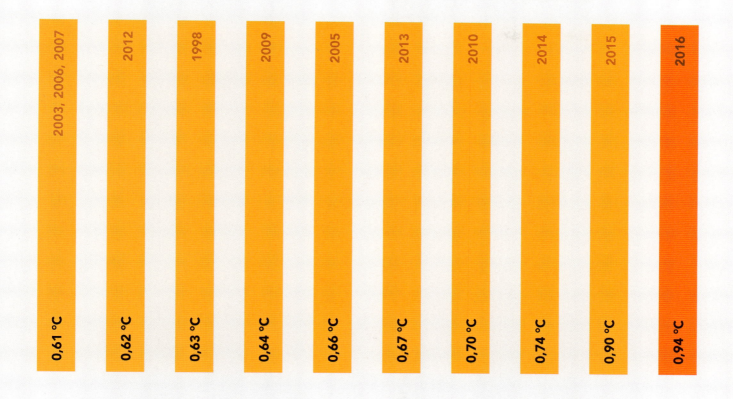

Die wärmsten Jahre seit 1880, als mit den Aufzeichnungen begonnen wurde, mit Abweichungen bezüglich der Durchschnittstemperatur im 20. Jahrhundert.

Die Daten, mit deren Hilfe diese Karte erstellt wurde, hat die NASA dank eines riesigen Netzwerks von meteorologischen Instrumenten überall auf der Welt gesammelt. Dazu gehören 6 300 Wetterstationen, durch Schiffe und Messbojen gesammelte Beobachtungen der Oberflächentemperatur der Meere, aber auch Messungen, die in Forschungsstationen in der Antarktis vorgenommen wurden. Dann wird dieses Datenmaterial analysiert und alles korrigiert, was die Zahlen verzerren könnte, wie zum Beispiel die Wärme, die von nahe gelegenen Städten abgestrahlt wird.

TEMPERATURANOMALIEN

FLUGVERKEHR

Hier sieht man eine Welt, über die sich die miteinander verknüpften Linien des Flugverkehrs spannen. An manchen Stellen verknoten sich die Linien zu einem dichten, hellen Gewirr und führen auf der anderen Seite in gähnend leere schwarze Löcher. Unabhängig von Rezessionen, Steuern und Terrorismus nimmt die Zahl der Flüge weiter zu. Die weltweiten Passagierzahlen stiegen allein im Jahr 2016 um mehr als 6 Prozent an und erhöhen sich bereits seit Jahren um jeweils etwa diese Rate. Branchenprognostiker sagen zuversichtlich ein Wachstum bis 2030 voraus. Das Geflecht wird also noch dichter und noch heller werden. Und die Lücken im Gewebe werden allmählich geschlossen werden.

Was an dieser Karte wirklich verblüfft, ist die Tatsache, wie viele leere Zonen es noch immer gibt. Afrika weist gerade einmal 2 Prozent des weltweiten Flugverkehrs auf (berechnet durch die Multiplikation der zahlenden Fluggäste mit der zurückgelegten Flugstrecke). Mit 31 Prozent verzeichnet Asien mehr Flugbewegungen als Europa, aber weil dieser Kontinent so riesig und dicht bevölkert ist, ist das eine geringe Zahl. Der Himmel über Asien ist jedenfalls nicht derart mit Kondensstreifen überzogen wie der im Nordwesten Europas. Das, was auf den ersten Blick wie ein sehr aktueller Blick auf die Welt wirkt, entpuppt sich also als seltsam rückwärtsgewandt. Das Wachstum der asiatischen Volkswirtschaften und die Verlagerung der Weltindustrie nach Osten spiegeln sich noch nicht im Luftverkehr wider.

Selbst die Golfstaaten, wo fieberhaft Flughäfen gebaut wurden, weisen noch lange nicht die Flugverkehrsdichte auf, wie wir sie in Europa sehen. Trotz der Tatsache, dass Katar mit einer der höchsten Zahlen ankommender Passagiere pro eine Million Einwohner aufwarten kann (618 362 pro eine Million; die niedrigste Zahl meldet die Demokratische Republik Kongo mit nur 377 Fluggästen pro eine Million Einwohner), stellt diese Karte einen Planeten dar, auf dem der Nordatlantik die Drehscheibe des Flugverkehrs ist – eine Welt, in der Europa und die USA die Hauptrolle spielen.

Was geht hier also vor? Der Transport von Waren mit Frachtflugzeugen ist kostspielig, deshalb werden die meisten Güter über die Meere verschifft. Und die wachsende Mittelschicht in China und Indien, in Nationen mit jeweils über einer Milliarde Einwohnern, muss erst noch Zugang zum Massenflugverkehr erhalten. Hier ist vieles im Wandel. Diese Karte wird sehr bald ein historisches Kuriosum sein. Der starke Zuwachs im Flugverkehr erfolgt in diesen Löchern im Geflecht: in Asien, Lateinamerika und den schnell wachsenden Volkswirtschaften Afrikas.

Ein noch dichteres Netz von Flugverbindungen wird über dem Planeten entstehen, das die Menschen miteinander in Kontakt bringt, sie aber zugleich taub macht, das Gesellschaften offener und einander ähnlicher werden lässt. Dabei geht es nicht nur um einen technologischen oder wirtschaftlichen Wandel, sondern auch um eine psychologische, ja sogar moralische Veränderung. Wenn man

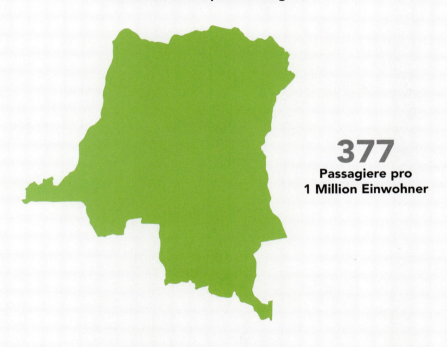

Katar hat das höchste Verhältnis von Passagieren pro eine Million Einwohner, mehr als 1 600 Mal mehr als die Demokratische Republik Kongo.

die Menschen heutzutage fragt, was sie in letzter Zeit gemacht haben, erzählen sie einem, wohin sie gereist sind. An einem Ort zu verharren ist eine Art moderner Sünde, ein Zeichen von Unbeweglichkeit und Versagen. In diesem neuen Weltbild bedeutet Sein Unterwegs-Sein.

FLUGVERKEHR

DIE VON NIEMANDEM BEANSPRUCHTE WELT

Es ist sinnvoll, daran erinnert zu werden, dass der größte Teil der Erdoberfläche keiner Nation gehört. Die von niemandem beanspruchten Regionen sind von Wasser bedeckt, aber auch auf einen Abschnitt der Antarktis erhebt niemand Anspruch. Der Rest dieses Kontinents wurde durch den Antarktis-Vertrag von 1959 aufgeteilt, der von sieben Nationen ratifiziert wurde (Argentinien, Australien, Chile, Frankreich, Neuseeland, Norwegen und Großbritannien).

Die nicht beanspruchte Welt beginnt normalerweise 370 Kilometer vor den gewöhnlich niedrigen Küstengewässern eines Landes – international auch bekannt als „200-Seemeilen-Zone". Davor liegt die „ausschließliche Wirtschaftszone", die im Gegensatz zu „Hoheitsgewässern" (die sich bis zu 22 Kilometer weit vor der Küste erstrecken) niemandem gehört, aber nichtsdestotrotz nur von dieser bestimmten Nation ausgebeutet werden darf. Angesichts der Tatsache, dass Öl-, Gas- und viele andere Ressourcen unter dem Meeresboden schlummern – Ressourcen, die an Land ausgeschöpft wurden –, ist diese „ausschließliche Wirtschaftszone" ein sehr kostbares Gut. Nationen mit langen Küstenlinien haben damit grundsätzlich wirtschaftliche Vorteile. Dies gilt vor allem für kleine Länder wie Dänemark, das ausschließlichen Zugang zu riesigen Zonen um sein fernes, autonomes Territorium Grönland besitzt.

Eine Möglichkeit, diese Zonen auszudehnen, besteht darin, Inseln auf hoher See aufzuschütten, eine Maßnahme, die gegenwärtig von China verfolgt wird und die bis jetzt auf wenig Widerstand gestoßen ist. Dieses Vorgehen lässt den Schluss zu, dass eines Tages die ganze Welt in „ausschließliche Wirtschaftszonen" untergliedert sein könnte.

Die Hochsee dagegen ist frei zugänglich, und jeder Staat, ja sogar jeder Mensch darf da draußen fischen, segeln und tun, was immer er will. Theoretisch. Die Realität ist allerdings ein wenig komplizierter. Laut Seerechtsübereinkommen der Vereinten Nationen soll „jeder Staat sein Recht und seine Kontrolle in administrativen, technischen und sozialen Angelegenheiten über Schiffe ausüben, die unter seiner Flagge fahren". Deshalb ist, wenn Sie sich in internationalen Gewässern befinden, Ihr Schiff rechtlich ein Teil des Landes, in dem es registriert ist. In Wahrheit legen einige Länder diese Forderung noch weiter aus. Die USA beanspruchen „gesonderte See- und Territorialgerichtsbarkeit" an „jedem Ort außerhalb der Gerichtsbarkeit einer Nation hinsichtlich eines Vergehens vonseiten eines Bürgers der Vereinigten Staaten oder gegen einen Bürger der Vereinigten Staaten". Das internationale Recht erkennt darüber hinaus das Recht der Länder an, sich gegen gravierende Vergehen in internationalen Gewässern, wie zum Beispiel Piraterie, Menschenschmuggel oder Terrorismus, zur Wehr zu setzen.

Deshalb handelt es sich hier nicht um eine Karte von Orten ganz ohne Rechtsordnung beziehungsweise von Orten, an denen der Staat Sie niemals erreichen kann. Es gibt noch einen weiteren Vorbehalt: Dem Begriff „nicht beansprucht" sollte vielleicht „international anerkanntermaßen" vorangestellt werden.

ATLAS UNSERER ZEIT

71% der Erdoberfläche sind von Meeren bedeckt

Die Hochsee bedeckt 45% der Erdoberfläche

64% der Meere gelten als Hochsee/ internationale Gewässer

Zu den eher verwirrenden Kapiteln im Seerechtsübereinkommen der Vereinten Nationen gehört der Teil, in dem der Anspruch einer Nation auf ihren Festlandsockel anerkannt wird. Es handelt sich hier um ein geologisches Konzept, das in die Weltpolitik hineingezogen wurde. Ein Festlandsockel kann sich bis zu 644 Kilometer ins Meer erstrecken, und die Definition, wo er beginnt und endet, hat sich als umstritten erwiesen.

Deshalb ist die Behauptung nicht ganz zutreffend, die blauen Stellen auf der Karte würden von niemandem beansprucht; vielmehr wurde dieser Anspruch international noch nicht anerkannt. Viele dieser „nicht anerkannten" Ansprüche betreffen die Arktis. Kanada reklamierte den Nordpol im Jahr 1925 für sich, und seitdem hat sich eine ganze Reihe von Möchtegernbesitzern gemeldet. Die russische Nordpolexpedition von 2007 unternahm Tauchgänge zum Meeresgrund direkt am Pol und rammte eine russische Fahne in den Boden. Die Russen wollen den Pol, aber gehört er ihnen? Die nicht beanspruchte Welt verwandelt sich zusehends in ein Gebiet von Ansprüchen und Gegenansprüchen.

DIE VON NIEMANDEM BEANSPRUCHTE WELT

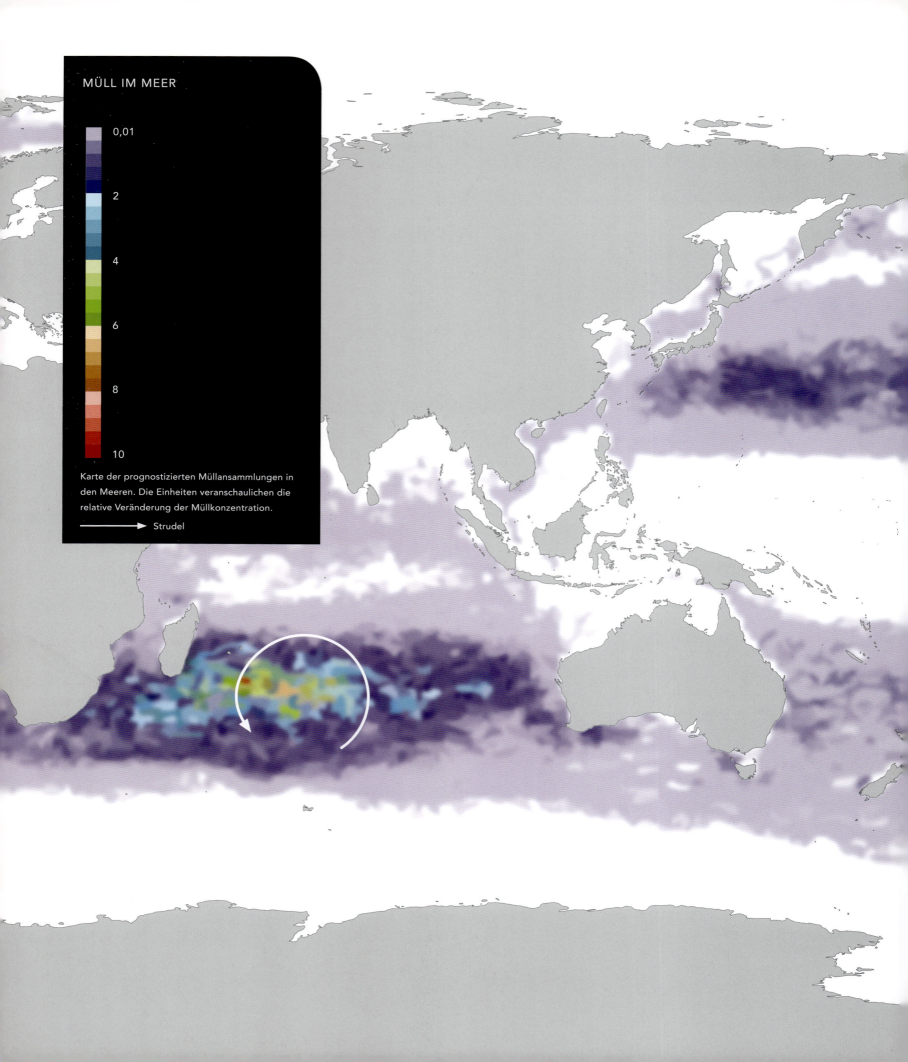

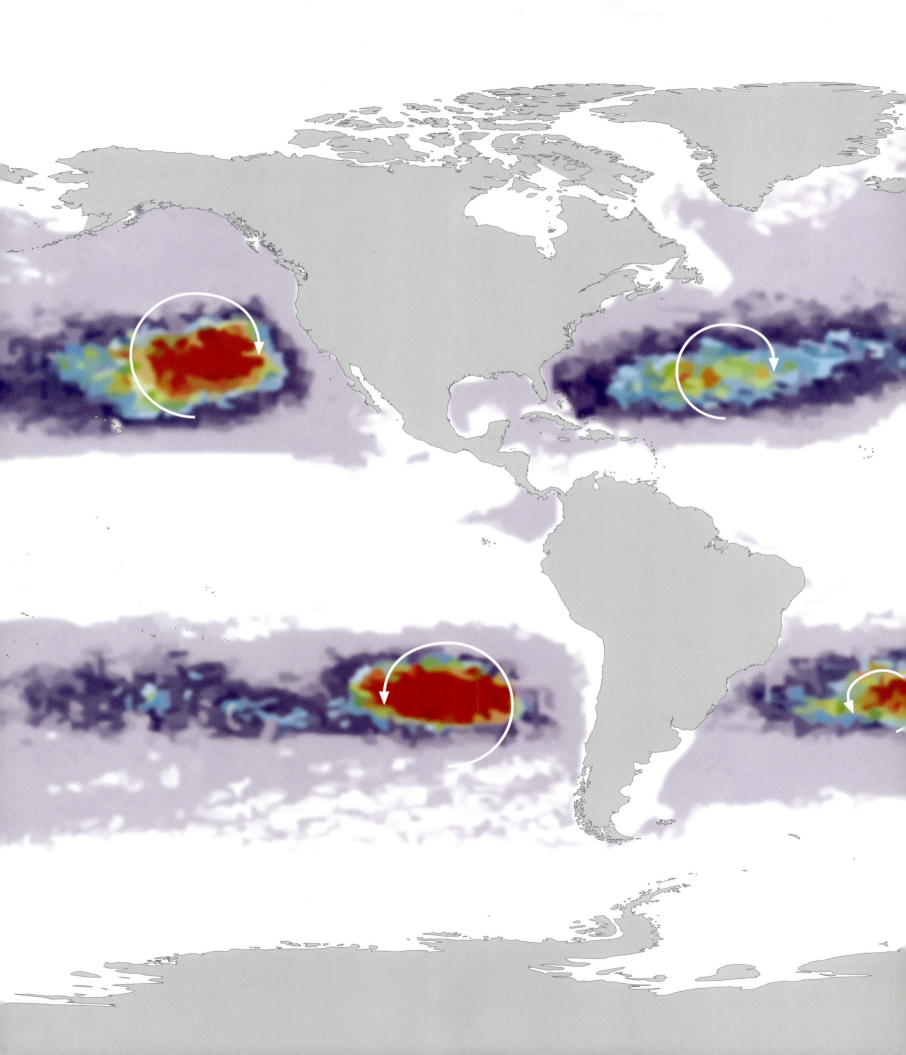

MÜLL IM MEER

Schätzungen der Ausmaße des Müllstrudels im Nordpazifik reichen von fast 700 000 km² bis zu 15 000 000 km². Bei dieser Akkumulation von Abfall, auch unter dem Begriff *„Great Pacific Garbage Patch"* („Großer Pazifik-Müllfleck") bekannt, handelt es sich nicht um ein festes Gebilde, sondern eher um eine Suppe oder Galaxie aus Müll, deren größter Teil unter der Wasseroberfläche treibt. Doch häufig ballt sich der Abfall auch an der Oberfläche zusammen.

All die Dinge, die von Schiffen ins Meer geworfen oder von den Küsten des Pazifiks ins Wasser befördert werden, geraten in dessen Strömung und enden in diesem Friedhof der Konsumkultur. Etwa 20 Prozent des Plastiks im Meer stammen von Schiffen, während der Rest von Stränden ins Meer gespült oder in Flüssen zur Mündung getragen wird. Neben der üblichen Masse aus Plastikflaschen und Fischernetzen wurden auch Fußbälle, Kajaks und Legosteine ausgemacht. Die Kombination von Meeresströmungen und dem Dahintreiben von sehr haltbarem Müll führt zu einer immer größeren Ansammlung.

Plastik ist ein erstaunliches Material: Es zählt zu den leichtesten, nützlichsten und strapazierfähigsten Stoffen, und wir stellen jährlich etwa 300 000 Tonnen davon her. Es dauert 500 bis 1 000 Jahre, bis Plastik sich zersetzt. Die Plastikproduktion wird in jedem Jahrzehnt mehr als verdoppelt. Der größte Teil davon wird nicht recycelt und hat sich deshalb zu einem Hauptverursacher der Meeresverschmutzung entwickelt. Der Plastikmüll erstickt die Meereslebewesen. Es wird vermutet, dass das Zentrum des Pazifischen Müllstrudels pro 1,3 Quadratkilometer 480 000 Plastikteile enthält. Indem Tiere Bruchstücke dieses Mülls fressen, nehmen sie die giftigen Schadstoffe auf. Eine Untersuchung von Fischen aus dem Pazifik hat jüngst ergeben, dass mehr als ein Drittel der Tiere Plastikpartikel zu sich genommen hatte.

Die Karte basiert auf einem von Nikolai Maximenko von der Universität von Hawaii entwickelten Computermodell und verknüpft unsere Kenntnisse über die Meeresströmungen und über den in den Ozeanen treibenden Abfall. Sie zeigt deutlich, dass diese neuen unnatürlich-natürlichen Systeme in allen unseren Meeren zu finden sind. Die Ozeane der Nord- und der Südhalbkugel haben verschiedene Systeme der Müllzirkulation. Das liegt daran, dass hier separate Meeresströmungen existieren. Auf der Nordhalbkugel drehen sich diese Strömungen, auch „Wirbel" genannt, im Uhrzeigersinn, auf der Südhalbkugel gegen den Uhrzeigersinn. Die Müllansammlung im Nordatlantik wurde 1972 entdeckt, und sie bleibt wie ihre Verwandten in anderen Meeren nicht an Ort und Stelle, sondern wird im Laufe eines Jahres etwa 1 600 Kilometer weiter getrieben.

Es wurden viele Lösungsvorschläge unterbreitet, um mit dem Problem unserer mit Müll angefüllten Ozeane fertigzuwerden. Aber das Ausmaß des Problems ist so groß und seine Ursache liegt so weit außerhalb der Kontrolle eines einzelnen Landes, dass bis jetzt weder der Wille noch das Geld vorhanden waren, um mit dem Saubermachen beginnen zu können.

ATLAS UNSERER ZEIT

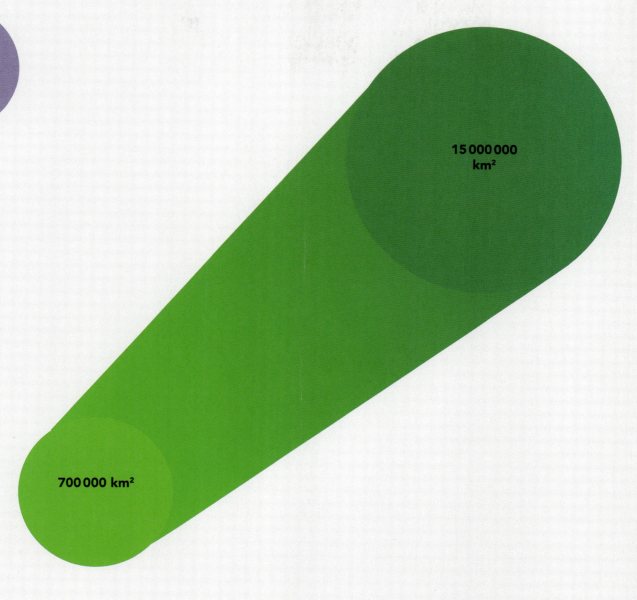

Geschätztes Ausmaß des Pazifischen Müllstrudels.

Theoretisch könnten wir dieses Material abschöpfen und entsorgen (doch das Wie und Wo sind weitere heikle Fragen). Es wäre schön, wenn die Weltführer eine einheitliche Front gegen diese große Bedrohung bilden würden. Doch vorläufig bevorzugen viele Wissenschaftler weniger dramatische und technisch einfachere Lösungen. Die beiden wichtigsten Empfehlungen sind ganz simpel: Wir sollten unseren Plastikverbrauch reduzieren und aufhören, Plastik wegzuwerfen.

MÜLL IM MEER

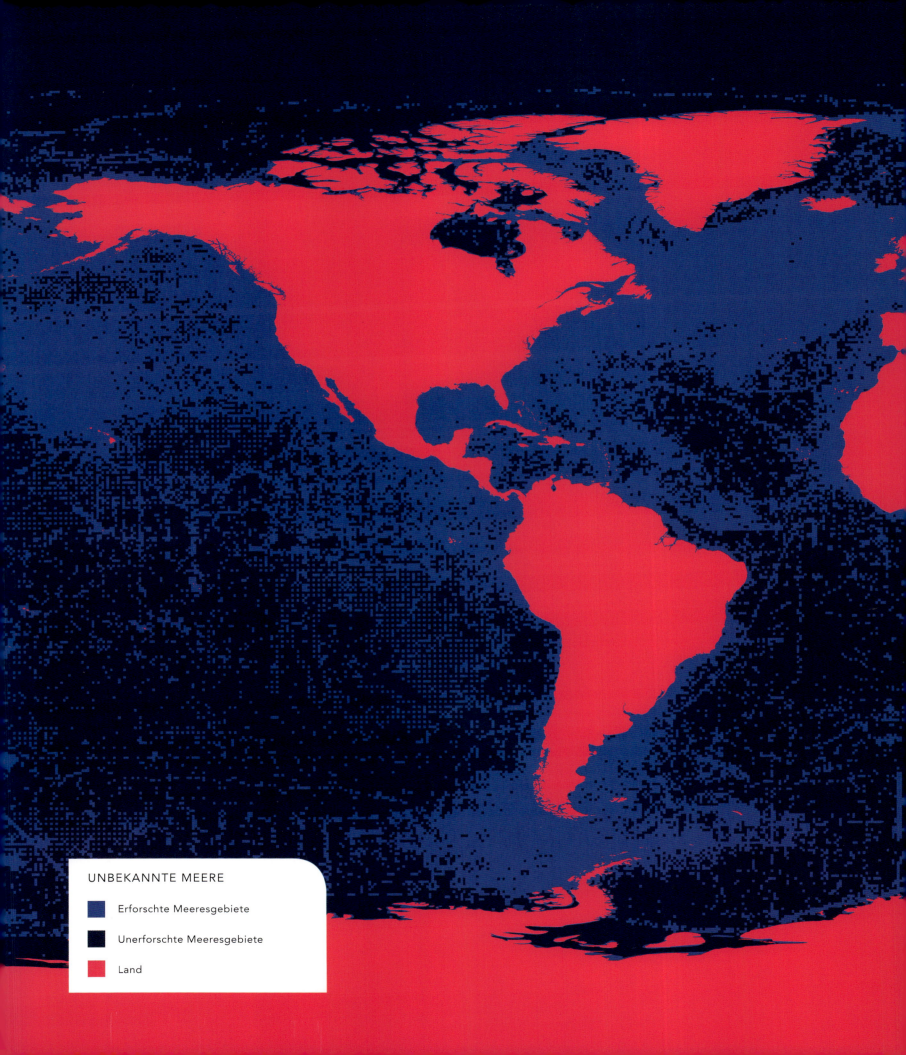

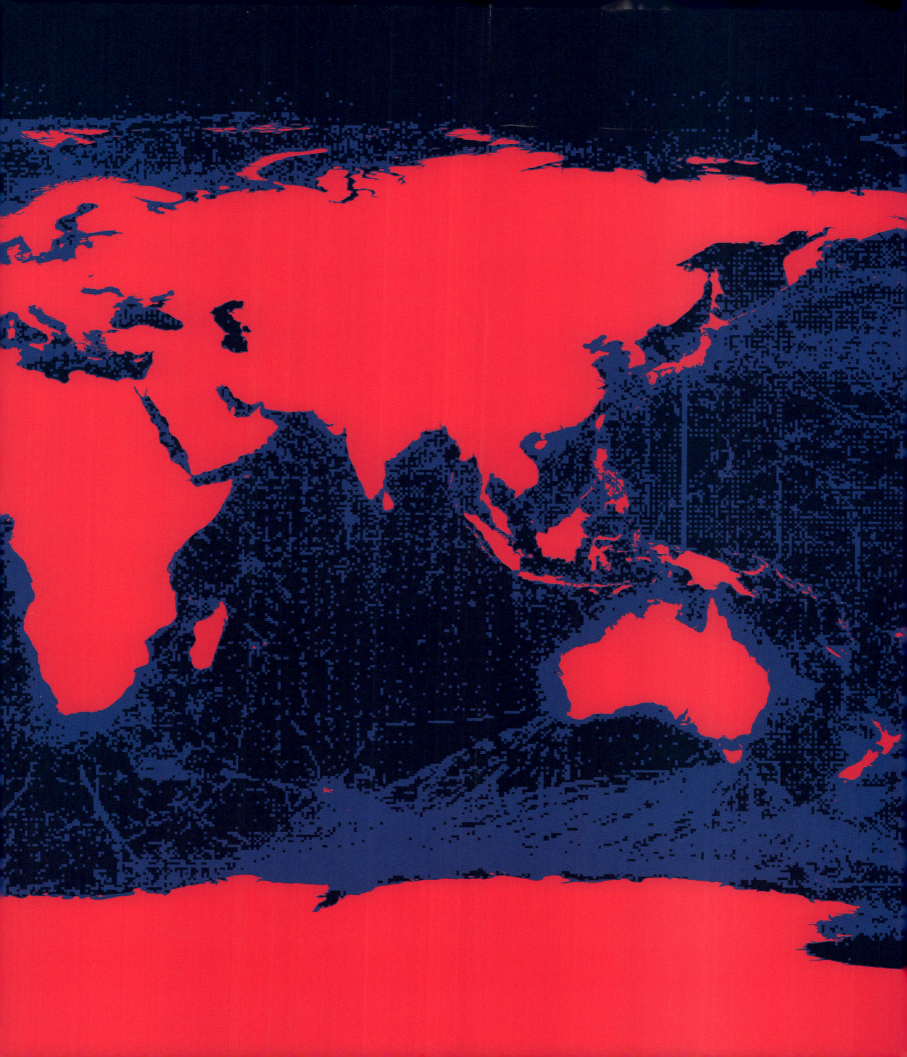

UNBEKANNTE MEERE

Was in den Meeren lebt, ist zum größten Teil unbekannt. Die Tatsache mag schwer zu verkraften sein, aber wie diese Karte belegt, zeigen die helleren blauen Bereiche die Gebiete an, über die uns Untersuchungsdaten vorliegen, das heißt, wo das Meeresleben erforscht und identifiziert wurde. Die dunkelblauen Flecken sind diejenigen Bereiche, von denen uns wenige oder keine Untersuchungsdaten zur Verfügung stehen. Diese riesigen Zonen bedecken den größten Teil des Planeten, einschließlich vieler Küstengebiete und Seen.

Diese Karte wurde Ende 2010 veröffentlicht und basiert auf dem *Census of Marine Life*. Dabei handelt es sich um die umfangreichste Erhebung, die der Planet je gesehen hat: 2 700 Wissenschaftler und 540 Expeditionen machten sich daran, das Leben der Ozeane einzeln aufzulisten. Dabei entdeckten sie mehr als 6 000 neue Spezies und vergrößerten unser Wissen beträchtlich. Viele der Entdeckungen sind verblüffend: riesige Mikrobenteppiche, die inzwischen zu den größten Lebensformen der Welt gezählt werden; eine Krabbenart, von der man dachte, sie sei vor 50 Millionen Jahren ausgestorben; und komplexe Vielzeller, die ohne Sauerstoffzufuhr am Meeresgrund leben. Bei der Erhebung wurden in etwas mehr als einem Liter Meerwasser 38 000 verschiedene Arten von Mikroben gezählt. Darüber hinaus bestätigte sie, dass es gegenwärtig – abgesehen von den Mikroben – annähernd 250 000 wissenschaftlich erfasste Meereslebewesen gibt. Es besteht eine Warteliste mit etwa 750 000 weiteren Spezies, die auf dem Radarschirm sind, aber noch beschrieben werden müssen. Außerdem existiert in den Meeren etwa eine Milliarde Arten von Mikroben.

Unsere Wissenslücken sind hier noch beträchtlich. Die Feststellung, dass wir über den Mond besser Bescheid wissen als über die tiefsten Gebiete der Ozeane, ist keine Übertreibung. Es gab sechs bemannte Missionen zum Mond, aber es haben bisher nur zwei bemannte Tauchfahrten zum fast 11 Kilometer tiefen Challengertief im Marianengraben stattgefunden, dem tiefsten Teil des Meeres – die erste bereits in den 1960er-Jahren. Die Regionen, von denen uns nach Angaben der an der Erhebung beteiligten Wissenschaftler nur wenige Daten vorliegen, befinden sich nicht etwa nur in abgelegenen Gegenden. Es handelt sich um Riesengebiete. Man kommt nur schwer an die Sedimente am Tiefseeboden heran, doch sie zählen zu den artenreichsten Meereslebensräumen. Bei jeder Expedition zum Tiefseeboden werden noch unbeschriebene Arten entdeckt, allerdings haben gar nicht so viele Expeditionen stattgefunden, und dies hat zur Folge, dass Schätzungen der Zahl der Arten dort unten weit auseinandergehen – von weniger als einer Million bis zu fünf Millionen.

Wir sind noch immer weit davon entfernt, umfassende Kenntnisse des Meereslebens zu haben. Doch erst dadurch, dass wir uns informieren, erkennen wir, wie unwissend wir sind. Vielleicht hat uns die Erhebung vor allem gezeigt, wie viel mehr es noch zu entdecken gilt.

250 000   **Anzahl der Spezies von Meereslebewesen, die derzeit wissenschaftlich erfasst sind**

750 000   **Geschätzte Anzahl von Spezies, die noch beschrieben werden müssen**

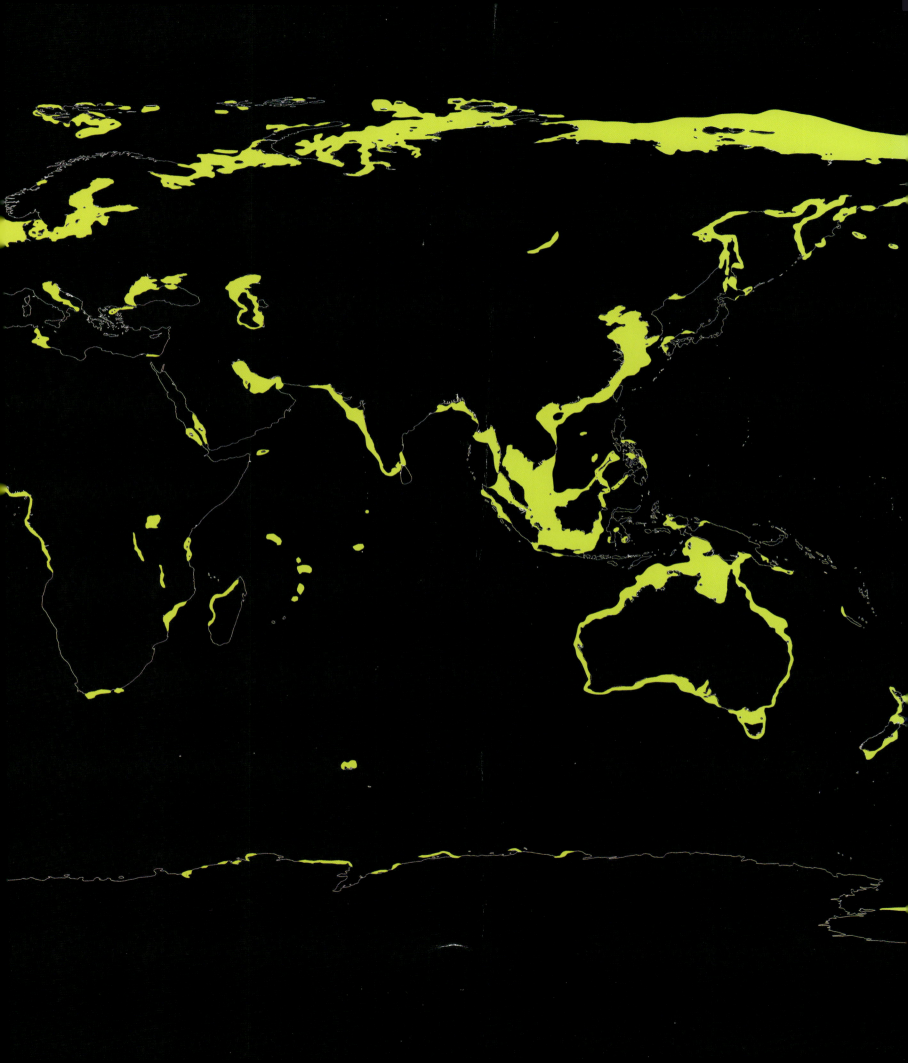

TROCKENLEGUNG DER OZEANE

Hier erkennen wir, wie die Welt aussähe, würden die Wasserspiegel der Ozeane um etwa 100 Meter sinken. In gewisser Weise ist es ein Schritt zurück in die Zeit um 10 000 v. Chr., als ein großer Teil des weltweiten Wasservorkommens in Eiskappen und Gletschern gespeichert war und die Meeresspiegel deutlich niedriger lagen. Damals war Großbritannien keine Insel, und man konnte die Nordsee zu Fuß überqueren. Archäologen haben am Boden der Nordsee die Überreste von Speeren und Äxten entdeckt und diesem untergegangenen Reich den Namen „Doggerland" gegeben. Die Nordsee ist weder das einzige flache Meer noch die einzige potenzielle – und ehemals vorhandene – Landbrücke. Nach einem Absinken des Meeresspiegels um 100 Meter wäre ein großer Teil von Südostasien miteinander verbunden, und Papua-Neuguinea und Australien würden zu einem noch größeren Inselkontinent vereint. Außerdem sehen wir, dass die Landbrücke, die es den Menschen ursprünglich ermöglichte, von Norden her amerikanischen Boden zu betreten, wieder auftauchen und einen direkten Zugang nach Alaska über Sibirien erlauben würde.

Diese Projektion ist ein Bild einer ganzen Sequenz, die vom National Geophysical Data Center der NASA zusammengestellt wurde. Der Reiz der Sequenz ist naheliegend. Sie zeigt auf faszinierende Weise, wie unterschiedlich und dramatisch die Hügel und Täler der Ozeane sind. Die Absenkung des Wasserspiegels um 100 Meter stellt eines der ersten Bilder in der Sequenz der NASA dar. Es dauert eine Weile, bis einige der höheren Bergkämme, die sich mitten durch die großen Weltmeere ziehen, aufzutauchen beginnen. Diese Mittelozeanrücken – wie derjenige, der sich längs mitten durch den Atlantik hindurchzieht – beginnen erst bei einer Absenkung um 2 000 bis 3 000 Meter aufzutauchen. Man muss lange warten, bis die Meere weitgehend leer sind. Das geschieht erst in beinahe 6 000 Metern Tiefe. Und selbst dann sind die wirklich tiefen Gräben, von denen der Marianengraben mit 10 911 Metern der tiefste ist, noch immer mit Wasser gefüllt.

Es wird vorhergesagt, dass die Meeresspiegel eher steigen als sinken werden. Doch das Interesse daran, den umgekehrten Prozess zu betrachten – die Trockenlegung der Ozeane –, entspringt nicht nur einfachem Wunschdenken. Früher war der Meeresboden kartografisch *terra incognita*, doch inzwischen haben wir begonnen, ihn ebenso wie den Rest des Planeten zu kartografieren. Für Leute, die nach Erdöl bohren oder Inseln aufschütten, ist es ebenso wichtig, die Hügel und Täler unter der Wasseroberfläche zu kennen, wie für Naturschützer und Meereswissenschaftler. In der Bathymetrie, der Untersuchung der Unterwassertopografie, hat in den vergangenen Jahrzehnten eine Revolution stattgefunden. Satelliten haben inzwischen eine Hauptrolle übernommen. Indem amerikanische und europäische Satelliten die Veränderungen der Meeresspiegel messen, kartografieren sie, wie das Meer auf die Gravitationskraft von Unterwassergebilden wie Gräben

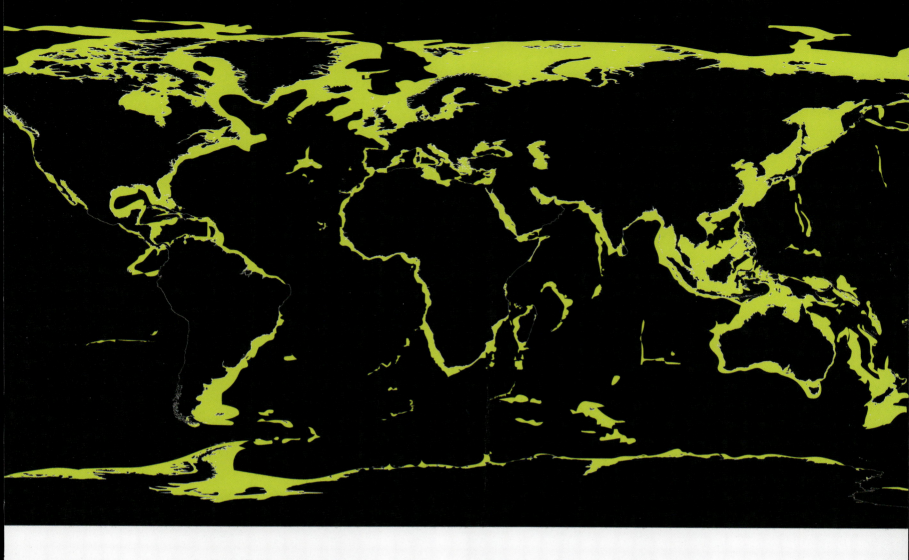

Die Karte zeigt die Kontinentalsockel und die Mittelozeanischen Rücken, die auftauchen, wenn der Meeresspiegel um 2000 Meter sinkt.

und Bergen reagiert. Diese Daten werden inzwischen zur Erstellung einer neuen Generation von Karten des Meeresbodens verwendet. Die Tage sind vorbei, als wir nur jenen Teil des Planeten kartografieren konnten, der sich über dem Meeresspiegel befindet.

TROCKENLEGUNG DER OZEANE

DRIFTBOJEN

Driftbojen sind hochseetaugliche Bojen, die unentwegt Messungen von Wasser-temperatur, Strömungsgeschwindigkeit, Salzgehalt und Luftdruck vornehmen und die Ergebnisse an einen Satelliten weiterleiten. Diese Daten werden dann zur Erde zurückgeschickt, und jeder kann die Position einzelner Driftbojen auf einer ständig aktualisierten Karte im Internet überprüfen. Das *Global Drifter Program* wird zwar von der US-Regierung geleitet, ist aber ein internationales Projekt. Diese Karte zeigt uns mit einer kürzlich erfolgten Momentaufnahme, wer von den vielen an die-sem Programm Beteiligten gerade welche Bojen wartet und wo sich die jeweiligen Bojen befinden. Wir sehen zum Beispiel Bojen des australischen Meteorologischen Instituts im Indischen Ozean und im Pazifik verstreut und diejenigen im Atlantik, die dem britischen Wetteramt gehören. Die USA besitzen die meisten Messbojen, und viele davon befinden sich im Pazifik sowie im Nord- und Südatlantik.

Schon lange haben Meereswissenschaftler die Notwendigkeit einer solch be-eindruckenden Flotte schwimmender Sensoren erkannt. Ein frühes Modell wur-de im Februar 1979 zu Wasser gelassen, und nachdem eine standardisierte und kostengünstige Messboje entwickelt worden war, begann 1988 ihr Einsatz im gro-ßen Stil. Seitdem schaukeln Hunderte Bojen auf den Weltmeeren und sammeln Informationen, die unsere Kenntnisse über die Ozeane enorm erweitert haben. Innerhalb eines Jahres, zwischen September 2003 und August 2004, hat die Na-tional Oceanic and Atmospheric Administration der Vereinigten Staaten, die das weltweite Programm leitet, insgesamt 658 Bojen ausgesetzt: 440 von Forschungs-schiffen aus, 201 von Schiffen, die am *Voluntary Observing Ship Program* (VOS) teilnehmen, und 17 aus der Luft. Das Ziel, ein Netz von 1 250 Driftbojen zu instal-lieren, die für eine angemessene Erfassung als notwendig erachtet wurden, wurde am 18. September 2005 erreicht.

Die Bojen sind an einem Schleppanker befestigt, der ihr Drifttempo verlang-samt und verhindert, dass sie zu weit davongetrieben werden. Doch auf offener See werden die Bojen häufig schwer ramponiert, sie verlieren ihre Anker und wer-den irgendwann an Land gespült, wo neugierige Spaziergänger über sie stolpern. Das *Global Drifter Program* legt großen Wert darauf, den Aufenthaltsort der gesam-ten Flotte zu überwachen, auch den der verschollenen Bojen. Menschen, die auf eine verloren gegangene Boje stoßen, werden folgendermaßen instruiert: „Suchen Sie nach einer Identifikationsnummer [gewöhnlich eine fünfstellige Ziffer] oder nach Instruktionen auf der Oberfläche der Boje. Fotografieren Sie die Boje und alle ihre Bestandteile. Nehmen Sie über ,*Drifter Webmaster*' Kontakt zu uns auf und schicken Sie uns ein Foto und so viele Informationen wie möglich."

Zukünftig werden in den am wenigsten erforschten und befahrensten Teilen der Ozeane noch mehr Bojen stationiert werden. Darüber hinaus wird in den kom-

ATLAS UNSERER ZEIT

Die Grafik zeigt die Zahl der Bojen auf den Ozeanen, die fünf Ländern und der Nationalen Ozean- und Atmosphärenbehörde der USA gehören (Daten gültig bis 20. März 2017).

plexesten und unruhigsten Gewässern ein dichtes Netz zum Einsatz kommen. Außerdem werden die Bojen dank neuer Sensoren weitere Faktoren messen können, wie zum Beispiel die Oberflächenleitfähigkeit, die Niederschlagsmenge, biochemische Konzentrationen sowie die vielen unterschiedlichen Wechselwirkungen zwischen den Meeren und der Atmosphäre.

DRIFTBOJEN

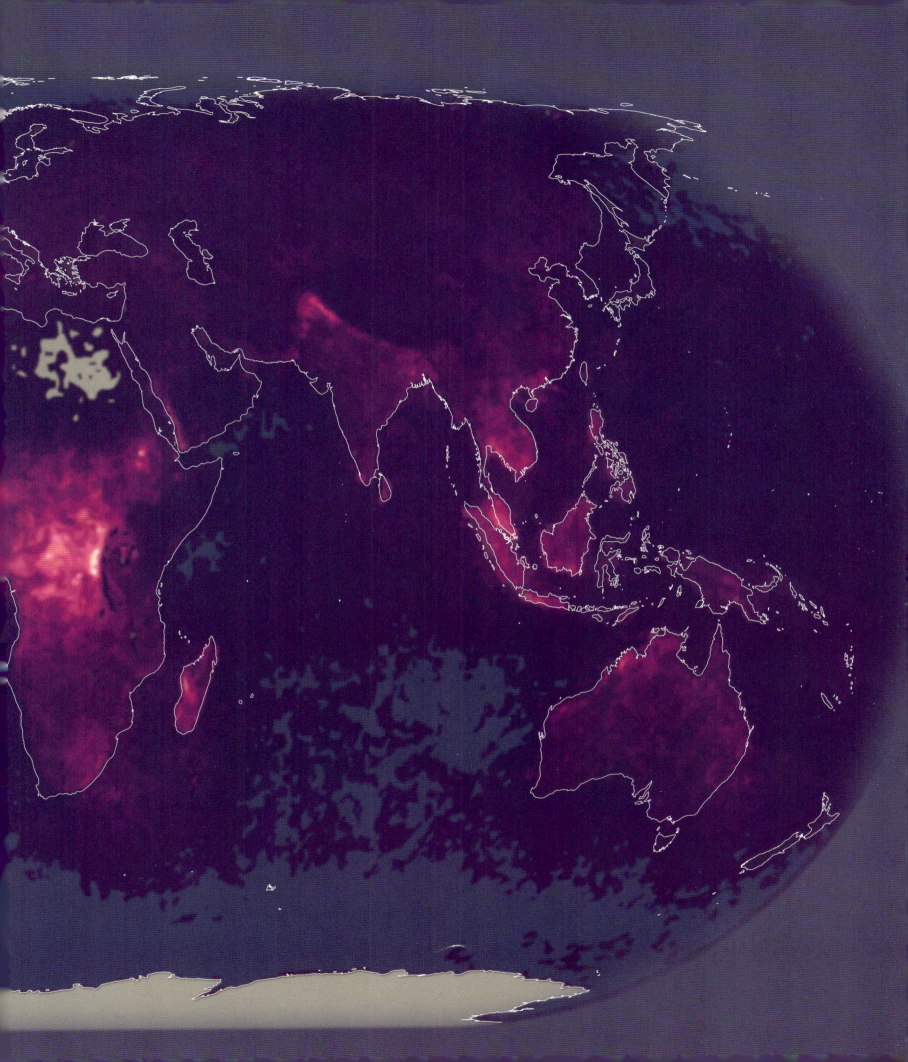

BLITZSCHLÄGE

Über den Meeren bleibt der Himmel finster, aber über Land und in Richtung Tropen ist er mit Myriaden von Blitzen überzogen. Über den Himmel des tropischen Afrikas zucken mehr Blitze als irgendwo sonst, und in der Mitte des Kontinents gibt es eine besonders blitzintensive Region. Diese Karte basiert auf Aufnahmen aus den Jahren 1995 bis 2013 und gibt die durchschnittliche Zahl von Blitzschlägen pro Jahr pro Quadratkilometer an. Regionen mit der geringsten Blitzhäufigkeit sind grau, graublau und lila dargestellt; dazu gehören beide Pole und sämtliche Ozeane, aber auch ein großer Teil der weiter oben auf der Nordhalbkugel gelegenen Gebiete.

Der Titel „Blitzhauptstadt der Erde" ist umstritten. Diese Karte scheint den Anspruch des kleinen Bergdorfs Kifuka im Osten der Demokratischen Republik Kongo auf diesen Titel zu stützen, wo sich im Jahr wohl 205 Blitzschläge pro Quadratkilometer ereignen. Doch jüngst wurde Kifukas Position vom Maracaibo-See in Venezuela entthront, wo jährlich 233 Blitze pro Quadratkilometer registriert wurden. Wie auch immer, es sind viele Blitze, vor allem im Vergleich zu den dunkleren Bereichen auf der Karte, in denen deutlich weniger als ein Blitzschlag pro Quadratkilometer pro Jahr registriert wird.

In jeder Sekunde kommt es über unserem Planeten zu 40 bis 50 Blitzschlägen, die sich im Laufe eines Jahres auf etwa 1,4 Milliarden summieren. Über dem Meer blitzt es seltener, weil sich das Wasser weniger erwärmt als das Land. Land erwärmt sich relativ schnell und strahlt diese Wärme dann ab, wodurch Konvektionsströmungen entstehen und die Atmosphäre instabil wird. Die für Blitzschläge notwendigen Gewitterwolken findet man also gewöhnlich über Land. Weil Wärme diesen Prozess antreibt, folgt daraus, dass es über den kühleren Ländern der Erde zu weniger Blitzschlägen kommt.

Die Geografie der Blitzschläge ist kein so geheimnisvoller Untersuchungsgegenstand, wie es vielleicht klingen mag. Die Angaben über die Zahl der Menschen, die pro Jahr durch Blitze getötet werden, liegen zwischen 6 000 und 24 000, aber es stehen keine verlässlichen Statistiken zur Verfügung. Klar ist dagegen, dass die ärmsten Länder, in Afrika und Asien, die bei Weitem meisten Todesopfer zu beklagen haben. Blitzschläge haben noch weitere verheerende Folgen: Sie töten Nutztiere, lösen Brände aus und verursachen Überspannungen in den Stromnetzen, wodurch Geräte zerstört und Stromleitungen lahmgelegt werden.

Aber Blitze haben noch einen anderen Aspekt. Überall in den hell erleuchteten pinkfarbenen Bereichen der Karte stellen wir fest, dass Blitze in überlieferten Geschichten und Volksreligionen eine wichtige Rolle spielen. In vielen dieser Religionen gibt es Gottheiten des Blitzes. Ihnen dienen Priester und Priesterinnen, deren Aufgabe darin besteht, die gefährliche, aber auch lebensspendende Kraft dieser scheinbaren Zaubermacht in die gewünschte Richtung zu lenken. Denn Blitzschläge gelten nicht nur als Verursacher von Tod und Zerstörung, sondern auch als Vorboten der Regenzeit.

Die beiden Orte mit der höchsten Blitzaktivität, verglichen mit Grönland, einem deutlich kälteren Land, in dem es daher selten zu Blitzschlägen kommt.

BLITZSCHLÄGE

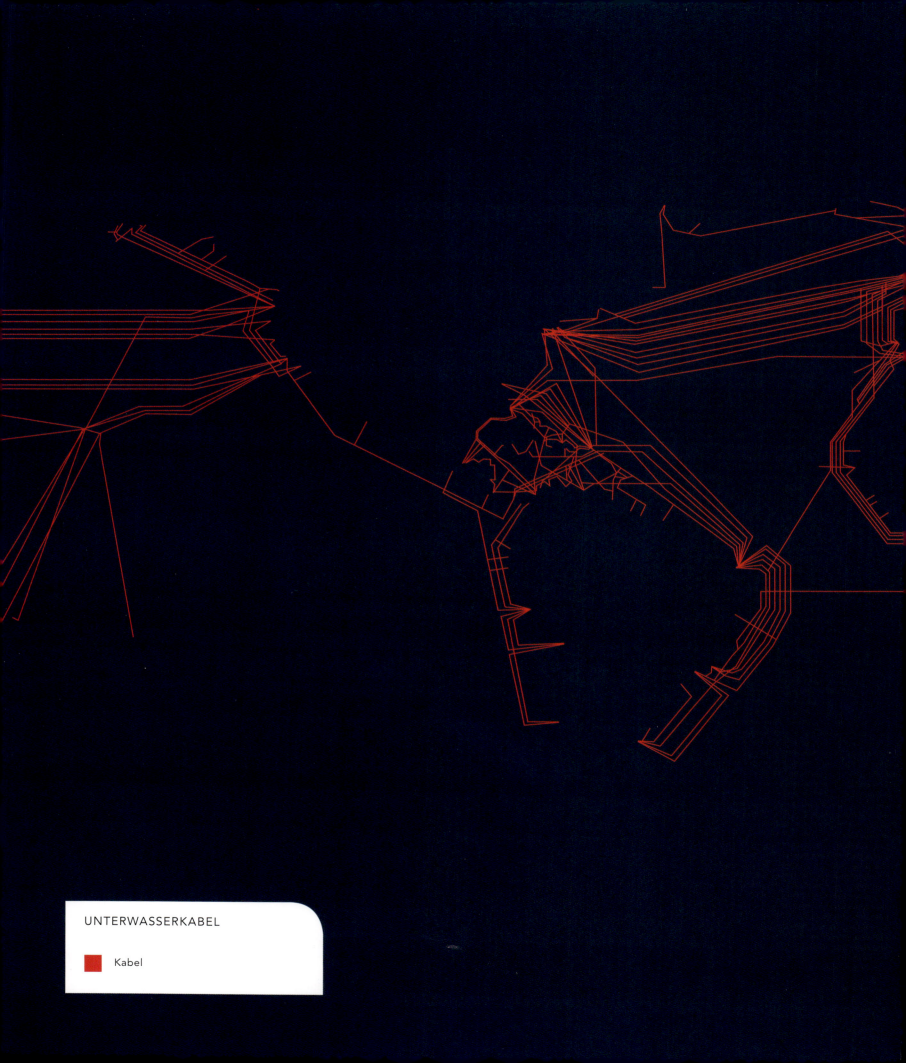

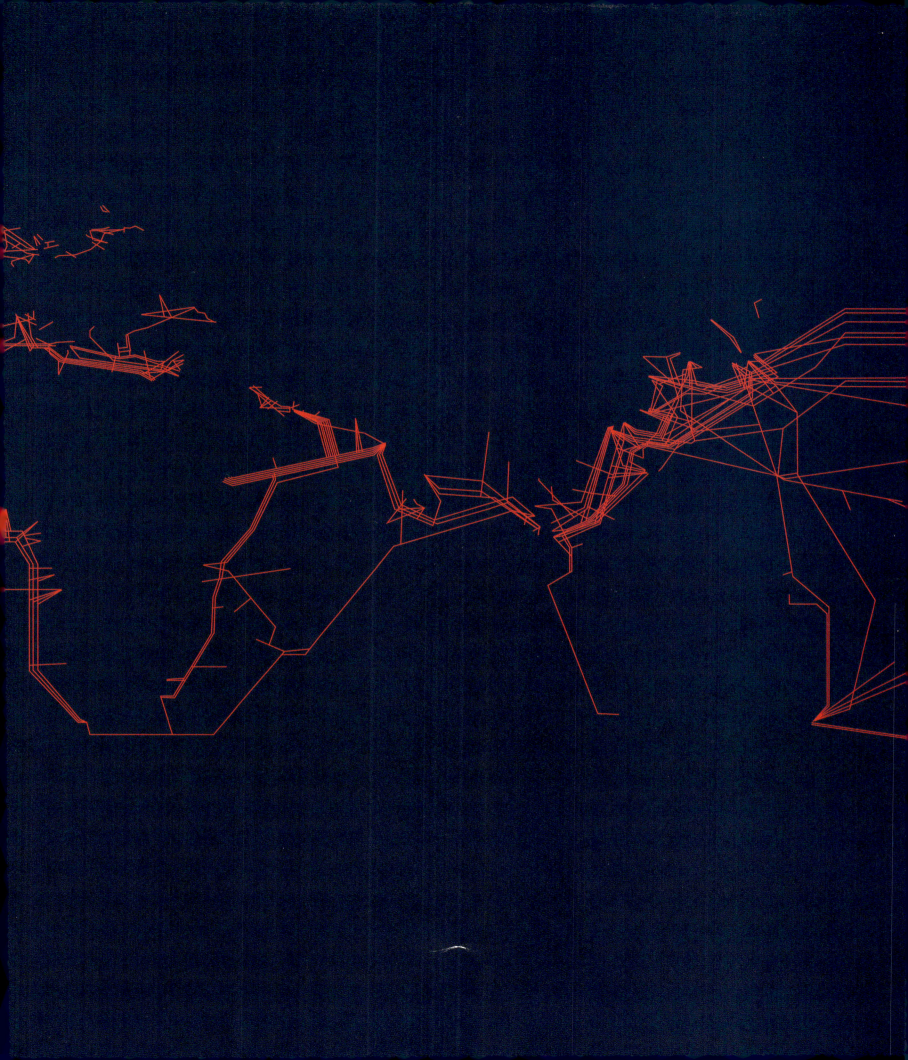

UNTERWASSERKABEL

Zwar hören wir häufig von der Bedeutung der Satelliten und nutzen solch luftige Konzepte wie die „*Cloud*" für die Datenspeicherung, doch die Unterwasserkabel sind der Schlüssel der modernen Welt zu ihren Kommunikationsgeräten. Durch sie läuft fast der gesamte globale Internetverkehr. Es mag auf der Karte den Anschein haben, als sei sie von Kabeln bedeckt, doch angesichts der Leistungsanforderung sind es erstaunlich wenige. Etwa 300 Kabelsysteme übertragen fast den gesamten transozeanischen Datenverkehr. Diese Karte zeigt, dass – abgesehen von der Antarktis – sämtliche Kontinente inzwischen durch Unterwasserkabel miteinander verbunden sind, und sie offenbart die Dichte der Verbindungen in Ost- und Südostasien und im Nordatlantik. Weniger bevölkerte bzw. weniger entwickelte Regionen haben eine geringere Anzahl von Kabeln, wie an den spärlichen Verbindungen nach Westaustralien und Bangladesch zu erkennen ist.

Die Kommunikation über Tiefseekabel ist kein neues Konzept. Samuel Morse schickte 1842 ein Telegrafiezeichen durch einen Kabeldraht, den er mit geteerten Hanfstricken und Gummi umwickelt und im Wasser des New Yorker Hafens versenkt hatte. Das erste Transatlantikkabel wurde 1866 verlegt und ein Kabel, das Indien mit dem Jemen verband, im Jahr 1870. In den vergangenen Jahrzehnten hat in der Industrie sowohl hinsichtlich der Art der Kabel als auch der der Datenmenge, die sie übertragen können, eine Revolution stattgefunden. Die früheren Kabel wurden von Ort zu Ort verlegt. Die heutigen unterseeischen Abzweigelemente machen es möglich, dass ein einziges Kabel zahlreiche Ziele miteinander verbindet. Das erste transatlantische Glasfaserkabel ging 1988 in Betrieb.

Die Nachfrage nach Unterseekabeln trägt der Tatsache Rechnung, dass sie eine bessere und umfangreichere Signalübertragung sichern als Satelliten. Nicht nur die Übertragungsgeschwindigkeit ist viel höher, die Kabel können zudem viele Terabits Daten pro Sekunde übermitteln, deutlich mehr als jeder Satellit. Bei diesen Kabeln wird Licht zur Kodierung der Informationen verwendet, und die Daten können mit einer Geschwindigkeit übertragen werden, die an die Lichtgeschwindigkeit heranreicht. Darüber hinaus sind sie um vieles haltbarer als Satelliten. Das Wetter kann den Kabeln nichts anhaben, und sie sind sehr strapazierfähig. In den vergangenen Jahren überstieg die Nachfrage das Angebot. Erst wenn die unterseeischen Kapazitäten ausgelastet sind, setzen Telekommunikationsfirmen Satelliten als Reserve ein.

Wollten Sie die weltweite Kommunikation unterbrechen, wäre es viel sinnvoller, eines dieser Kabel zu durchtrennen, als zu versuchen, einen Satelliten zu zerstören. Im Jahr 1958 wurde das Internationale Kabelschutzkomitee gegründet, das Maßnahmen zum Schutz des Systems erarbeitete. Heutzutage sind die Kabelenden an den Küsten stahlummantelt und häufig unterirdisch verlegt. In der Tiefsee sind sie durch die schwere Erreichbarkeit geschützt. Doch dieser Faktor hat auch zur Folge, dass sie nur schwer repariert werden können. Reparaturen müssen

Fast der gesamte Transatlantik-Datenverkehr fließt durch etwa 300 Kabelsysteme.

weniger infolge von Sabotageakten durchgeführt werden, als vielmehr aufgrund einfacher Störungen, wie sie jährlich oft vorkommen, oder weil Haie an den Kabeln nagen und das System lahmzulegen drohen.

UNTERWASSERKABEL

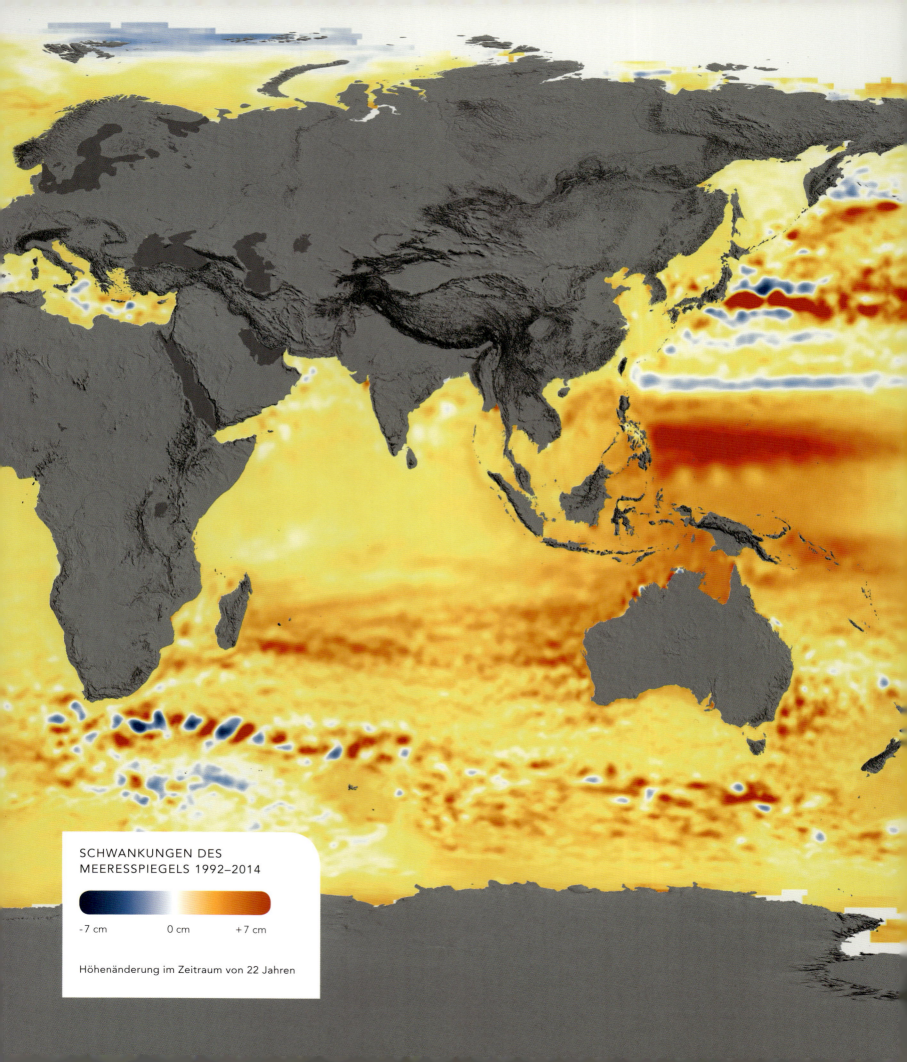

SCHWANKUNGEN DES MEERESSPIEGELS 1992–2014

−7 cm   0 cm   +7 cm

Höhenänderung im Zeitraum von 22 Jahren

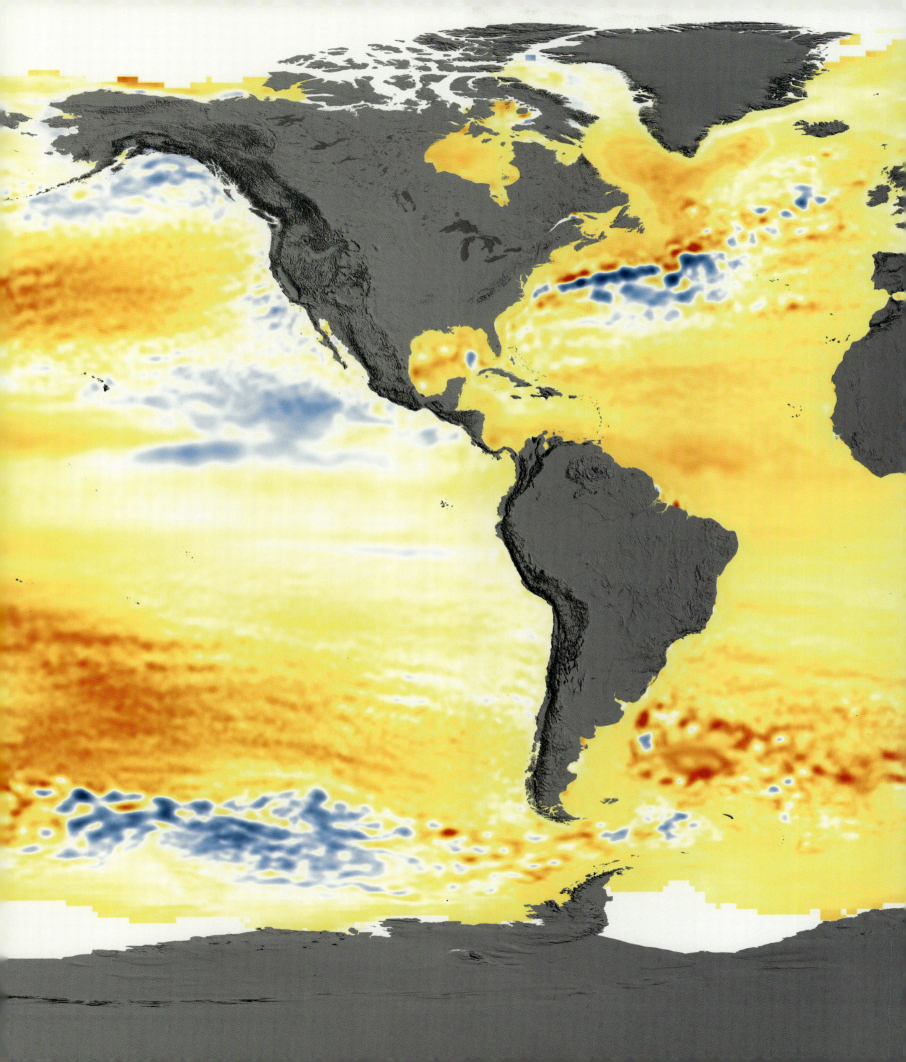

SCHWANKUNGEN DES MEERESSPIEGELS

Die Wasserspiegel der Weltmeere sind seit 1992 durchschnittlich um 7,5 cm angestiegen, doch dieser Anstieg erfolgte nicht überall gleichmäßig. Der allgemeine Trend ist weltweit zu verzeichnen, doch auch lokale Veränderungen des Meeresspiegels spielen eine Rolle. Lange Zeit haben wir uns das Meer als einheitliche, glatte Oberfläche vorgestellt, aber wir müssen uns an den Gedanken gewöhnen, dass es sich um eine mobile und sich schnell bewegende Kette von Höhen und Tiefen handelt. Wir sprechen natürlich nicht von Riesenbergen aus Wasser. Diese NASA-Darstellung verzeichnet Rekorde von Absenkungen und Anstiegen von -7 cm bis +7 cm (tatsächlich reichen die aufgezeichneten Daten über und unter diese Grenzwerte hinaus). Die Zahlen mögen unbedeutend klingen, aber Millionen Menschen leben in tief liegenden Gebieten, wo selbst der geringste Anstieg des Meeresspiegels über Sicherheit oder Überschwemmung entscheidet.

Für Kartografen ist die Aufzeichnung der Wasserstände ein neues Gebiet. Es stellt sie vor große Herausforderungen. Die Schwankungen sind gering und ständig wechselnd. Diese Meeresspiegeldaten wurden von einer Reihe verschiedener Satelliten gesammelt und enthalten Informationen der Jahre 1992 bis 2014. Tom Wagner von der NASA erklärt bei der Vorstellung der Karte, dass „der Ozean eine Topografie besitzt. Man kann ihn sich fast wie eine Gebirgskette mit Gipfeln und Tälern vorstellen." Und er fügt hinzu, dass „die kalifornische Küste derzeit einem Tal gleicht, und das liegt an einer Kombination aus Wind- und Meeresströmungen". Wagner berichtet, dass es zwei Hauptverursacher für den allgemeinen Anstieg des Meeresspiegels gebe. Der eine sei sattsam bekannt, nämlich das Wasser, das von schmelzenden Eisschichten und Gletschern freigegeben werde. Aber die andere Hälfte des Anstiegs werde durch einen anderen Faktor verursacht: durch die Tatsache, dass sich infolge der Erwärmung des Planeten auch die Meere erwärmen, und weil warme Dinge sich ausdehnen, sei auch das Volumen der Ozeane größer geworden und habe die Meeresspiegel steigen lassen. Da sich wärmeres Wasser ausdehnt und kälteres Wasser zusammenzieht, sind diese Farbtupfer auch Hinweise auf Temperaturveränderungen. Darüber hinaus handelt es sich um eine Karte der sich verändernden Geografie des Salzgehalts, weil kälteres Wasser salzhaltiger ist als wärmeres. Doch was die Menschen wirklich fasziniert hat, ist die Art und Weise, wie diese Karte die Schwankungen der Meeresspiegel verdeutlicht. Besonders verblüffend ist, dass Winde und Meeresströmungen im Westpazifik warmes Wasser aufgetürmt haben. Diese Aufwölbung im Pazifik legt die Vermutung nahe, dass die dicht besiedelten Küstenstädte, die es überall in Südostasien gibt, vielleicht gefährdeter sind als bisher vermutet. Weitere Gefahrenzonen liegen im Südpolarmeer und im nördlichsten Teil des Atlantiks, aber weil die Küstenregionen dort nur schwach besiedelt sind, sollte unsere Aufmerksamkeit den vielen Hundert Millionen Menschen gelten, die in tief liegenden Bereichen von Ländern wie zum Beispiel den Philippinen leben.

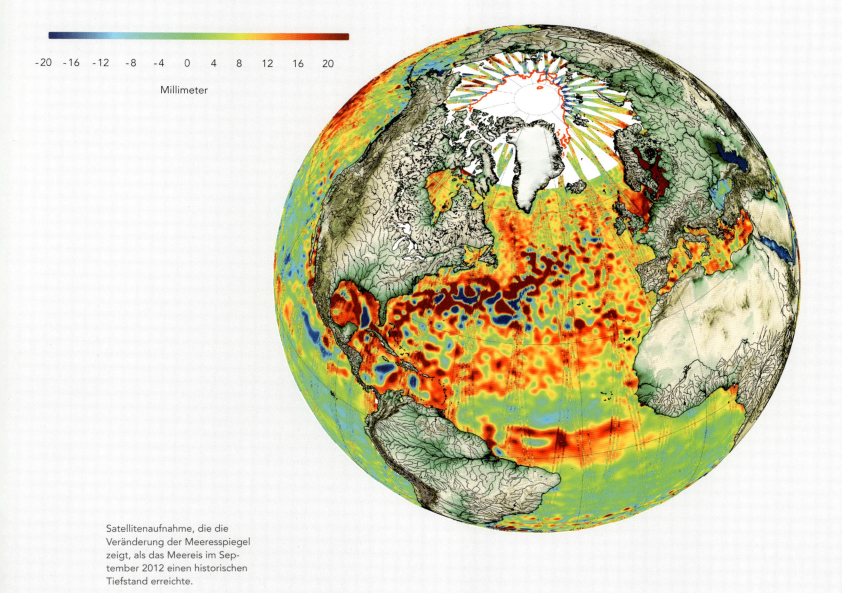

Satellitenaufnahme, die die Veränderung der Meeresspiegel zeigt, als das Meereis im September 2012 einen historischen Tiefstand erreichte.

SCHWANKUNGEN DES MEERESSPIEGELS

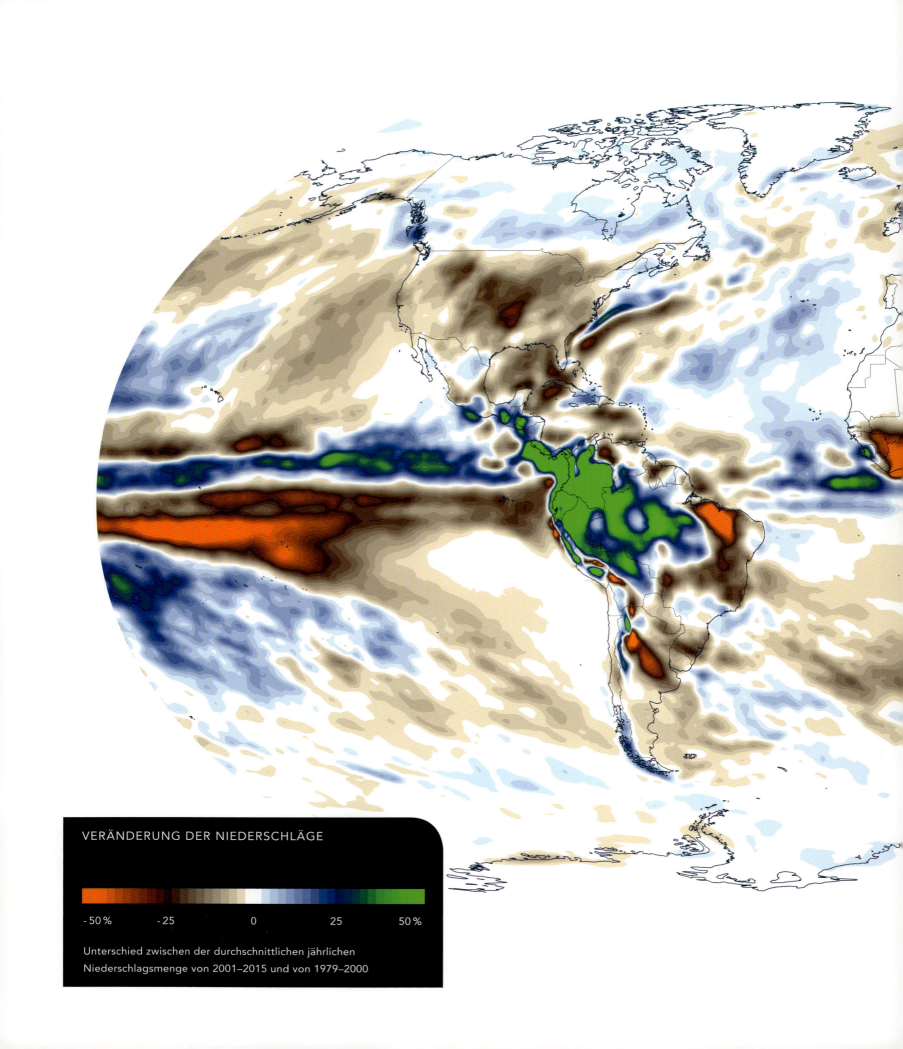

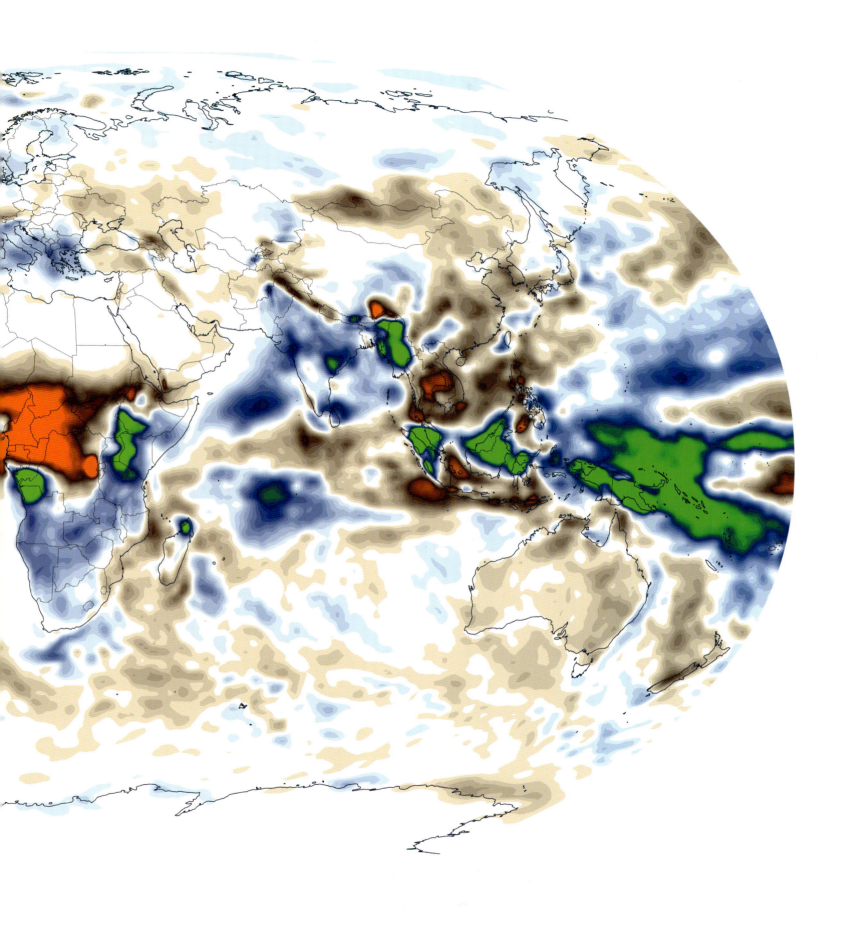

VERÄNDERUNG DER : NIEDERSCHLÄGE

Der Klimawandel hat die Erde zu einem von Wetterbeobachtern bevölkerten Planeten gemacht. Eine sich erwärmende Welt klingt nach einem trockeneren Planeten, und für viele wird das auch Realität werden. Das Dunkelorange und die verschiedenen Brauntöne auf dieser Karte geben Regionen an, in denen es trockener geworden ist. Es handelt sich um riesige Gebiete. Große Teile von Nordamerika, Europa und Asien, aber auch die südlichen Ozeane und Australasien verzeichnen inzwischen weniger Regen- und Schneefall. Doch ein ebenso markanter Aspekt dieser Karte sind die Ungleichmäßigkeit und die Turbulenzen, die sie vor allem in den Tropen anzeigt. Dort spielt sich ein großer Teil des Dramas ab. Weite Gebiete in Südamerika und Südostasien erhalten deutlich mehr Regen, doch diese feuchten Zonen befinden sich in unmittelbarer Nachbarschaft zu Regionen, in denen es trockener wird. Ein besorgniserregendes und auffallendes Merkmal ist die große und bevölkerungsreiche subsaharische Region, die hier dunkelorangefarben dargestellt ist – ein Teil Afrikas, der von anhaltenden Dürreperioden heimgesucht wird.

Diese Karte gibt die Unterschiede zwischen der durchschnittlichen jährlichen Niederschlagsmenge in den Jahren 2001 bis 2015 und der zwischen 1979 und 2000 an. Sie entstand mithilfe von Daten, die das europäische Zentrum für die mittelfristige Wettervorhersage zur Verfügung gestellt hat. Die Karte zeigt jüngste Veränderungen, doch längerfristige Untersuchungen haben ebenfalls ergeben, dass viele Gegenden in den Tropen erheblich feuchter oder trockener sind als noch vor 100 Jahren.

Betrachtet man die Karte eingehender, werden spezielle Entwicklungen sichtbar. Blicken wir zum Beispiel nach Mali, ein westafrikanisches Binnenland mit 14 Millionen Einwohnern. Hier dehnt sich die Sahara jedes Jahr weiter nach Süden aus. Der Norden Malis leidet seit Jahrzehnten unter Dürren, doch in jüngerer Zeit hat das tiefer gelegene und bislang fruchtbarere und feuchtere Drittel des Landes die Hälfte seines jährlichen Regenfalls eingebüßt. Die Auswirkungen betreffen nicht nur die Menschen, sondern auch die Politik. Die Dürre hat eine verzweifelte Generation hervorgebracht, sie hat ganze Gemeinden von ihrem Land vertrieben und in Konflikte mit ihren Nachbarn verstrickt, wodurch das Land anfälliger für die Ausbeutung durch Extremisten wurde.

In einigen Teilen der Tropen fiel immer sehr viel Regen. Der feuchteste Ort der Welt ist das Dorf Mawsynram in Indien, in dem jährlich 11 871 Millimeter Regen fallen (im Vergleich zu 733 Millimeter in Deutschland). Es ist fast immer besser, Regenfall zu haben, als darauf verzichten zu müssen, und Mawsynram versteht es, mit seinen Regengüssen fertigzuwerden. Beunruhigend ist jedoch, was diese dunkelgrünen Flecken auf der Karte anzeigen, nämlich dass Tropenstürme stärker und häufiger werden. Infolge der wachsenden Bevölkerungsdichte in den betroffenen Regionen können heftige Überschwemmungen katastrophale Folgen haben.

ATLAS UNSERER ZEIT

Mawsynram in Indien verzeichnet mit 11 871 mm jährlich die weltweit größte Niederschlagsmenge.

Bei dieser Karte geht es nicht nur um Fakten und Daten in Bezug auf den Niederschlag. Es geht auch um das Überleben der Menschen und um soziale Krisen in einer sich rasch verändernden Welt.

VERÄNDERUNG DER NIEDERSCHLÄGE 93

MENSCH UND TIER

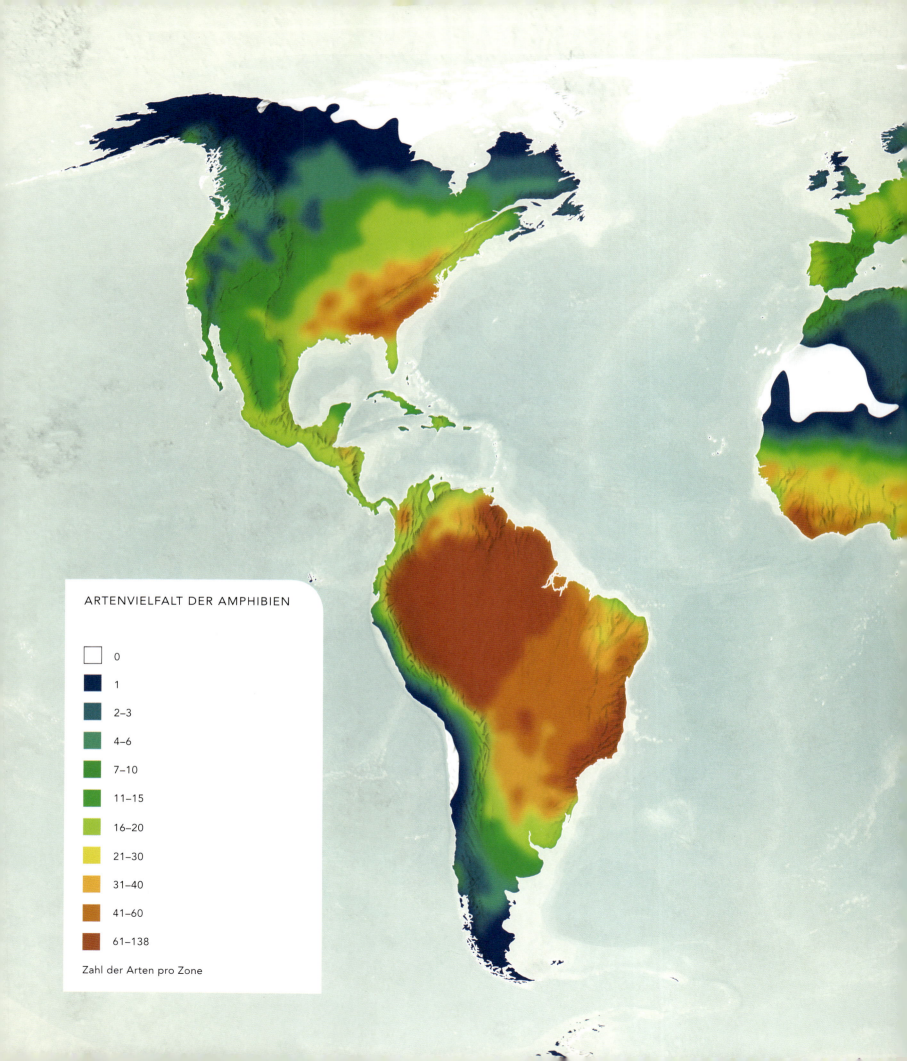

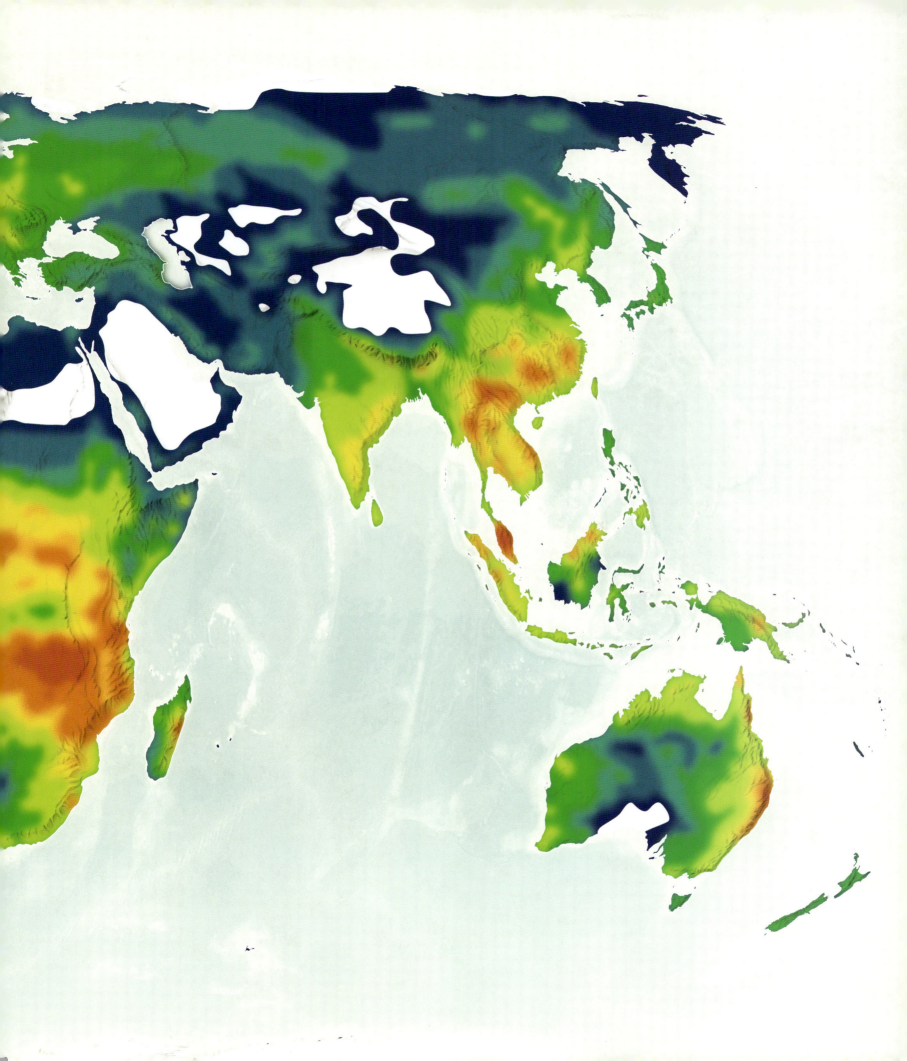

ARTENVIELFALT DER AMPHIBIEN

Amphibien machen zwar nur etwa 0,5 Prozent der Tierarten aus, doch weisen sie eine unglaubliche Artenvielfalt auf. Es gibt sie in leuchtenden Farben, von Stahlblau bis Smaragdgrün, und sie legen eine entsprechende Vielfalt ungewöhnlicher Verhaltensweisen an den Tag. Es gibt etwa 6 000 bekannte Arten, und noch immer werden neue entdeckt. Frösche, Schildkröten, Molche, Salamander und andere Amphibien sind einzigartig, weil fast alle Arten Metamorphosen erfahren, das heißt, dass sie ihren Körper umgestalten und sich von einer Larve in ein erwachsenes Tier verwandeln. Darüber hinaus leben sie sowohl im Wasser als auch an Land. Ein feuchtes Habitat ist für ihr Überleben wichtig. Der Verlust des Lebensraums ist die Hauptursache dafür, dass fast die Hälfte aller Amphibienarten einen starken Rückgang zu verzeichnen hat. Die Anzahl der vom Aussterben bedrohten Amphibienarten ist fast so hoch wie die Gesamtzahl der bedrohten Vögel und Säugetiere.

Diese Karte basiert auf dem *Global Amphibian Assessment*, an dem mehr als 500 Wissenschaftler aus über 60 Ländern beteiligt waren, die ein globales Bild dieser Herausforderung für den Naturschutz erstellt haben. Es ist von großer Bedeutung, die Lebensräume in den Tropen, insbesondere im Regenwald, zu schützen. Dass es in den tropischen Regenwäldern vor Amphibienarten nur so wimmelt, ist zum Teil mit dem feuchtwarmen Klima zu erklären, aber auch mit der Tatsache, dass es sich um das älteste der weit ausgedehnten Habitate auf der Erde handelt – es blieb seinen Bewohnern reichlich Zeit, sich zu diversifizieren. Die Größe des Tropengürtels um die Welt spielt ebenfalls eine Rolle, weil große Entfernungen innerhalb eines einzelnen Lebensraums die „Artenbildung" fördern. Darunter versteht man einen entwicklungsgeschichtlichen Prozess der Aufspaltung in verschiedene Arten. Außerdem wurde die Theorie aufgestellt, dass ein weiterer Grund für die offenkundige Artenbildung in den Tropen Südamerikas und Afrikas der in früheren Perioden erhöhte Meeresspiegel gewesen sei. Dieser habe isolierte Inseln geschaffen, auf denen sich jeweils eigene „heimische" Arten entwickelten.

Es ist wenig überraschend, dass Brasilien mit 932 heimischen Arten das Land mit der höchsten Anzahl an Amphibienspezies ist. Die USA sind beinahe genauso groß wie Brasilien, weisen aber nur 297 Arten auf. Der Karte lassen sich darüber hinaus deutlich geringfügigere Kontraste entnehmen. So leben in Großbritannien lediglich sieben Amphibienarten, während andere westeuropäische Länder wie etwa Deutschland dreimal so viele heimische Arten aufweisen.

Amphibien reagieren auf Umweltveränderungen sehr empfindlich. Die Tatsache, dass sie an Land und im Wasser leben, bedeutet, dass sie zwei Lebensräume benötigen. Falls Sie das Überleben Ihrer heimischen Frösche und Molche sichern wollen, reicht es leider nicht aus, lediglich für die Erhaltung von Tümpeln zu sorgen. Wie andere Amphibien verbringen sie einen großen Teil ihres Lebens außerhalb des Wassers und können an Land große Strecken zurücklegen. Der Umstand, dass Amphibieneier schalenlos sind und die ausgewachsenen Tiere eine sehr dünne Haut haben, macht sie zusätzlich verletzlich. Schadstoffe wirken bei

Die USA verfügen über weniger als ein Drittel an Amphibienspezies im Vergleich zu Brasilien, obwohl die Länder ähnlich groß sind.

ihnen schnell und gravierend, ebenso wie der Anstieg der ultravioletten Strahlung, die das Ergebnis des Rückgangs der Ozonschicht ist, ihnen schadet. Diese bemerkenswerten und schönen Lebewesen sind, wie ihre Vielfalt belegt, eine evolutionäre Erfolgsgeschichte, doch heutzutage sind Amphibien vom Massenaussterben bedroht.

ARTENVIELFALT DER AMPHIBIEN

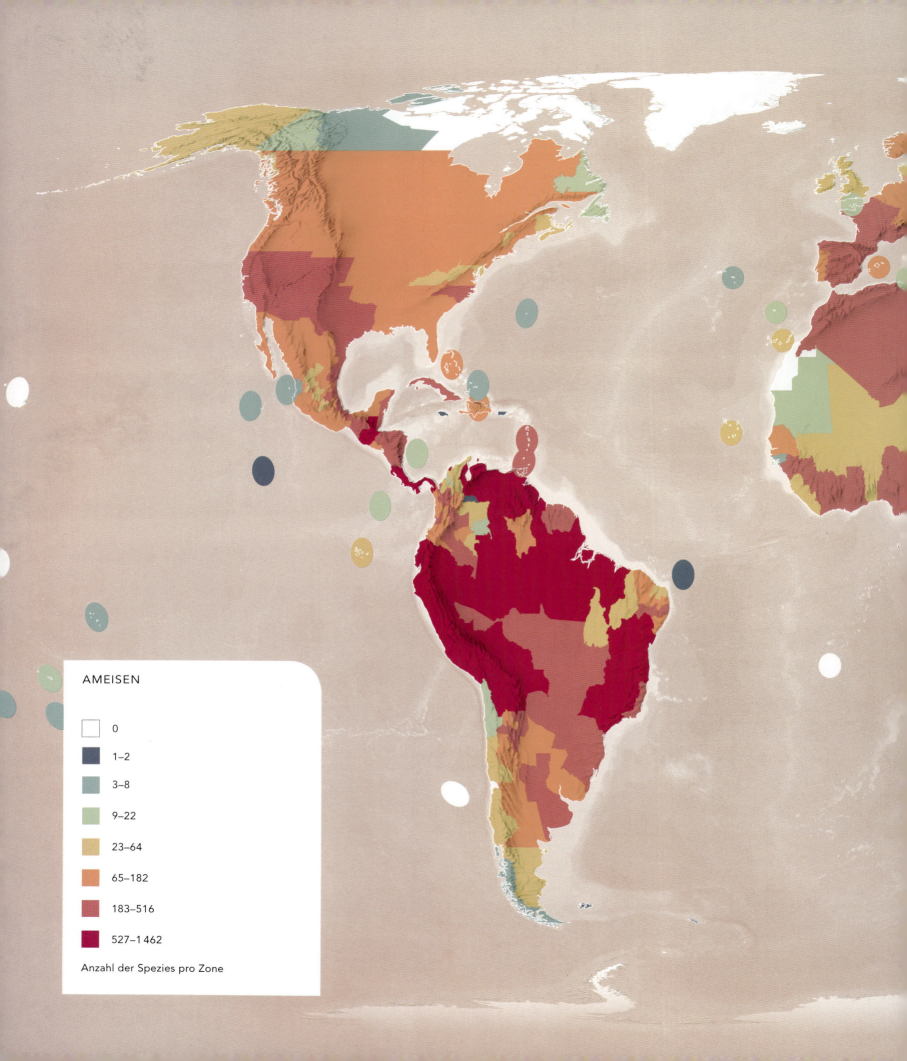

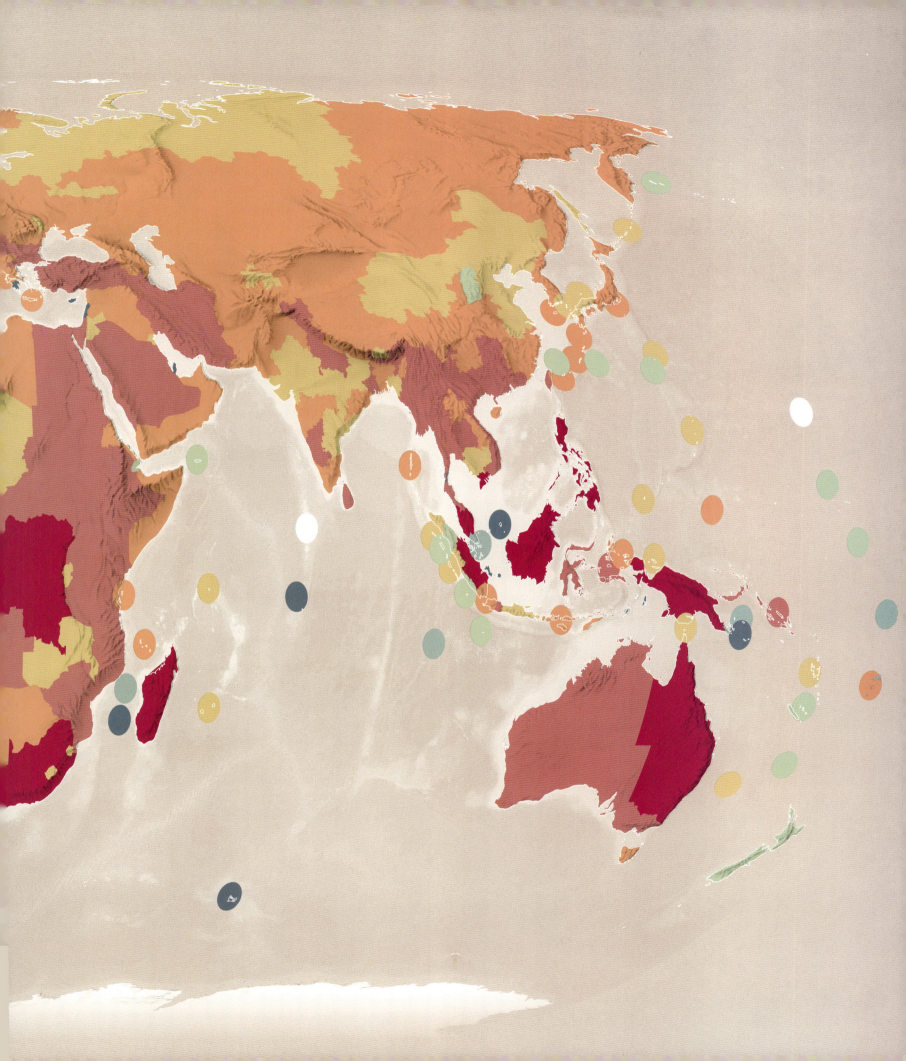

AMEISEN

Bis heute wurden 12 500 Ameisenarten identifiziert. Allerdings wird erwartet, dass es noch Tausende mehr gibt, die darauf warten, katalogisiert zu werden. In den heißesten Gegenden der Welt ist die Vielfalt am augenfälligsten. Die dunkelroten Stellen auf unserer Karte, in Südamerika, einem großen Teil Afrikas, in Südostasien und Australien, zeigen uns, dass die Temperatur der allerbeste Indikator für die Dichte der Ameisenvielfalt ist. In den blauen Bereichen finden sich nur ganz wenige Arten, während die dunkelrote Zone Heimat von bis zu 1 462 Spezies ist.

In den Tropen gibt es Ameisen in allen Größen, von den kleinsten der Welt, die etwa einen Millimeter lang sind, bis zu den größten, zum Beispiel *Dinoponera gigantea*, einer erschreckenden Amazonas-Ameise, die fast 4 Zentimeter lang wird. Die Untersuchung eines einzigen Urwaldbaums in Peru ergab, dass sich darauf 43 Ameisenarten fanden; auf einem Baum in Borneo lebten 61 Arten. Das sind beeindruckende Zahlen, vor allem wenn man bedenkt, dass deutschlandweit insgesamt nur wenig mehr als 100 Ameisenarten entdeckt wurden.

Diese Karte liefert sowohl ein nationales als auch ein regionales Bild der Ameisenvielfalt, wobei die größten Länder in Bundesstaaten und Provinzen aufgeteilt wurden, um eine detailliertere Darstellung zu ermöglichen. Wir sehen, dass die wärmeren südlichen Staaten der USA und die wärmeren Provinzen Kanadas eine deutlich größere Ameisenvielfalt aufweisen als die weiter nördlich gelegenen. Die Karte basiert auf der Arbeit des Projekts *Global Ant Biodiversity Informatics*, dessen Ziel eine einheitliche Datensammlung ist, in der jede Ameisenart aufgelistet und kartografiert wird. Das Projekt wird geleitet von Evan Economo vom Okinawa Institute of Science and Technology in Japan und von Benoit Guénard vom Insect Biodiversity and Biogeography Laboratory der Universität Hongkong. Ihr kartografischer Betrachtungsgegenstand ist, was seine Fülle und Vielfalt angeht, geradezu überwältigend. Ameisen sind mit einer geschätzten Gesamtpopulation von etwa einer Billiarde (1 000 000 000 000 000) eine der zahlreichsten Insektenarten und stellen mindestens 15 Prozent der tierischen Biomasse an Land dar.

Kenntnisse über die Ameisenvielfalt und ihre geografische Verteilung sind wichtig, weil Ameisen nicht nur zu den erfolgreichsten Lebewesen der Erde zählen, sondern auch zu den wichtigsten. Ameisen entsorgen eine Menge des verfaulenden und abgestorbenen Materials, das uns ansonsten umgeben würde, und sie sind eine Nahrungsquelle für viele Tiere weiter oben in der Nahrungskette. Darüber hinaus leisten sie weitere, weniger bekannte Dienste. Ameisen verbessern die Bodenqualität, indem sie für ein leichteres Versickern des Wassers sorgen und den Sauerstoff- und Stickstoffgehalt erhöhen, was bedeutet, dass Ameisen häufig für gute Ernten gebraucht werden. Eine Untersuchung fand heraus, dass in ariden Klimazonen Ameisen und Termiten den Weizenertrag um 36 Prozent steigerten.

Außerdem sind sie biologische Schädlingsbekämpfer, weil sie viele Schädlingsinsekten jagen. Edward O. Wilson, der bekannte Biologe, der einen großen Teil seines Berufslebens der Untersuchung von Ameisen widmete, gelangte zu fol-

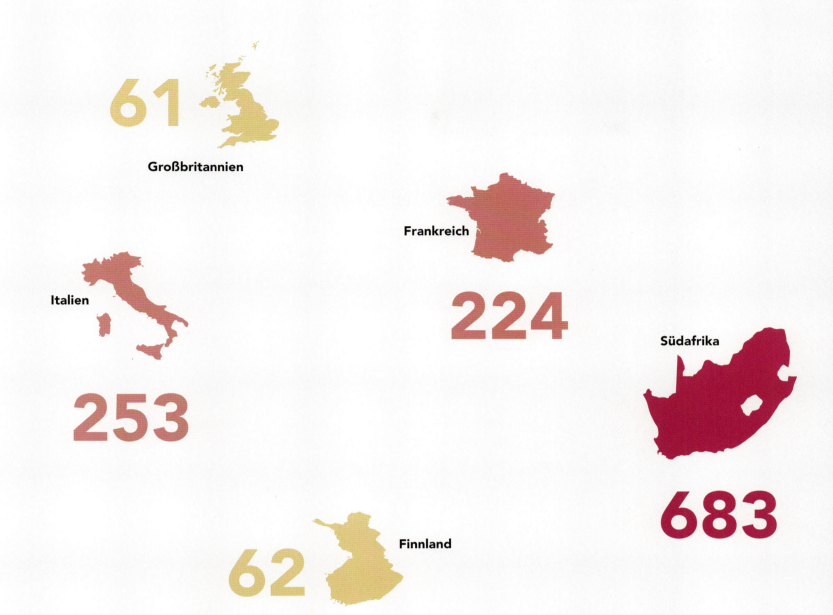

Die Zahl der Ameisenarten in fünf Ländern verdeutlicht, dass in heißeren Zonen eine größere Vielfalt existiert als in kälteren.

gendem Schluss: „Ich bezweifle, dass die Menschheit länger als ein paar Monate überleben würde", sollten die wirbellosen Tiere verschwinden, und er fügte hinzu: „In Wahrheit brauchen wir die wirbellosen Tiere, aber sie brauchen uns nicht." Auf jeder Liste der Lebewesen, von denen der Mensch abhängig ist, würde die Ameise ganz weit oben stehen.

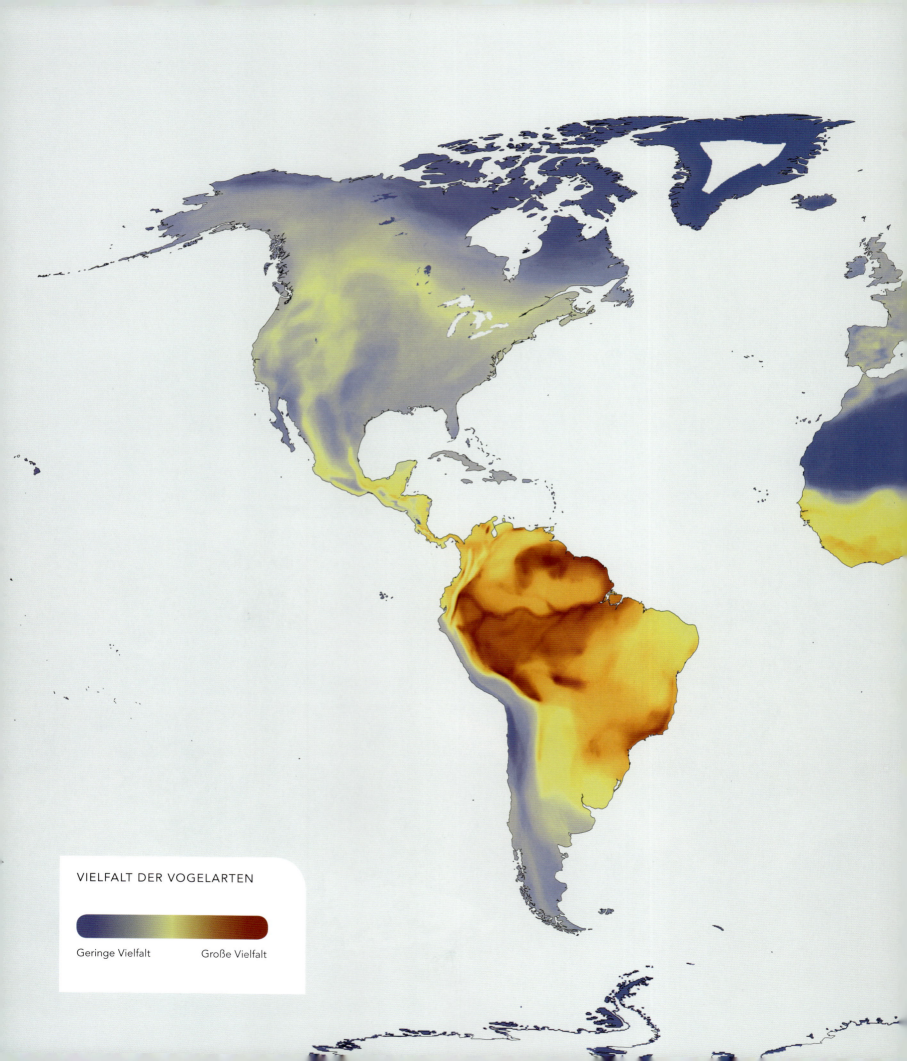

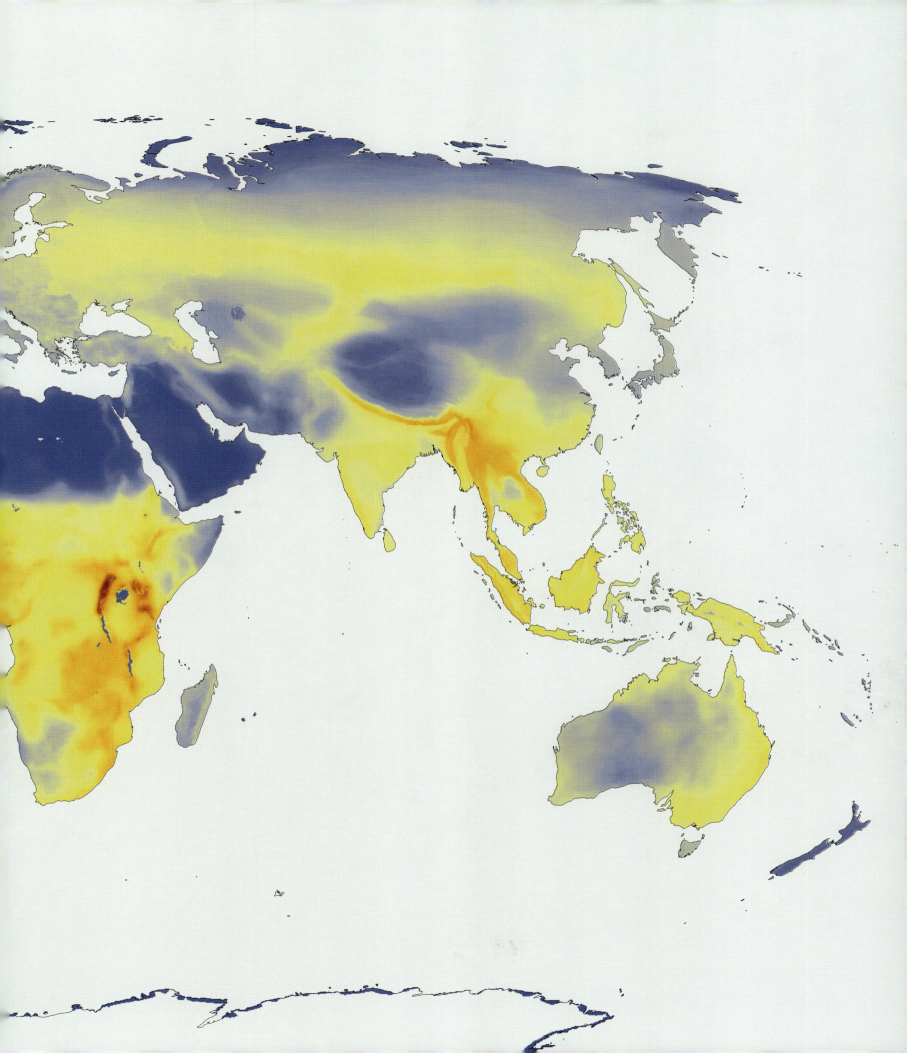

VIELFALT DER VOGELARTEN

In dieser weltweiten Übersicht über die Vielfalt der Vogelarten werden 112 665 Arten aufgeführt: von der Nummer 1, dem Strauß, bis zur Nummer 112 665, der Tsingyralle. Wir erkennen sofort, dass die Vielfalt in kühleren und/oder trockeneren Regionen der Nordhalbkugel deutlich geringer ist. Dagegen sagen uns die Explosionen von Hell- und Dunkelrostbraun in Südostasien, im subsaharischen Afrika und in großen Teilen Südamerikas, wo Vögel in allen Größen, Gestalten und Farben zu finden sind. Darüber hinaus zeigt sich, dass es in den Tropen viele Hotspots gibt: Das Amazonasbecken und die tropischen Anden zeichnen sich durch eine fantastische Vielfalt aus, ebenso die Region um den Viktoriasee in Afrika.

Die Karte basiert auf der Arbeit von BirdLife International und NatureServe und liefert den überzeugenden Nachweis, wie wertvoll manche Teile des Planeten als Naturschutzgebiete sind. BirdLife International hebt hervor, dass die meisten tropischen Regionen nicht nur eine unglaubliche Vielfalt an Vogelarten aufweisen, sondern dass tropische Vögel dazu „neigen, kürzere Strecken zu fliegen, sodass die Arten von Ort zu Ort stärker variieren". Die Organisation hat zudem interessante Muster erkannt, zum Beispiel einen Zusammenhang zwischen hohen Niederschlagsmengen und größerer Artenvielfalt, aber auch spezielle Entdeckungen gemacht: Die größte Diversität von Seevögeln findet sich beispielsweise in den mittleren Breiten der Südhalbkugel.

Die Vielfalt der Vogelarten ist ein guter Indikator für allgemeinere Strukturen von Artenreichtum und Umweltveränderungen. Vögel sind leicht zu beobachten; die meisten sind tagaktiv und können aus der Ferne betrachtet werden. Deshalb sind unsere Kenntnisse über Vögel, auch wenn wir wahrscheinlich nicht alles über sie wissen, vollständiger als jene über die meisten anderen Lebewesen. Das bedeutet, dass die Vielfalt der Vogelarten als eine Art Barometer für andere Schwankungen herangezogen werden kann: Rückgang und Veränderung in der Verteilung der Vögel spiegeln gewöhnlich umfangreichere Muster von Rückgang und Veränderung wider. BirdLife International hat 10 000 „Bedeutende Vogelgebiete" in fast 200 Ländern identifiziert. Die 228 Bedeutenden Vogelgebiete Ostafrikas in Äthiopien, Kenia, Tansania und Uganda sind Heimat von 97 Prozent der 97 endemischen Säugetierarten der Region, von 90 Prozent der 80 weltweit bedrohten Säugetierarten und 92 Prozent der 131 endemischen Schlangen- und Amphibienarten.

Bei der Beschäftigung mit der Vielfalt der Vogelarten geht es nicht nur darum, Vögel zu mögen, sondern um ein viel allgemeineres Interesse an der Artenvielfalt. Und obwohl die Artenvielfalt in den Tropen deutlich größer ist, gibt es im kälteren Norden noch immer viele vogelreiche Lebensräume. Großbritannien hat 313 ausgewiesene Bedeutende Vogelgebiete, eine Ziffer, die nicht nur die Zahl der begeisterten Vogelbeobachter und -schützer widerspiegelt, sondern auch die Tatsache, dass man nicht nach Afrika oder Südamerika reisen muss, um eine spektakuläre Vogelwelt zu entdecken.

ATLAS UNSERER ZEIT

Status der Vogelvielfalt in Brasilien – das südamerikanische Land weist die höchste Zahl der weltweit bedrohten Vogelarten auf.

VIELFALT DER VOGELARTEN

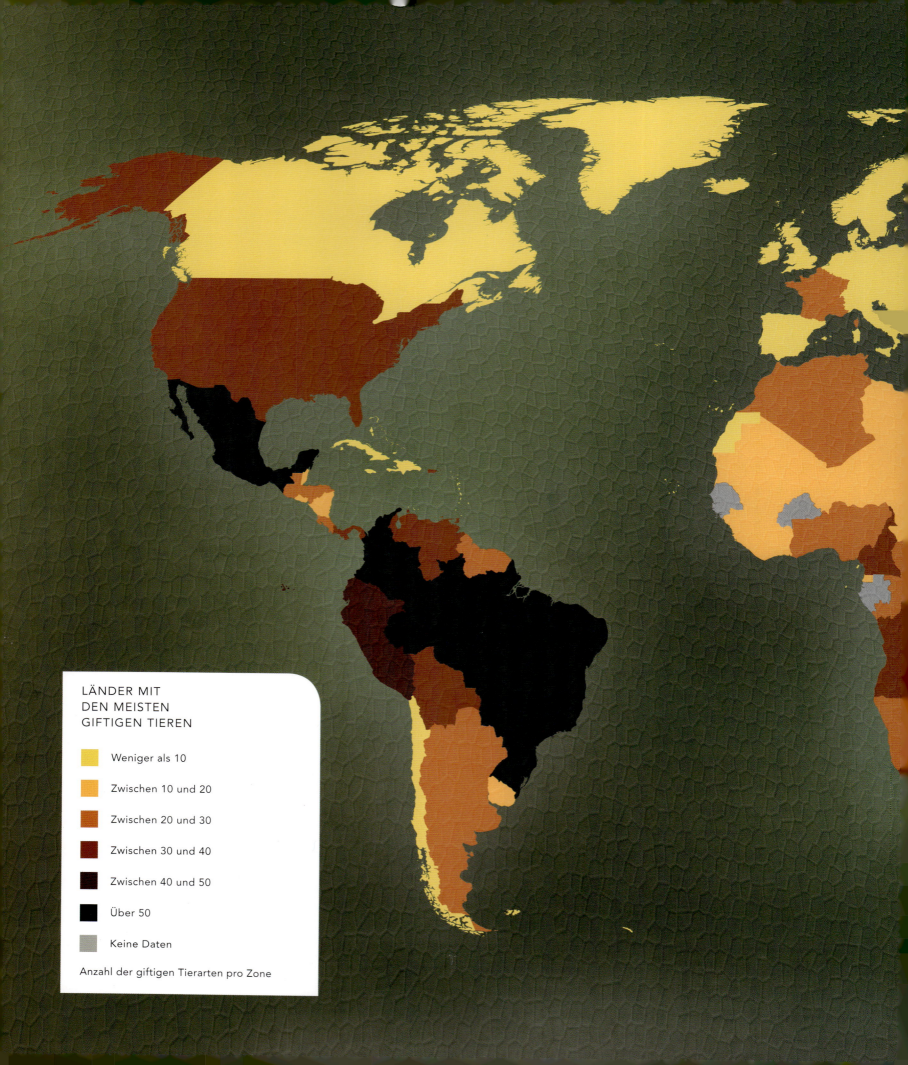

LÄNDER MIT DEN MEISTEN GIFTIGEN TIEREN

In Deutschland gibt es nur wenige giftige Tierarten: etwa die Aspisviper und die Kreuzotter. Mexiko dagegen verzeichnet 80, Brasilien 79, Australien 66 und Kolumbien, Indien, Indonesien und Vietnam registrieren jeweils mehr als 50 giftige Tierarten. Warum in manchen Gegenden so wenige Gifttiere vorkommen, in anderen so viele, erklärt sich im Großen und Ganzen durch die Tatsache, dass in den Tropen eine deutlich größere Vielfalt fast aller Spezies verbreitet ist. Darüber hinaus sind viele der giftigen Geschöpfe, wie zum Beispiel Schlangen, wechselwarm und bevorzugen eine warme Umgebung. Deshalb trifft man auch die meisten dieser todbringenden Kreaturen vorzugsweise in den wärmsten Gebieten der jeweiligen Länder an.

Doch wie es in der Natur häufig der Fall ist, bleiben einige Rätsel. Warum gibt es zum Beispiel in Australien mehr Giftinsekten als in anderen heißen Ländern? Eine weitere Frage bereitet Kopfzerbrechen, nämlich warum die USA fast die gleiche Anzahl an giftigen Arten aufweisen wie das tropische Afrika. Ein Rätsel zumindest lässt sich leicht lösen: Diese Karte erweckt den Anschein, als sei es in Frankreich deutlich gefährlicher als in seinen Nachbarländern, doch das liegt daran, dass in die Daten Frankreichs auch die seines in Südamerika gelegenen Überseedepartements Französisch-Guayana einfließen.

Die Daten dieser Karte stammen von der Datenbank *Living Hazards* über gefährliche Geschöpfe, die vom Pest Management Board der US-Armee gepflegt wird. Darin sind mehr als 500 Arten weltweit aufgeführt, Arten, die Gift injizieren und von denen es heißt, sie „können Menschen schwer verletzen oder töten". Dieser Definition entsprechen hauptsächlich Schlangen, Spinnen und Skorpione. Es gibt auch eine Kategorie „Sonstige", in die Reptilien wie die Gila-Krustenechse und einige erstaunlich giftige Muscheln eingestuft werden. Mein Favorit ist die Landkarten-Kegelschnecke, die auf Riffen im Indischen Ozean und im Pazifik lebt. Die *Living-Hazards*-Datenbank informiert uns, dass dieses wegen seines marmorierten Schneckenhauses sehr begehrte Geschöpf geradezu unfassbar tödlich ist: „Die für einen Menschen tödliche Dosis seines Gifts wird auf lediglich 0,029 bis 0,038 Milligramm pro Kilo Körpermasse geschätzt. Ohne medizinische Behandlung verlaufen 65 Prozent der Fälle, in denen Menschen gestochen werden, tödlich – allerdings wurden seit 1670 nur 36 derartige Todesfälle registriert."

Das giftigste Tier der Welt ist die Würfelqualle, die in Küstengewässern vor Nordaustralien und im Indopazifik treibt. Sie ist für Tausende Todesfälle im Laufe der vergangenen 50 Jahre verantwortlich – ihr Gift ist so stark, dass die menschlichen Opfer sogleich eine Schockreaktion erleiden und ertrinken oder an Herzversagen sterben.

Doch die Schlange ist das Lebewesen, das gewöhnlich am meisten Unheil anrichtet. Untersuchungen aus dem Jahr 2008 ergaben, dass jedes Jahr weltweit zwischen 20 000 und 94 000 Todesopfer durch Schlangenbisse zu beklagen sind. Südasien ist die Region mit den höchsten Opferzahlen, wobei Indien allein 11 000 Tote zu verzeichnen hat, mehr als jedes andere Land der Erde.

ATLAS UNSERER ZEIT

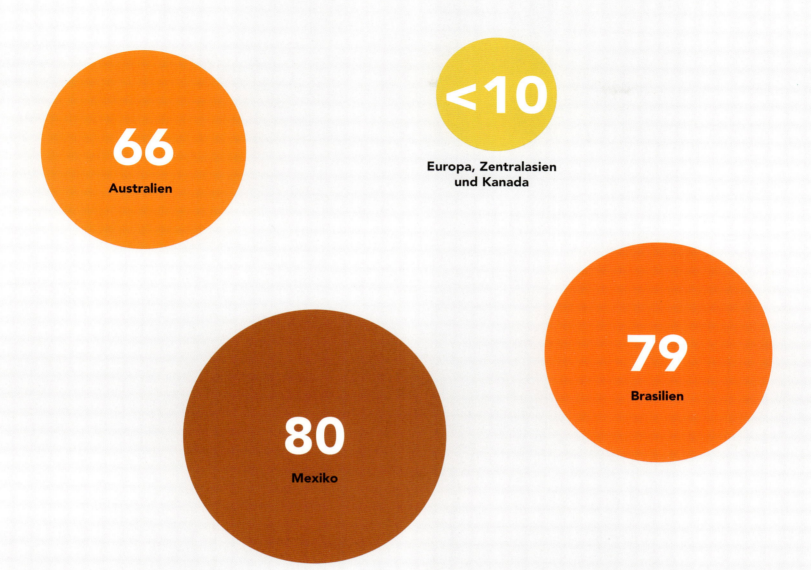

Während Mexiko, Brasilien und Australien Heimat zahlreicher giftiger Tiere sind, verzeichnen Staaten in Europa und Zentralasien im Durchschnitt weniger als zehn Arten.

Bevor wir meinen, uns im Krieg mit diesen Arten zu befinden, sollten wir uns daran erinnern, dass sie, nicht etwa wir, vom Aussterben bedroht sind. Darüber hinaus liefern die Ausdehnung der menschlichen Siedlungen und das Fehlen einer angemessenen Gesundheitsversorgung bessere Erklärungen für die menschlichen Todesopfer als die Dämonisierung der Tiere, die in den meisten Fällen einfach nur in Ruhe gelassen werden wollen.

LÄNDER MIT DEN MEISTEN GIFTIGEN TIEREN

VERNACHLÄSSIGTE TROPENKRANKHEITEN

Tropenkrankheiten greifen weiter um sich. Sie sind häufig bösartig und tödlich, aber in vielen Fällen behandelbar. Dennoch gelangen sie selten in die Schlagzeilen. Sie werden „vernachlässigte Tropenkrankheiten" genannt, weil sie meist im Schatten der „großen Drei" stehen: HIV/AIDS, Tuberkulose und Malaria, in deren Erforschung die meisten Mittel fließen. Viele der weniger bekannten Krankheiten sind von sozialem Stigma begleitet und betreffen die ärmsten Menschen in den ärmsten Nationen, darunter vor allem jene, die in schlechten hygienischen Verhältnissen und in engem Kontakt mit infizierten Wasserquellen und Nutztieren leben. Zu diesen Krankheiten zählen Lepra, Tollwut, Trachom und Denguefieber, aber auch parasitäre Erkrankungen, wie Dracontiasis („Guineawurm-Krankheit"), die Chagas-Krankheit, die Echinokokkose, hervorgerufen etwa durch den Fuchsbandwurm, und die Flussblindheit. Diese Krankheiten sind in reicheren Ländern zum größten Teil ausgerottet und haben keine große Aufmerksamkeit der führenden Pharmafirmen auf sich gezogen, weil mit der Behandlung nur wenig Profit zu erzielen ist.

Es handelt sich hier also um eine Karte der Armut, aber auch der fehlenden Sanitäranlagen und Gesundheitsfürsorge. Die vernachlässigten Tropenkrankheiten verbreiten sich häufig gleichzeitig, und Afrika leuchtet auf dieser Karte hell als Kontinent, der von zahlreichen Formen dieser Krankheiten heimgesucht wird. Auch Lateinamerika und fast ganz Asien sind betroffen. Die Weltgesundheitsorganisation (WHO) schätzt, dass mehr als eine Milliarde Menschen – ein Sechstel der Weltbevölkerung – an vernachlässigten Tropenkrankheiten leiden, denen jährlich 534 000 Menschen zum Opfer fallen.

Und dennoch handelt es sich um Krankheiten, die besonders kostengünstig und einfach zu behandeln sind. Die Kosten für die medikamentöse Behandlung der meisten vernachlässigten Tropenkrankheiten liegen bei weniger als 50 US-Cent pro Person und Jahr, wobei zur Behandlung häufig die Einnahme einer Reihe von Entwurmungstabletten genügt. Die zur Verabreichung von Medikamenten geeignetsten Orte sind Schulen. Der Schulbesuch ist mit dem Kampf gegen vernachlässigte Tropenkrankheiten eng verbunden. Untersuchungen belegen, dass Kinder diejenigen Schulen länger besuchen, in denen Medikamente ausgegeben werden, doch ohne solche Programme gelingt es vielen Kindern nicht, schulische Fortschritte zu erzielen und einen Abschluss zu machen. Die Entwurmung trägt also nicht nur zur Reduktion von Fehlzeiten in der Schule um 25 Prozent bei, sondern erhöht das Einkommen der Erwachsenen später um 20 Prozent.

Die 2012 herausgegebene Londoner Deklaration zum Thema „Vernachlässigte Tropenkrankheiten" führte viele internationale Organisationen mit dem Ziel zusammen, bis 2020 zehn der schlimmsten dieser Krankheiten auszurotten. Pharmafirmen versuchen, ihren Ruf durch Beteiligung an dieser Maßnahme zu retten. Im Jahr 2015 spendeten sie Tabletten für 1,5 Milliarden Behandlungen. Eines der Hauptziele der Londoner Deklaration ist die Kartierung des Problems. Für die

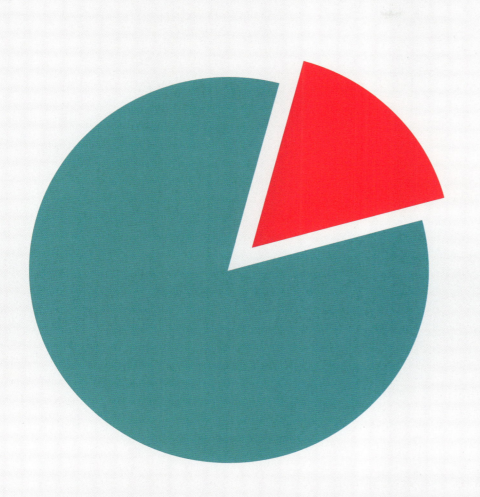

1 Mehr als eine Milliarde Menschen leiden an vernachlässigten Tropenkrankheiten

Bekämpfung dieser Krankheiten ist es entscheidend, herauszufinden, in welchen Gebieten sie häufig auftreten. Wenn es um die Gesundheit der Menschen geht, stehen Landkarten an vorderster Front. Um nur ein Beispiel zu nennen: Das *Global Trachoma Mapping Project* kartografierte insgesamt 1 627 Distrikte in 29 Ländern und fand heraus, dass 100 Millionen Menschen aufgrund von Trachomen zu erblinden drohen. Bis dahin war man davon ausgegangen, dass nur halb so viele Menschen Maßnahmen gegen diese Virusinfektion benötigten – etwa die Hälfte davon leben in Äthiopien, das weltweit eine der höchsten Verbreitungsraten dieser Krankheit zu verzeichnen hat.

VERNACHLÄSSIGTE TROPENKRANKHEITEN

FÜNF PROZENT DER WELTBEVÖLKERUNG

Kennen Sie die Namen all der grün markierten Territorien? Oder die der rot dargestellten Staaten? Falls es Ihnen gelingen sollte, alle aufzuzählen, dann sprechen Sie mit Ihrer Antwort jeweils über fünf Prozent der Weltbevölkerung. Ich würde mich wundern, wenn es Ihnen gelänge, denn es handelt sich um so etwas wie eine Fangfrage. Der rote Fleck umfasst drei indische Bundesstaaten – Bihar, Jharkhand und Westbengalen – sowie Bangladesch. Auch die grünen Flächen stellen eine Mischung aus Nationen und Bundesstaaten dar. Das ist der Grund, warum sie in die Mitte der USA hineinragen und die Küsten Südamerikas aussparen. Die grünen Flächen kennzeichnen viele der am schwächsten besiedelten Gegenden der Erde, obwohl sie auch einige relativ dicht besiedelte Staaten, wie zum Beispiel Frankreich, bedecken. Die rote und die grünen Flächen bieten uns nicht nur einen eigenartigen Kontrast und eine seltsame Kombination von Orten, sondern auch ein faszinierendes Bild davon, wie ungleich die Weltbevölkerung verteilt ist. Sie ist eindeutig sehr auf den Golf von Bengalen konzentriert.

Die Karte entstand durch die Arbeit eines in New York ansässigen Landkarten-Enthusiasten, Max Galka. Er entdeckte eine Version davon im Internet und präzisierte sie. Auf die gleiche Weise werden jedes Jahr Tausende großartiger Karten erstellt und bekannt gemacht. Wie bei Wikipedia weicht die anfängliche Skepsis gewöhnlich der Bewunderung. Viele dieser Karten sind nicht nur sorgfältig hergestellt, präzise und durchdacht, sondern werden auch von einer lebhaften Debatte und von Links begleitet, die dazu aufrufen, „selbst mit den Daten zu spielen".

Der Kommentar von Max ist ein Paradebeispiel dafür: „Was ich besonders interessant finde", sagt er, „ist die Tatsache, dass ein Zentrum mit hoher Bevölkerungsdichte in einer Region liegen kann, die global so wenig Bedeutung hat." Außerdem interessiert ihn, wie unterschiedlich Menschen die Karte interpretieren: „Viele Leute scheinen die Karte unter dem Aspekt der Überbevölkerung/Überfüllung zu betrachten oder als politische Botschaft mit Blick auf die Ungleichheit zwischen Industrienationen und Entwicklungsländern." Ich kann mir zwar nicht erklären, wie jemand diese Karte als Darstellung des Kontrasts zwischen der „entwickelten" und einer „sich entwickelnden" Welt verstehen kann, habe sie aber durchaus im Hinblick auf die Überbevölkerung betrachtet. Die Bevölkerung von Bangladesch betrug 2016 etwas mehr als 164 Millionen, die der drei ostindischen Bundesstaaten etwa 230 Millionen. Eine so dichte Besiedlung in einem so kleinen, tief liegenden und überschwemmungsgefährdeten Gebiet muss für die Gesundheit der Menschen eine Gefahr darstellen und katastrophale Auswirkungen auf die Umwelt haben.

Doch Max kommt zu einer anderen, optimistischeren Einschätzung: „Ich betrachte die Bevölkerungsdichte Südasiens als etwas Positives", schreibt er. „Es ist für die Menschen wirtschaftlich, gesellschaftlich und ökologisch sehr effizient, in Zentren mit hoher Bevölkerungsdichte zu leben." Und er fügt hinzu: „Die Karte

**Bangladesch
164 Millionen**

**Grönland
56 239**

**Tokelau
1 293**

Die dicht bevölkerte und die dünn besiedelte Welt.

sagt mir, dass für Menschen, die in Ballungszentren leben, die ökonomischen Vorteile die Probleme überwiegen." Angesichts zunehmender Verstädterung könnte es wichtig sein, die Gründe für Max' Optimismus zu verstehen.

FÜNF PROZENT DER WELTBEVÖLKERUNG

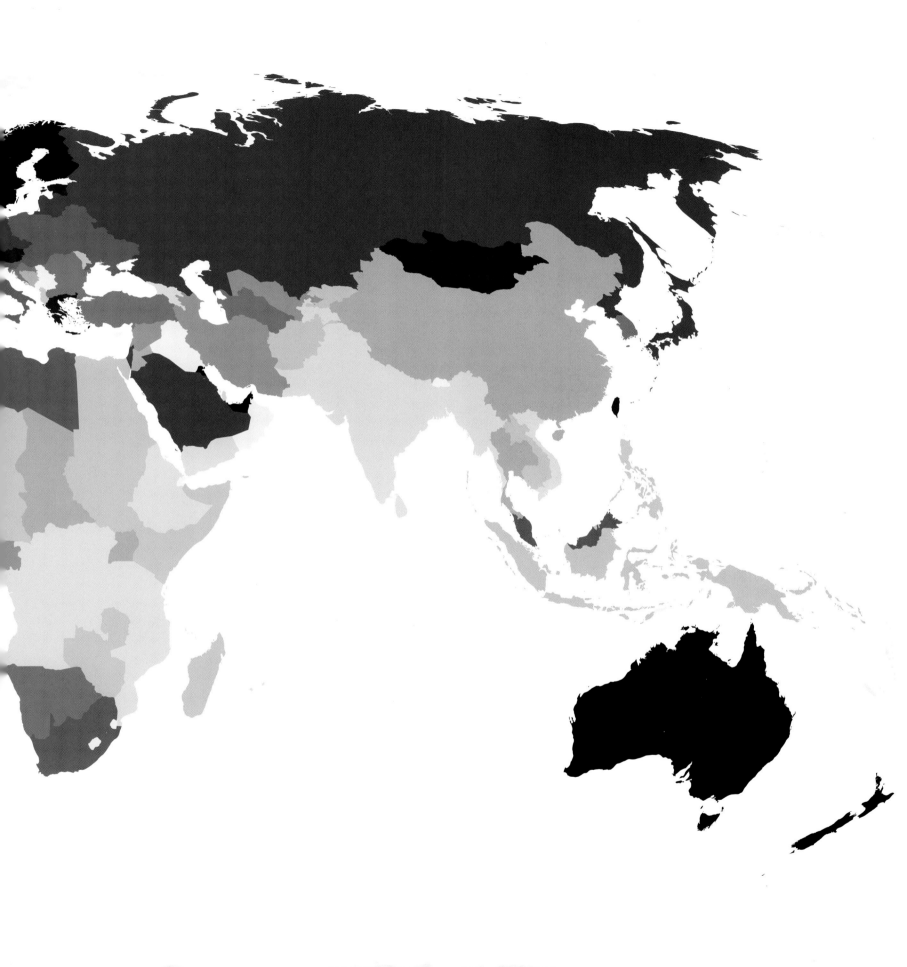

ÖKOLOGISCHER FUSSABDRUCK JEDES EINZELNEN

Der ökologische Fußabdruck jedes Einzelnen wird berechnet, indem die von einer Nation verbrauchten natürlichen Ressourcen durch die jeweilige Bevölkerungszahl geteilt werden. Das ist die Karte, die uns zeigt, wie ungleich die Welt ist und mit welcher Geschwindigkeit der Westen die Ressourcen des Planeten verzehrt, verbrennt und aufkauft. Das Tempo des Verbrauchs liegt im Westen weit über dem jedes anderen Teils der Erde. Eine kleine Ausnahme stellt die arabische Halbinsel dar, wo in den reichsten Ländern der ökologische Fußabdruck inzwischen mit dem der Nordamerikaner und Europäer vergleichbar ist.

Gabby Henrie, eine Kartenspezialistin, die bei Pacific Cartography arbeitet, hat diese Karte erstellt, und ihre Zahlen ergeben einen Mittelwert des ökologischen Fußabdrucks pro Kopf von 0,85. Das heißt, die Hälfte der Weltbevölkerung hat einen Fußabdruck von über 0,85, die andere einen geringeren. Der Sprung von 0,85 zur Zahl für die USA, die bei 9,57 liegt, weist auf eine kolossale Verbrauchsrate in den Vereinigten Staaten hin.

Für die Berechnung des ökologischen Fußabdrucks wird ein breites Spektrum des Ressourcenverbrauchs gemessen: vom Strom, der unsere Waschmaschinen laufen lässt, bis zur Wassermenge, die zum Tränken der Nutztiere gebraucht wird. Nationen mit hohem Energieverbrauch und starkem Konsumverhalten schneiden am schlechtesten ab, ärmere Länder am besten. Die Schlussfolgerung ist nur logisch, dass der Westen die Hauptverantwortung für die Probleme trägt, die mit der Industrialisierung einhergingen, einschließlich des Klimawandels, und deshalb die dadurch entstehenden Kosten übernehmen sollte. Es gibt zwar keine festgelegte Methode für die Berechnung des menschlichen Fußabdrucks, und die Position eines bestimmten Landes variiert in den Rankings aufgrund unterschiedlicher Ansätze, aber alle belegen die Schuld des Westens.

Die Rangliste der größten Fußabdrücke wird von den USA angeführt, gefolgt von den Vereinigten Arabischen Emiraten (8,97), Kanada (8,56), Norwegen (8,17) und Neuseeland (8,01). Eine Erklärung dafür, weshalb diese kleinen Länder so weit oben stehen, ist die Tatsache, dass sie große Temperaturschwankungen zu verzeichnen haben und deshalb eine Menge Energie verbrauchen, um diese Extreme auszugleichen.

Diese Zahlen werden zwar pro Person (pro Kopf) angegeben, aber sie spiegeln eher die Gesellschaft wider, in der man lebt, als persönliche Gewohnheiten. Das heißt, dass sich diese Zahlen nur schwer verändern lassen. So bedingt zum Beispiel die Art der Strom- und Transportinfrastruktur in den USA, dass selbst die genügsamste Person oder Gemeinde mehr Ressourcen verbraucht als ein Durchschnittsbürger in einem deutlich weniger entwickelten Land. Außerdem wächst mit steigendem Wohlstand der Länder auch der ökologische Fußabdruck. Diese Wirkung ist bereits erkennbar und zeigt sich auf der Karte in den dunkleren Farben von Lateinamerika sowie Ost- und Südostasien.

122   ATLAS UNSERER ZEIT

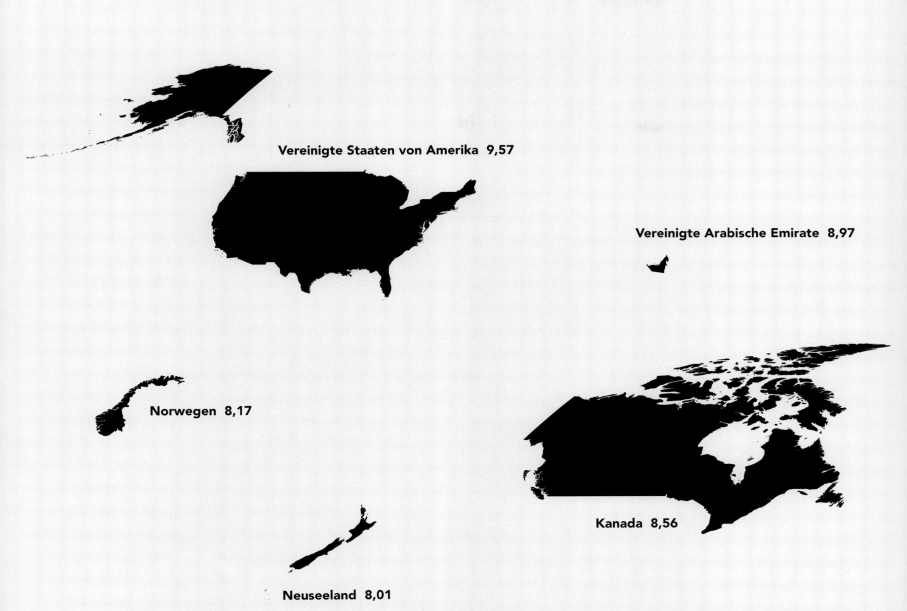

Die fünf Länder mit dem größten ökologischen Fußabdruck.

ÖKOLOGISCHER FUSSABDRUCK JEDES EINZELNEN

FRIEDFERTIGKEIT

Es gibt einen zusammenhängenden Block von Ländern, der sich durch Afrika, den Nahen Osten, Russland und Südasien erstreckt und in dem Gewalt und Unsicherheit vorherrschen. Zwei der herausragenden Befunde dieser Karte, die mit Daten des Jahres 2015 erstellt wurde, sind, dass Südamerika im Großen und Ganzen den Ruf der Gewalttätigkeit, der ihm in Filmen und Nachrichten häufig zugeschrieben wird, nicht verdient hat und dass es eine selten gelobte Gruppe von Ländern im südlichen Afrika mit einem Maß an Friedfertigkeit gibt, das mit jenem in Westeuropa vergleichbar ist.

Die Karte basiert auf dem *Global Peace Index* (GPI), der vom Institute for Economics and Peace veröffentlicht wird. Der GPI ist eine Zusammenstellung von 23 Indikatoren, die zu einer Gesamtbewertung führt. Diese Indikatoren beziehen sich auf drei Hauptbereiche. Erstens: fortdauernder innenpolitischer und internationaler Konflikt, das heißt, das Ausmaß, in dem Länder in innere und äußere Konflikte verstrickt sind. Zweitens: das Maß der Uneinigkeit innerhalb einer Nation. Dazu zählen Faktoren wie Kriminalitätsrate, Terrorakte, gewalttätige Demonstrationen, eine unsichere politische Landschaft und die Zahl der Menschen, die zur Flucht gezwungen werden. Der dritte Bereich bezieht sich auf die Militarisierung, zu der Faktoren wie Militärausgaben, gemessen am Bruttoinlandsprodukt, und die Zahl der Soldaten im Verhältnis zur Gesamtbevölkerung gehören.

Das Ergebnis weist darauf hin, dass sich eine deutliche Kluft abzeichnet. Beim Vergleich dieser Daten mit denen früherer Jahre kommt das Institut zu dem Schluss, dass Länder, in denen Gewalt herrschte, noch gewalttätiger werden, während diejenigen, die friedlich waren, das im Großen und Ganzen auch bleiben. Die Diskrepanz zwischen den friedlichsten und den gewalttätigsten Ländern wird also größer. Das Institut erklärt zwar, dass die Militärausgaben weltweit gesunken seien, betont aber, dass der Aufruhr im Nahen Osten und Nordafrika auf die „Internationalisierung heutiger Konflikte" hinweise und dass Länder, die „Tausende Kilometer entfernt liegen, von Flüchtlingsströmen oder Terrorismus betroffen sind, die von diesen Konflikten herrühren".

Die beiden gravierendsten Faktoren, die zu schlechten GPI-Werten führen, sind Terrorismus und politische Instabilität. Das Institut stellt fest, dass nur 69 Länder keinen terroristischen Vorfall gemeldet haben und dass die Intensität des Terrorismus zunehme, „wobei sich die Zahl der Länder, die infolge von terroristischen Angriffen mehr als 500 Tote zu verzeichnen hatten, mehr als verdoppelt hat und von 5 auf 11 gestiegen ist". Das Institut macht auch auf die enormen Kosten der Gewalt aufmerksam, die es mit fast 14 Billionen US-Dollar beziffert. Hinzu kommt, dass „die wirtschaftlichen Verluste aufgrund von Konflikten die Ausgaben und Investitionen in Friedensförderung und -erhaltung sinken lassen". Darüber hinaus stellt es fest, dass die Zahl der Soldaten in 48 von 51 Ländern, die es als autoritär einstuft, zurückgegangen sei, was schon eher überrascht. Dieser Rückgang scheint eine Folge der technologischen Aufrüstung des Militärs zu sein.

1. Island
1,192

2. Dänemark
1,246

3. Österreich
1,278

4. Neuseeland
1,287

5. Portugal
1,356

Die fünf friedfertigsten Länder der Welt mit der jeweiligen Gesamtbewertung des *Global Peace Index*.

Weil diese Karte mithilfe von länderspezifischen Daten erstellt wurde, können wir diejenigen nennen, die am besten und am schlechtesten abschneiden. Das friedlichste Land der Erde ist Island, gefolgt von Dänemark, Österreich, Neuseeland und Portugal. Zu den Top 40 zählen auch Deutschland auf Platz 16, Bhutan, Singapur, Costa Rica, Katar, Madagaskar und als Nummer 40 Sambia. Großbritannien findet sich auf Position 47, und die USA fallen auf der Liste weit zurück auf Platz 103 (hinter Jamaika und Papua-Neuguinea). Am Ende der Liste finden wir Länder, in denen der Mangel an Friedfertigkeit endemisch ist. Einige überraschen nicht: Irak, der Südsudan und Syrien nehmen die letzten Plätze ein. Doch zu den untersten 30 zählen auch Indien, die Türkei, Israel und Mexiko.

FRIEDFERTIGKEIT

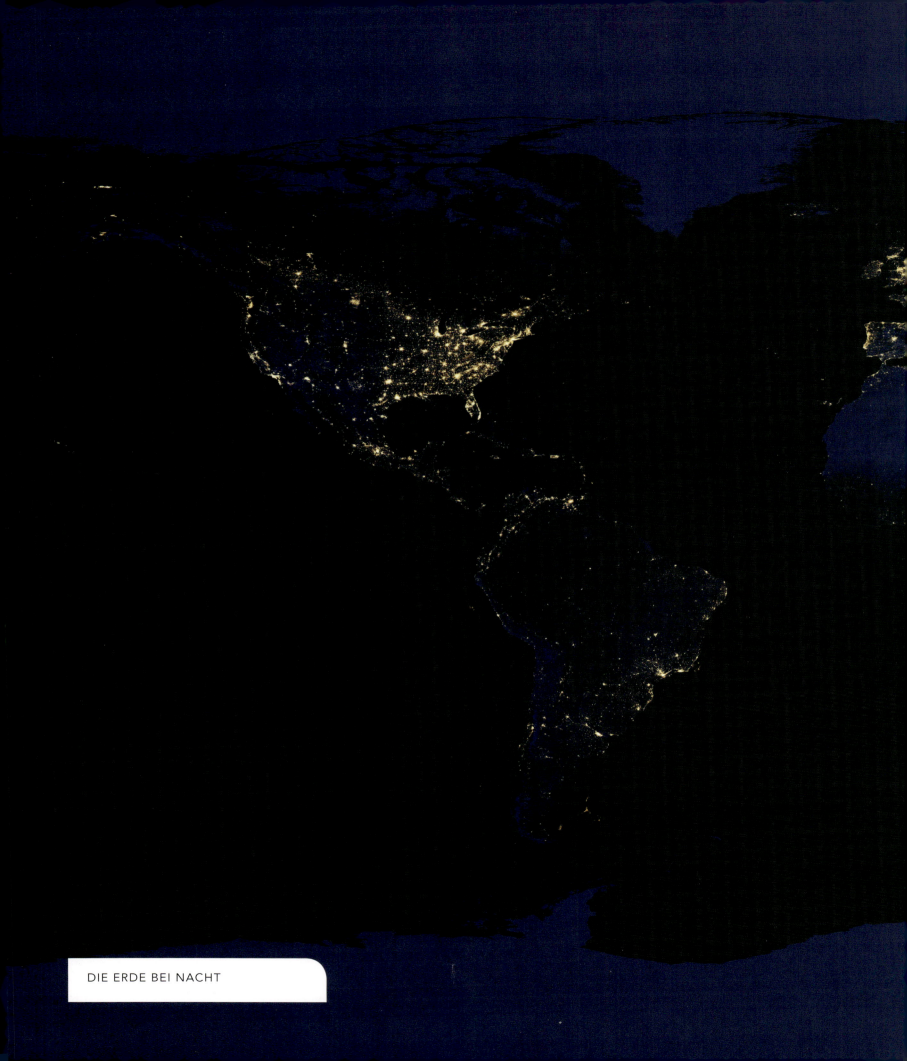
DIE ERDE BEI NACHT

DIE ERDE BEI NACHT

Die Erde bei Nacht, die schwarze Kugel, bietet einen Blick auf eine schlafende Welt. Um die schwach leuchtenden Bereiche der urbanen Zivilisation herum erstrecken sich Gebiete tiefster Schwärze, die an die weißen Flecken der *terra incognita* auf alten Landkarten erinnern. Doch nicht alle diese Lichtpunkte weisen auf große menschliche Siedlungen hin. Es gibt riesige hell leuchtende Stellen, die auf Gas- und Ölfackeln zurückzuführen sind: in Zentralaustralien und in den Gebieten Nordafrikas mit der geringsten Bevölkerungsdichte, im Nahen Osten und in Russland.

Und viele städtische Gebiete zeichnen sich durch ihre Dunkelheit aus. Es gibt einen deutlichen Unterschied zwischen Süd- und Nordkorea. Der Süden leuchtet hell, während der Nachbar im Norden – mit Ausnahme des winzigen Punktes der Hauptstadt Pjöngjang – tiefschwarz ist. Die Geopolitik der Beleuchtung ist einer der wenig erforschten, aber faszinierenden Aspekte der Weltkarte. Wäre diese Abbildung des Planeten bei Nacht ein paar Jahrzehnte früher aufgenommen worden, als Saddam Hussein noch im Irak regierte, hätte sie gezeigt, dass er die Elektrizität des Landes auf zwei helle Stellen konzentrierte: auf Bagdad und seine Heimatstadt Tikrit.

Lenin definierte den Kommunismus als „Sowjetmacht plus Elektrifizierung des ganzen Landes", und Licht ist und bleibt Beleg und Bestätigung von Fortschritt. Fehlendes Licht ist der ultimative Beweis eines gescheiterten Staates. Die hellen Flecken auf dieser Karte – Europa, die USA, Süd- und Ostasien – sind Regionen mit funktionierender Infrastruktur, wo die Straßenlaternen abends normalerweise angehen und wo die Menschen sich darauf verlassen können, dass etwas geschieht, wenn sie auf einen Schalter drücken. Dies gilt nicht für große Teile von Afrika, wo es – abgesehen von hellen Flecken an den Rändern und dem gewundenen leuchtenden Nil-Tal – in den Städten vor Menschen nur so wimmelt, die keine zuverlässige Energieversorgung haben. Beim Blick auf diese Karte könnte man meinen, dass es am Horn von Afrika und in Zentralafrika keine Menschen – und schon gar keine Großstädte – gebe. Dort leben aber viele Millionen Menschen; sie verfügen nur nicht durchgängig über Strom.

Die Vorstellung ist eigenartig beruhigend, dass jeder Mensch auf diesem Planeten zur gleichen Zeit das müde Haupt zur Ruhe bettet und seinen Mitmenschen „Gute Nacht" zuflüstert. Aber selbstverständlich herrscht auf der Welt keine einheitliche Schlafenszeit. Was wir hier sehen, ist eine zusammengesetzte Karte, die im Laufe von neun Tagen im April und von dreizehn Tagen im Oktober 2012 aufgenommen wurde. In dieser Zeit lichtete der Detektor *Visible Infrared Imaging Radiometer Suite* an Bord eines NASA-Satelliten den Planeten bei 312 Erdumrundungen in vertikalen Bahnen von Pol zu Pol ab. Es handelt sich nicht um einen einmaligen, sondern um einen fortlaufenden Prozess; inzwischen kann das nächtliche Licht kontinuierlich mit einer Bildauflösung aufgenommen werden, die es uns ermöglicht, einzelne Fischerboote, aber auch sich ausbreitende Flächenbrände

130   ATLAS UNSERER ZEIT

Beim genauen Hinschauen erkennt man, wie viel entlang des Nils und in den kleinen Golfstaaten in der Nacht los ist.

und Vulkanausbrüche zu erkennen. Mit der gleichen Technik werden auch die fantastischen leuchtenden Bänder der Polarlichter aufgenommen sowie die Biolumineszenz unzähliger winziger Meeresgeschöpfe, die ganze Meeresgebiete glühen lassen. Die leuchtende Welt ist nicht nur ein Werk des Menschen.

DIE ERDE BEI NACHT

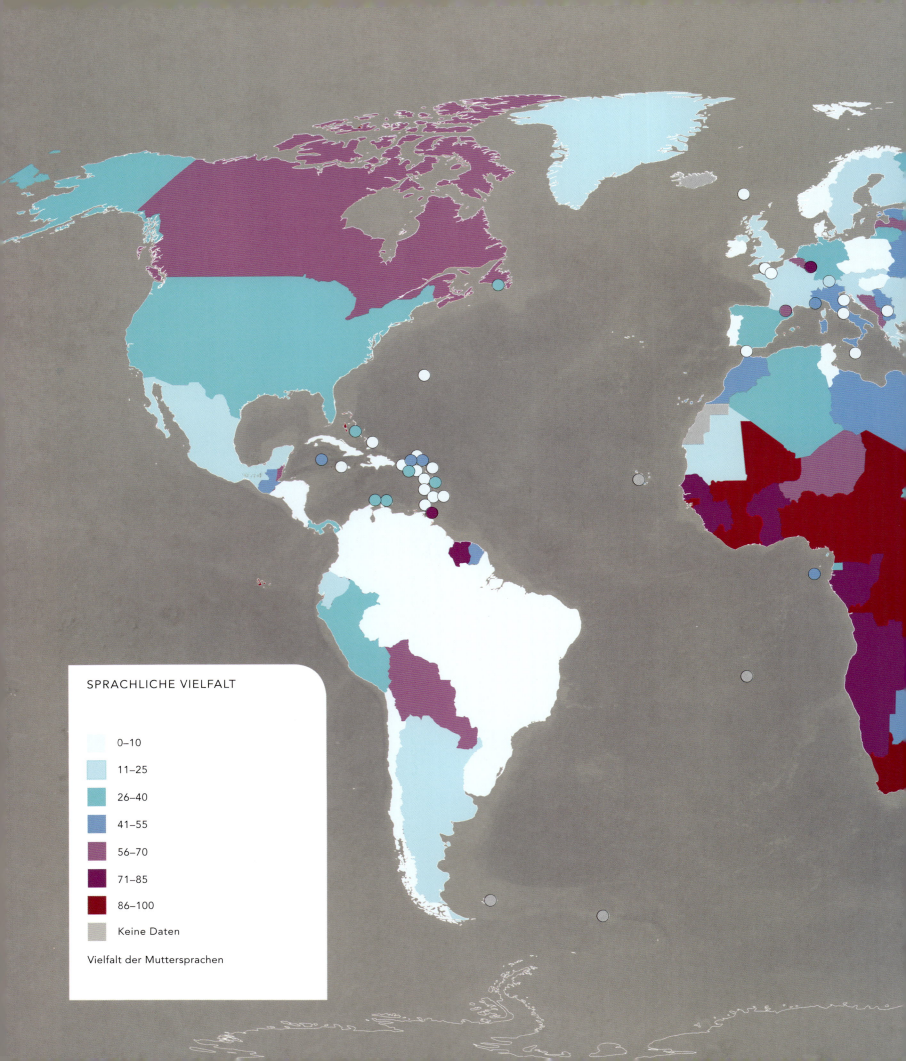

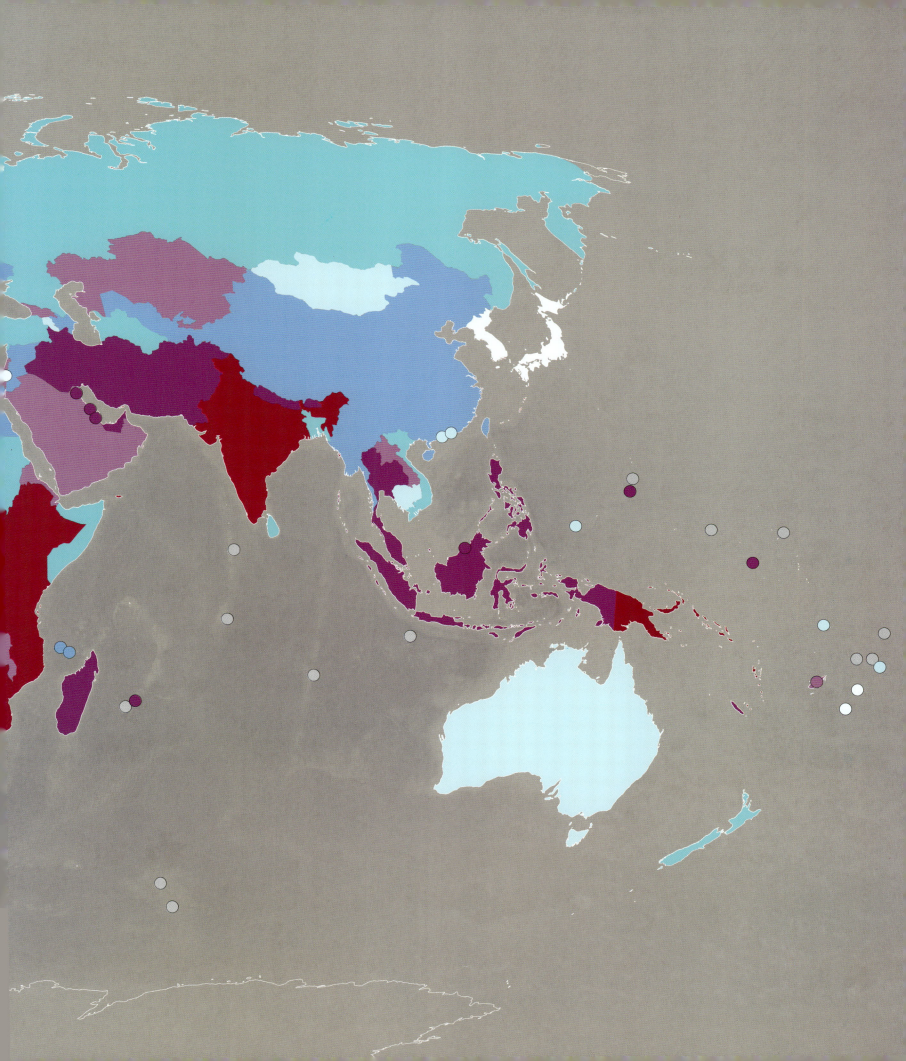

SPRACHLICHE VIELFALT

Eine Möglichkeit, die sprachliche Vielfalt einer Nation zu messen, besteht darin, die Wahrscheinlichkeit zu betrachten, dass zwei zufällig ausgewählte Personen verschiedene Muttersprachen haben. Es handelt sich um einen Ansatz, der vom Linguisten Joseph Greenberg entwickelt wurde, und um diesen geht es auf der vorliegenden Karte. In dieser Version reicht der Index von 0 (alle haben dieselbe Muttersprache) bis zu 100 (keine zwei Menschen haben dieselbe Muttersprache). Die Punkte stehen für kleine, aber markante Territorien, wie zum Beispiel Gibraltar.

Das Land mit der Höchstzahl – das sprachlich vielfältigste – ist Papua-Neuguinea. Weitere Regionen, deren Sprachenvielfalt sich heraushebt, sind das subsaharische Afrika, Indien und ein großer Teil Südostasiens. Zu den Ländern mit einer sehr geringen oder Null-Rate zählen Nord- und Südkorea, Haiti und Kuba. Auffallend ist auch der Mangel an Vielfalt in Süd- und Mittelamerika. In diesem Teil der Erde gibt es viele Sprachen, aber sie werden nur von wenigen Menschen gesprochen. Dies gilt auch für Länder in Regionen mit sehr unterschiedlichen Einwanderungsmustern wie zum Beispiel Nordamerika und Westeuropa. Daher weisen diese Länder geringe Werte auf, während Indien mit seinen vielen Sprachen, die jeweils von sehr vielen Menschen gesprochen werden, eine hohe Rate erzielt.

Die Karte entstand mithilfe der Neuausgabe von *Ethnologue* aus dem Jahr 2015, einem Hauptnachschlagewerk, das Statistiken über Tausende Sprachen enthält.

Es lohnt sich, erneut nach Indien zu blicken, um zu begreifen, wie groß die Vielfalt sein kann. In Indien leben in etwa so viele Menschen wie auf dem gesamten afrikanischen Kontinent. Es gibt etwa 1 700 Sprachen und, was noch wichtiger ist, 30 Prozent dieser Sprachen werden jeweils von mehr als einer Million Menschen gesprochen. Die Größe dieser Gruppen hat zur Folge, dass die Menschen höchstwahrscheinlich mit Landsleuten interagieren müssen, die eine andere Muttersprache haben. Die mit 400 Millionen bei Weitem größte Gruppe spricht Hindi, doch auch die Sprachen Tamil, Marathi, Telugu und Bengalisch werden von jeweils mehr als 60 Millionen Indern gesprochen.

Diese Zahlen bedeuten, dass die Mehrsprachigkeit für viele Inder, die in vier oder mehr Sprachen kommunizieren können, eine Notwendigkeit ist. Außerdem zeigen sie, dass es sehr praktisch sein kann, Englisch als *lingua franca* zu beherrschen. Andere Englischsprachige halten diesen Sachverhalt ebenfalls für nützlich: Es wird geschätzt, dass 75 Prozent der Amerikaner und sagenhafte 95 Prozent der Briten einsprachig sind.

Was die Aufzählung von Sprachen anbelangt, ist Vorsicht geboten. Sobald Sie meinen, eine Sprache identifiziert zu haben, wird Ihnen jemand sagen, dass diese eine Vielzahl von Dialekten besitze, die zum Teil als separate Sprachen eingestuft werden. Viele Menschen betrachten Italien als Land mit einer einzigen Muttersprache, dem Italienischen, neben dem im Norden etwas Deutsch, Französisch und Ladinisch gesprochen wird. Doch andere argumentieren, dass in Italien zahlreiche Regionalsprachen gesprochen werden – vom Sardischen bis hin zum Friau-

134   ATLAS UNSERER ZEIT

95% der Briten sind einsprachig

Papua-Neuguinea ist das sprachlich vielfältigste Land

75% der Amerikaner sind einsprachig

lischen. Und was für Italien gilt, das gilt auch für Indien und jedes andere dunkel markierte Gebiet auf der Karte. Doch wie Sprachen definiert und gezählt werden, ist selten eindeutig und unumstritten.

SPRACHLICHE VIELFALT

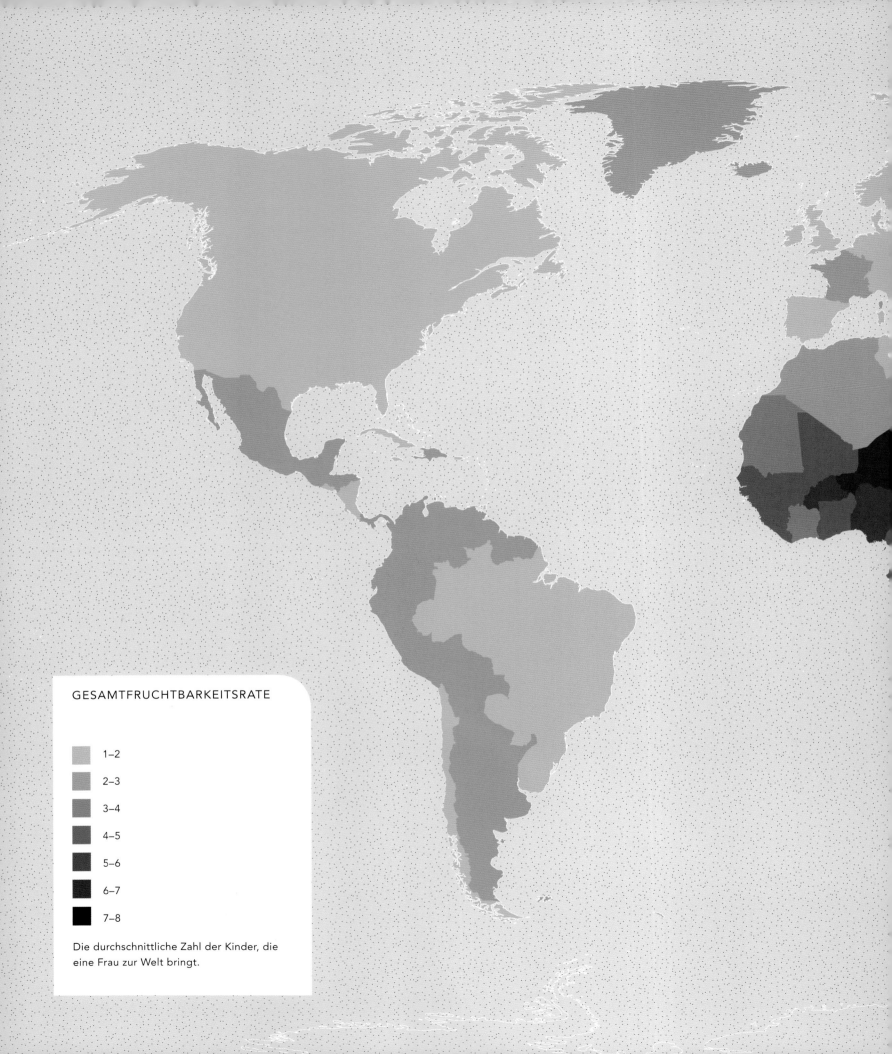

GESAMTFRUCHTBARKEITSRATE

Früher ging man davon aus, dass die weltweite Geburtenrate im entwickelten Norden niedrig und in der sogenannten „Dritten Welt" hoch sei. Doch nun sehen wir, dass Afrika sich von einem Meer aus helleren Grüntönen abhebt, also von Regionen umgeben ist, in denen die Frauen viel weniger Kinder gebären. Afrika hat sich mit Familiengrößen, die deutlich über denjenigen in Asien und Lateinamerika liegen, zur Ausnahme entwickelt. Die Tatsache, dass sich auf dem afrikanischen Kontinent so viele der unterentwickeltsten und ärmsten Länder mit der am wenigsten gebildeten Bevölkerung finden, ist die treffendste Erklärung für diese Lage. Während andere Nationen, wie zum Beispiel Indien und Brasilien, wohlhabend genug geworden sind, dass man dort kleinere Familien bevorzugt, ist dies in den meisten Teilen Afrikas noch nicht der Fall. Doch wir sehen, dass ein signifikanter Unterschied zwischen Südafrika und Botswana im Süden sowie Marokko, Algerien, Libyen und Tunesien im Norden und dem Rest des Kontinents besteht, wo die Geburtenraten außerordentlich hoch bleiben.

Im Zentrum jeder Erklärung der Geburtenraten steht die Stellung der Frau in der Gesellschaft. Wenn Frauen die Wahl haben, entscheiden sie sich selten dafür, so viele Kinder zu gebären. Dies verfestigt nicht nur ihre wirtschaftliche Abhängigkeit und erschwert ihnen den Zugang zu Bildung, sondern ist auch gefährlich. So weist beispielsweise das subsaharische Afrika die höchste Müttersterblichkeit der Welt auf (pro 100 000 Lebendgeburten sterben 1 000 Mütter). Projektionen ergeben, dass die Bevölkerung Nigerias 2050 fast so groß sein wird wie die der USA, und wenn der Trend anhält, wird die Einwohnerzahl Ende des Jahrhunderts mehr als 750 000 000 betragen.

Berechnungen sagen voraus, dass 2050 jedes dritte Kind in Afrika zur Welt kommen wird. Doch die Angst vor Überbevölkerung sollte durch die Wahrscheinlichkeit gemildert werden, dass die afrikanischen Staaten beginnen werden, dem Beispiel anderer Länder zu folgen, und die Geburtenrate sinken wird. Darüber hinaus sollte man sich daran erinnern, dass die Gesamtbevölkerung Afrikas etwa so groß ist wie die Indiens. Gegenwärtig ist es einer der am wenigsten dicht besiedelten Kontinente, und all diejenigen, die sich für die Überbevölkerung interessieren, sollten lieber in Richtung Europa blicken, das deutlich dichter besiedelt ist.

Ansonsten zeichnet diese Karte, die mit Daten von 2015 erstellt wurde, eine positive Entwicklung. Sie zeigt, dass sich im größten Teil der Welt die Stellung und der Bildungsstand der Frauen sowie der Zugang zu Verhütungsmitteln verbessert haben. Die Mehrzahl der Länder verfolgt eine Politik, die Familienplanung und die Verfügbarkeit von Verhütungsmitteln fördert. Manche griffen sogar zu extremen Maßnahmen, wie zum Beispiel China mit der Ein-Kind-Politik, die 2016 beendet wurde, und Indien mit Sterilisationskampagnen. Doch die beiden entscheidenden Faktoren für kleinere Familien sind wirtschaftliches Wachstum und die Stärkung der Position der Frauen.

So könnte die Gesamtfruchtbarkeitsrate 2070 aussehen. Diese Vorhersage der UNO geht von einem weltweiten Rückgang aus, doch der Unterschied zwischen den Raten in Afrika und im Rest der Welt wird noch größer.

Die Gesamtfruchtbarkeitsrate ist nicht das Gleiche wie die Geburtenrate. Die Geburtenrate gibt die jährliche Zahl der Geburten pro 1 000 Einwohner an und ist eher eine grobe Momentaufnahme. Die Gesamtfruchtbarkeitsrate betrachtet die Entwicklung längerfristig, allerdings handelt es sich um eine komplexere Berechnung. Sie gibt die durchschnittliche Zahl der Kinder an, die pro Frau geboren würden, wenn sämtliche Frauen einer bestimmten Population das Ende ihrer gebärfähigen Jahre erreichen und genau so viele Kinder gebären würden, wie die altersspezifischen Fruchtbarkeitsraten für das jeweilige Land und den entsprechenden Zeitraum angeben. Ohne Zuwanderung nimmt die Bevölkerung ab, wenn die Gesamtfruchtbarkeitsrate pro Frau unter 2,1 Kindern liegt.

GESAMTFRUCHTBARKEITSRATE

RELIGIÖSE VIELFALT

Machen Sie sich auf eine Überraschung gefasst: Es hat den Anschein, als wäre das größte kommunistische Land der Welt auch eines mit der größten religiösen Vielfalt. Darüber hinaus umspannt ein Bogen der Religionsvielfalt die Welt, der einen großen Teil des Nordens unseres Planeten wie auch Ost- und Südasien mit einschließt. In Afrika ist das Bild sehr uneinheitlich, wo stark differenzierte Gesellschaften direkt an homogene grenzen, während Mittel- und Südamerika weitgehend einen großen Block religiöser Einheitlichkeit darstellen.

Religiöse Vielfalt kann auf unterschiedliche Weise gemessen werden. Die Karte, die auf Daten des Jahres 2010 basiert, berücksichtigt die jeweiligen Anteile der Bevölkerung jedes Landes, die den acht großen Religionsgemeinschaften zuzuordnen sind. Je näher ein Land einer gleichen Verteilung der acht Gruppen kommt, desto höher wird es bewertet. Bei dieser Karte geht es nicht um religiöse Toleranz, und sie sagt nichts darüber aus, wie die Vielfalt gesehen oder akzeptiert wird. Sie befasst sich auch nicht mit religiösen Untergruppen. Das Center for the Study of Global Christianity schätzte, dass es im Jahr 2012 etwa 43 000 christliche Glaubensgemeinschaften gab. Wären Daten dieser Art berücksichtigt worden, sähe die Karte ganz anders aus.

Wenn man weiß, welche acht Gruppen gemeint sind, erscheint diese Karte etwas weniger überraschend. Fünf Gruppen sind klar: Buddhismus, Christentum, Hinduismus, Islam und Judentum – die „großen Fünf", die jeweils entweder im Nahen Osten oder in Indien entstanden sind und denen inzwischen grob drei Viertel der Weltbevölkerung anhängen. Die anderen drei sind insofern interessanter, als sie weniger anerkannt sind. Eine dieser Gruppen umfasst die Konfessionslosen, zu denen auch Atheisten und Agnostiker zählen. Das mag verwundern, weil diese Menschen gewöhnlich nicht als religiös gelten, aber bei genauerer Betrachtung ist diese Einstufung vernünftig: Zweifler und Nichtgläubige nehmen einen klaren religiösen Standpunkt ein und sind noch immer Teil des Spektrums und der Vielfalt religiöser Überzeugungen. Gesellschaften, in denen Atheismus verboten ist oder als abwegig gilt, können niemals als wirklich vielfältig eingestuft werden, wohl aber Gesellschaften, in denen er vorherrschend ist, wie beispielsweise die chinesische. Die restlichen beiden Gruppen bestehen aus Anhängern von Minderheitsreligionen. Dazu zählen sogenannte Stammes- oder Volksreligionen sowie die kleinen, aber noch immer viel praktizierten Religionen wie Bahaitum, Jainismus, Shintōismus, Sikhismus, Taoismus, Tenrikyō, Wicca und Zoroastrismus.

Das Pew Research Center, das dieses Kategorisierungssystem entwickelt und die Daten gesammelt hat, mit deren Hilfe die Karte entstand, gelangte zu dem Schluss, dass von allen Ländern, die es untersuchte, Singapur in religiöser Hinsicht am vielfältigsten ist. Von der Bevölkerung Singapurs sind etwa ein Drittel Buddhisten, 18 Prozent Christen, 16 Prozent konfessionslos, 14 Prozent Moslems, 10 Prozent werden „anderen Glaubensrichtungen" zugerechnet, 5 Prozent sind Hindus, 2 Prozent gehören traditionellen Religionen oder Volksreligionen an, und

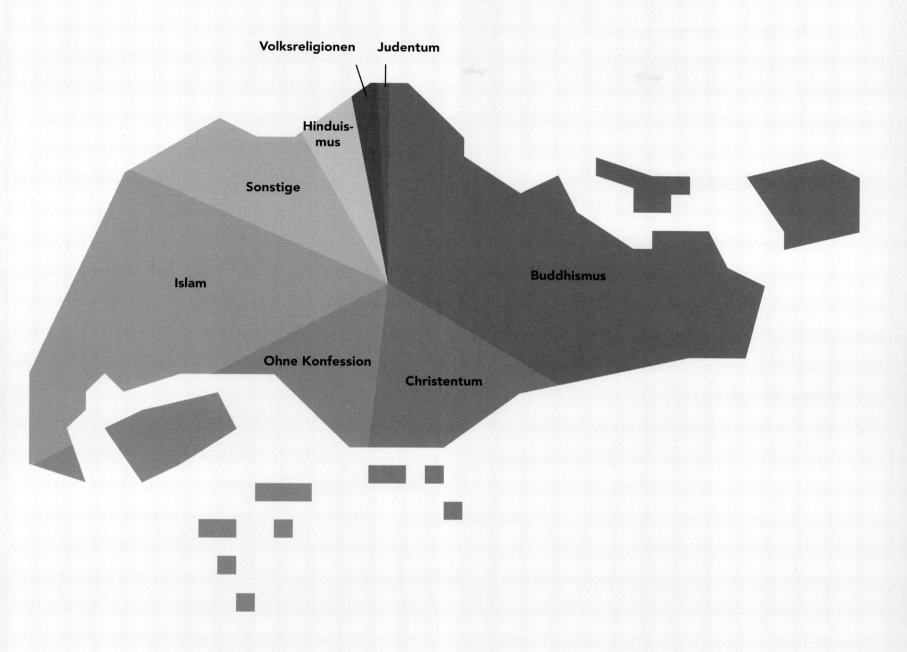

Das religiös vielfältigste Land ist Singapur. Diese Grafik zeigt den jeweiligen Anteil der verschiedenen Glaubensrichtungen auf einer stilisierten Karte des Inselstaates.

weniger als ein Prozent ist jüdischen Glaubens. Die am wenigsten vielfältigen Länder der Welt stellen eine interessante Mischung dar: Papua-Neuguinea, Westsahara, Iran, Rumänien, Tunesien, Osttimor, Afghanistan, Somalia und gemeinsam auf dem letzten Platz liegen Tokelau (vor Neuseeland), Marokko und Vatikanstadt.

RELIGIÖSE VIELFALT

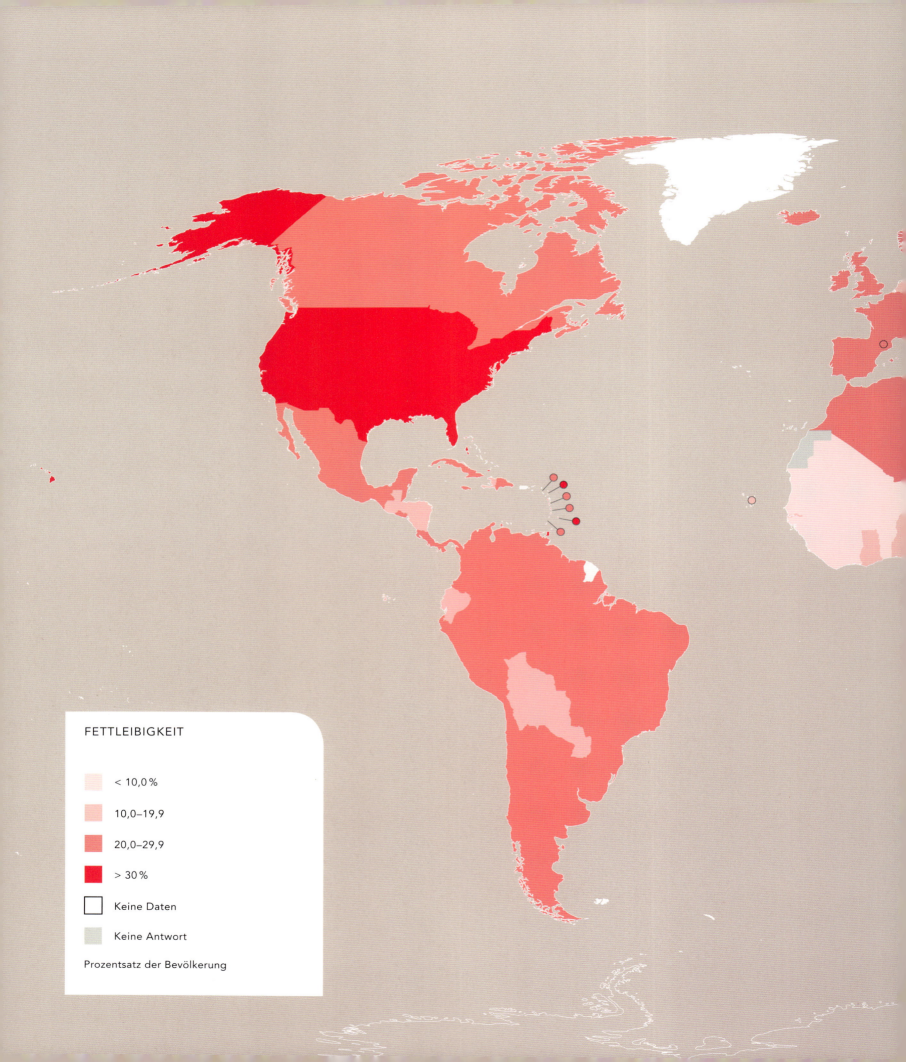

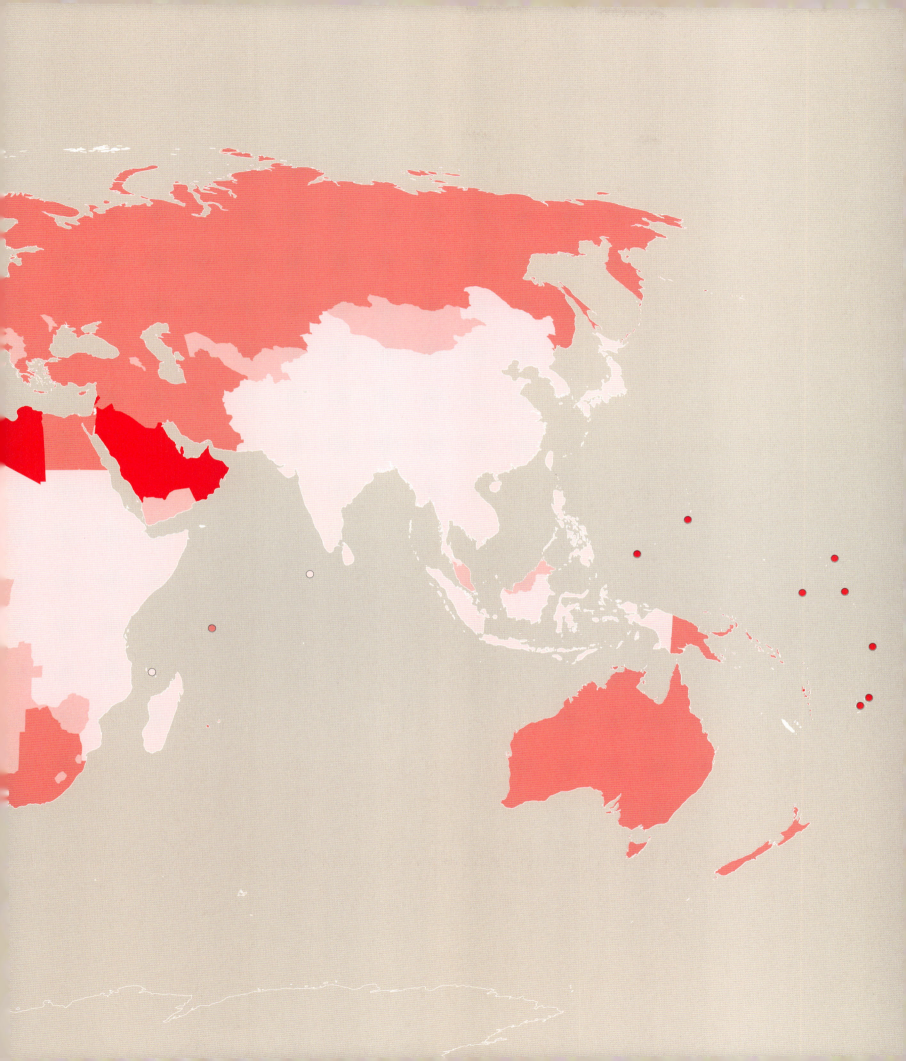

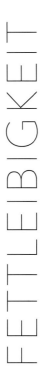

FETTLEIBIGKEIT

Weltweit sind mehr als eine halbe Milliarde Menschen adipös. Es handelt sich um ein globales Problem und um eine der größten gesundheitlichen Herausforderungen, vor denen wir stehen. Außerdem ist es ein Thema, bei dem uns Karten helfen können, eine Übersicht darüber zu erhalten, in welchen Teilen der Erde die Problematik am deutlichsten zutage tritt.

Diese Karte wurde mithilfe von Daten der Weltgesundheitsorganisation (WHO) von 2014 erstellt und zeigt, dass die Häufigkeit von Fettleibigkeit auf dem amerikanischen Kontinent am höchsten ist (27 Prozent) und in Südostasien am geringsten (5 Prozent). Als „fettleibig" gilt man, wenn man einen BMI von über 30 kg/m^2 aufweist. „BMI" ist die Abkürzung für „Body-Mass-Index", und er wird berechnet, indem das Körpergewicht durch das Quadrat der Körpergröße geteilt wird. Es überrascht nicht, dass die USA den höchsten Anteil an adipösen Menschen verzeichnen. Weniger bekannt ist dagegen, dass die Menschen im Nahen Osten, insbesondere in Saudi-Arabien und in Libyen, mit der gleichen Wahrscheinlichkeit adipös sind wie die in Europa und auf dem amerikanischen Kontinent.

Die markanteste Trennlinie zwischen Ländern mit Fettleibigkeitsproblemen und Ländern, in denen diese selten vorkommen, verläuft zwischen Nordafrika und den Ländern südlich der Sahara. Der Kommentar der WHO zu dieser Karte lautet, „dass die Häufigkeit von erhöhtem Body-Mass-Index mit dem Einkommensniveau zunimmt" und dass die „allgemeine Verbreitung" von Adipositas „in Ländern mit höherem Einkommen viermal höher ist im Vergleich zu Ländern mit geringem Einkommen". Dies mag ein Faktor sein, aber die Karte zeigt uns, dass das Einkommen als Erklärung zu verallgemeinernd ist. Die Länder Ostasiens, einschließlich Japans, verzeichnen jeweils ein relativ hohes Einkommensniveau, Adipositas kommt dennoch selten vor. Tatsächlich legen die unterschiedlichen Raten der USA und Kanadas sowie die entsprechenden Raten von relativ armen und reicheren europäischen Ländern den Schluss nahe, dass das Einkommen keine zufriedenstellende Erklärung liefert. Eine weitere Hauptursache sind Unterschiede in der Ernährung. Und tatsächlich deuten die dunklen Farben auf der Karte alle auf Kulturen hin, in denen täglich Fleisch und Milchprodukte auf den Tisch kommen. Die hellen Farben in Ostasien betreffen Ernährungskulturen mit mehr Fischkonsum und weniger häufigem Verzehr von Milchprodukten.

Bei genauerer Betrachtung sind noch einige andere Muster erkennbar. Diejenigen Länder mit dem größten Fettleibigkeitsproblem finden sich weder in Nord- oder Südamerika noch in Nordafrika, sondern im Pazifikraum. Die Nationen auf den Pazifikinseln, wie zum Beispiel Samoa und Tonga, und das US-Außengebiet Amerikanisch-Samoa führen stets die Rankings der Gegenden mit der stärksten Verbreitung von Adipositas an. Der Wechsel in der Ernährung hin zu Fleisch und Milchprodukten, eine sitzende Lebensweise sowie eine Kultur, in der das Dicksein noch immer mit Status und Wohlstand in Verbindung gebracht wird, scheinen dafür verantwortlich zu sein.

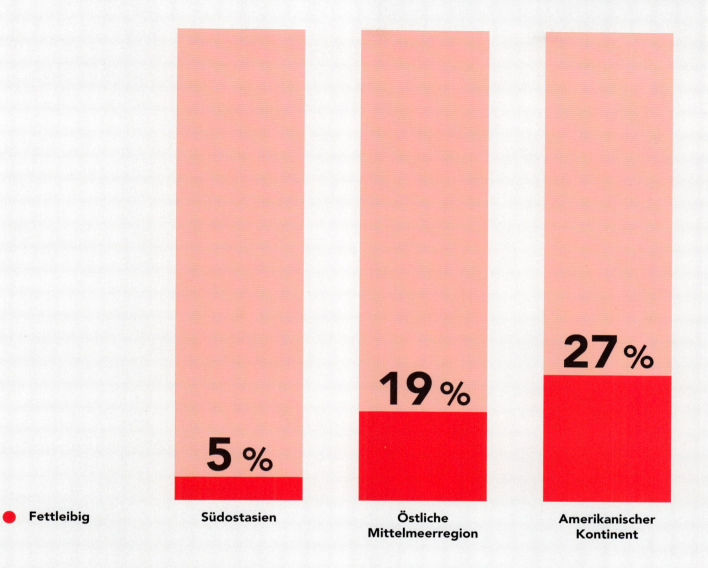

Aber vielleicht ist die geografische Verteilung, die auf dieser Karte veranschaulicht wird, weniger wichtig als die Tatsache, dass das Thema überhaupt angesprochen wird. Weil die dunkleren Farben auf über 20 Prozent Fettleibigkeit in der Bevölkerung hinweisen, wird uns vor Augen geführt, dass Übergewicht ein großes Problem darstellt, das in fast allen Teilen der Erde vorkommt. Obwohl es in reicheren Ländern gegenläufige Entwicklungen gibt, wo Angehörige der oberen Einkommensschicht sich eine gesündere Ernährung leisten können und diese bevorzugen, ist ein anderer Faktor für unsere Überernährung verantwortlich: Höhere Einkommen gehen nicht automatisch mit einer Ernährung mit Sushi und fettarmer Latte macchiato einher, sondern erleichtern den Zugang zu reichlichem, industriell verarbeitetem und dick machendem Essen.

FETTLEIBIGKEIT 147

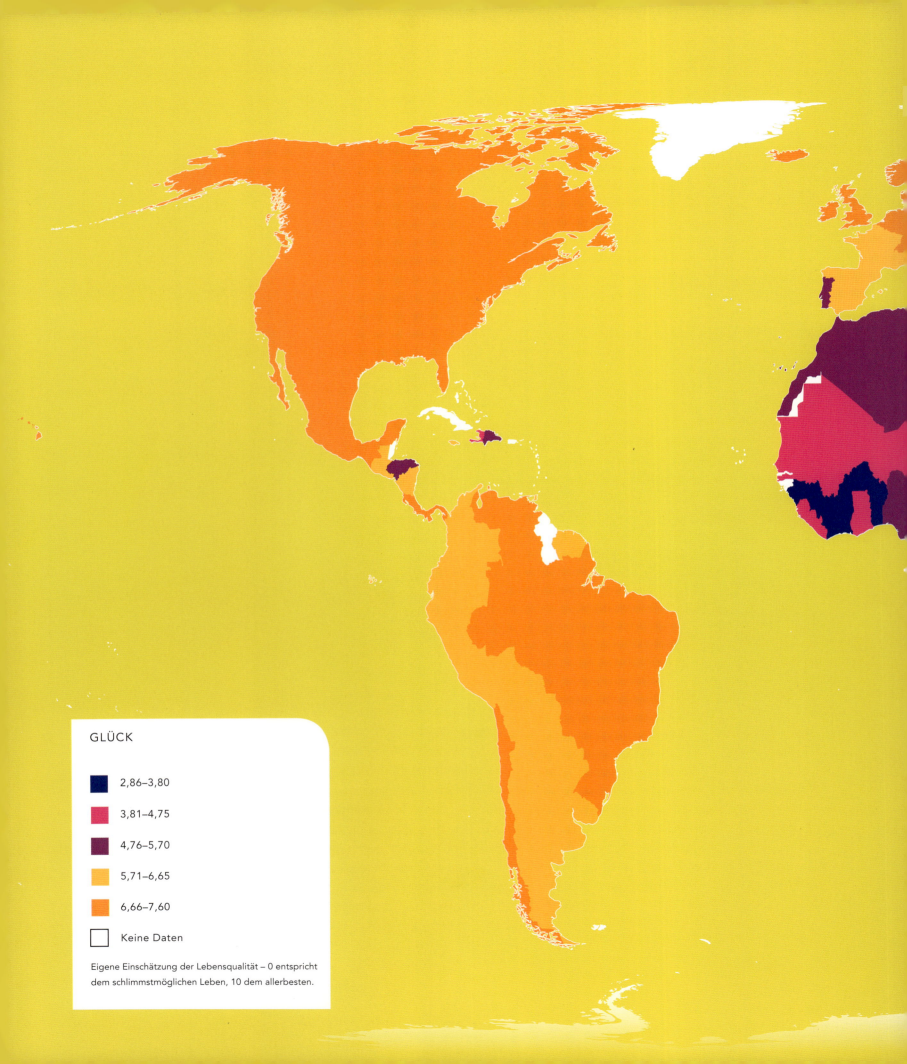

GLÜCK

Mit Geld kann man sich zwar keine Liebe kaufen, wohl aber Glück. Zumindest hat es den Anschein. Diese Karte gibt das Glücksgefühl laut eigenen Angaben im jeweiligen Land wieder. Es fällt sofort ins Auge, dass die ärmsten Regionen der Welt, in Afrika und großen Teilen des Nahen Ostens sowie in Südasien, nicht so glücklich sind wie andere. Die Bevölkerung der reichen Staaten der Arabischen Halbinsel ragt als zufrieden hervor, und einem großen Teil der westlichen Welt ergeht es genauso. Einen scheinbaren Widerspruch zu dieser These stellt Lateinamerika dar. Es hat den Anschein, als wären die Menschen dort ebenso glücklich wie die reicheren Leute nördlich des Rio Grande. Das bereitet einiges Kopfzerbrechen; allerdings sollte darauf hingewiesen werden, dass das Pro-Kopf-Bruttoinlandsprodukt in Lateinamerika mit dem von Russland vergleichbar ist.

Diese Karte wurde mithilfe des 2015 veröffentlichten *World Happiness Report* erstellt. Der erste *Welt-Glücks-Report* erschien 2012. Er war das Produkt des „*High Level Meeting on Happiness and Well-Being*" der Vereinten Nationen, die dem Appell des Premierministers von Bhutan folgten, die Länder sollten beginnen, das Glück ernster zu nehmen. Einige Regierungen haben den Aufruf beherzigt: Die Vereinigten Arabischen Emirate haben sich in ihrer nationalen Agenda das Ziel gesetzt, „das glücklichste Land der Welt" zu werden.

Was dabei gemessen wird, sind Gefühle des Wohlbefindens. Die unterschiedlichen Farben auf unserer Karte zeigen die durchschnittlichen Angaben für den Zeitraum zwischen 2012 und 2014 und basieren auf Befragungen, bei denen die Menschen aufgefordert wurden, die Qualität ihres aktuellen Lebens auf einer Skala von 0 bis 10 anzugeben, wobei 0 für das allerschlimmste Leben, 10 für das beste steht. Der *Welt-Glücks-Report* schlüsselt diese Daten auf, um zu zeigen, wie bestimmte Faktoren das Glücksgefühl beeinflussen. Dabei stellte sich heraus, dass das BIP pro Kopf nur einer der bestimmenden Faktoren ist. Zu den weiteren zählen soziale Unterstützung, Lebenserwartung bei guter Gesundheit, die Freiheit, Lebensentscheidungen selbst treffen zu können, Freigebigkeit und Korruptionsfreiheit. Das Einkommen spielt eindeutig eine Rolle, aber es ist nicht alles: Wichtig ist ebenfalls, Teil einer sozialen, gesunden und offenen Gesellschaft zu sein.

Auf der Liste der glücklichsten und am wenigsten glücklichen der 158 erfassten Nationen finden sich einige vorhersehbare, aber auch einige überraschende Einträge. An der Spitze steht Norwegen, gefolgt von Dänemark, Island, der Schweiz, Finnland, Kanada, den Niederlanden, Schweden, Neuseeland und Australien. Die USA rangieren auf Platz 15, hinter Mexiko, aber vor Brasilien. Großbritannien nimmt Platz 21 ein, einen Platz hinter den Vereinigten Arabischen Emiraten, doch vor Deutschland (26), Frankreich (29), Spanien (36) und Italien (50). Warum die für ihr Lamentieren berüchtigten Briten glücklicher zu sein scheinen als viele ihrer europäischen Nachbarn, hat meiner absolut unwissenschaftlichen und flapsigen

1. Norwegen

2. Dänemark

3. Island

4. Schweiz

5. Finnland

Nordeuropa ist laut Aussage des *Welt-Glücks-Reports* von 2017 noch immer der glücklichste Teil der Welt.

Theorie zufolge einen Grund: Sie genießen das Jammern – miesepetrig zu sein ist ihre Art, sich zu amüsieren. Am unteren Ende der Liste finden sich im Wesentlichen afrikanische Staaten. Die einzigen nichtafrikanischen Länder unter den letzten zehn sind Syrien und Afghanistan.

GLÜCK 151

GLOBALISIERUNG

TWITTER-VERBINDUNGEN

TWITTER-VERBINDUNGEN

Obwohl Twitter-Nachrichten auf 140 Zeichen beschränkt sind, haben sie sich zu einem Barometer für die Meinung der Weltöffentlichkeit entwickelt. Diese Karte berücksichtigt eine bestimmte Art von Tweet, den ReTweet, bei dem Nutzer einen Tweet einer anderen Person weiterleiten, auf den sie die Aufmerksamkeit lenken wollen. Vor diesem Hintergrund zeigt die Karte, die anhand aller zwischen dem 23. Oktober und dem 30. November 2012 verschickten ReTweets erstellt wurde, welche Teile der Erde Interesse aneinander haben und welche nicht – zumindest innerhalb der Twitter-Gemeinde.

Nachdem die Daten zusammengefügt und gefiltert wurden, gibt das abschließende Bild die meistgenutzten 42 000 Verbindungen wieder. Viele der Muster sind eindeutig: Es gibt große Lichtbögen über dem Atlantik und über die Arabische Halbinsel hinweg zu den Großstädten Südostasiens. Dagegen haben Nord- und Südamerika weniger Interesse aneinander, als man vermuten könnte. Zwischen Europa und Südamerika besteht eine deutlich stärkere ReTweet-Verbindung. In China ist Twitter verboten, deshalb verwundert es nicht, dass die Verbindungen in Ostasien die großen chinesischen Städte überspringen und direkt nach Südkorea und Japan führen.

Dieses Bild wurde von einem Team von Informatikern der Universität von Illinois am Standort Urbana-Champaign erstellt. Es strahlt Schönheit aus. Die Lichtlinien gleiten mit tänzerischer Anmut über die Weltbühne. Der Blick wird automatisch zu den längsten Linien gelenkt, zu denjenigen, die die Kontinente miteinander verbinden. Aber bei genauerer Betrachtung wird klar, dass die meisten ReTweets deutlich lokaler sind. Die Ostküste der USA ist das betriebsamste Zentrum sowohl in diesem Land als auch weltweit, und überall auf der Erde neigen die Menschen dazu, ReTweet-Botschaften eher in die Nähe zu schicken als in die Ferne. Offenbar sind Nutzer, die nur ein Mal retweeten oder auf einen anderen Nutzer verweisen, im Durchschnitt etwa 1 000 Kilometer voneinander entfernt, doch diese Entfernung sinkt, wenn die Zahl der ReTweets zunimmt.

Selbst nach der Vereinfachung aller Verbindungslinien ist die Nachrichtendichte in manchen Teilen der Erde erstaunlich. Von den 328 Millionen aktiven Twitter-Nutzern leben 70 Millionen in den USA und etwa 14 Millionen in Großbritannien. Wie die Karte zeigt, ist die Nutzerzahl in Afrika deutlich geringer – mit etwa zwei Millionen Nutzern in Nigeria, dem bevölkerungsreichsten Land des Kontinents. Wenn Twitter „der Puls des Planeten" ist, wie das Unternehmen behauptet, dann schlägt das Herz unseres Planeten in einigen Regionen deutlich stärker als in anderen.

Das Team aus Illinois verglich die Nutzung von Twitter mit der von Mainstream-Medien und stellte fest, dass Letztere „in Lateinamerika deutlich weniger und in Afrika um vieles stärker genutzt werden" und dass weltweit „die Mainstream-Medien offensichtlich gleichmäßiger genutzt werden" als Twitter.

156 ATLAS UNSERER ZEIT

Großbritannien

14

Millionen Nutzer

**Vereinigte Staaten
von Amerika**

70

Millionen Nutzer

Nigeria

2

Millionen Nutzer

Die geschätzte Zahl der aktiven Twitter-Nutzer in drei Ländern bei einer Gesamtzahl der Nutzer von 328 Millionen.

Außerdem erstellte das Team aus Illinois eine ganze Reihe von Twitter-Karten, um uns einen umfassenden Überblick über die Nutzung, die Gewohnheiten und die geografische Verteilung zu geben. Sie sind zu einigen faszinierenden Schlussfolgerungen gelangt. In den meisten Teilen der Erde, so berichten sie, halten die Nutzer bei ihren Twitter-Nachrichten an ihrer Muttersprache fest, geben ihren Standort aber in Englisch an. Deshalb finden sich im Standortfeld Wendungen wie „*Paris – the City of Light!*" oder „*Tokyo, my home of homes*". Die Forscher meinen, eine mögliche Erklärung sei, dass „dies ein Versuch der Nutzer überall auf der Welt ist, sicherzustellen, dass ihre Tweets in den Suchergebnissen zumindest auftauchen", und dass „es ihnen egal ist, wenn die Englischsprachigen nicht verstehen, was sie sagen, solange sie nur wissen, dass sie existieren".

TWITTER-VERBINDUNGEN

AMERIKANISCHE FASTFOOD-KETTEN

Bei der Verbreitung amerikanischer Fastfood-Ketten geht es nicht nur um den Verkauf von Fastfood – es geht auch um den Erfolg des Franchise-Modells. Es handelt sich um ein Modell, das einer Firma erlaubt, das Risiko an Franchise-Nehmer abzuwälzen, die wiederum davon profitieren, dass sie dank der Nutzung einer etablierten und erfolgreichen Einzelhandelsmarke Gewinn erzielen können. Diese Karte zeigt die Niederlassungen amerikanischer Fastfood-Ketten pro eine Million Einwohner und basiert auf den Zahlen von fünf Franchise-Unternehmen: McDonald's, Subway, Pizza Hut, Starbucks und KFC.

Jedes Land hat seine eigene Art von Fastfood. Überall auf der Welt findet man in jeder Stadt Straßenverkäufer, die alles anbieten, von der frittierten Falafel bis zur Nudelsuppe. Das geht schnell und ist billig. Aber es handelt sich nicht um amerikanisches Fastfood, um ein standardisiertes Produkt, das in einer sofort wiedererkennbaren Umgebung verkauft wird. Die Karte zeigt uns, dass es auf der Erde einige Gegenden gibt, wo man daran Geschmack gefunden hat. Australien und Großbritannien sind ganz wild darauf, aber Island, die Vereinigten Arabischen Emirate und Malaysia ebenfalls.

Im Gegensatz dazu gibt es einen großen Bereich in Afrika, wo man beim besten Willen kein McDonald's-Restaurant findet. Die Vorstellung, dies liege daran, dass die Menschen das amerikanische Fastfood zugunsten traditioneller Gerichte ablehnen würden, entspringt aber reinem Wunschdenken. Wahrscheinlicher ist die Erklärung, dass die wirtschaftliche Entwicklung noch nicht den Stand erreicht hat, um genügend Unternehmer oder Kunden zu haben, die diese Niederlassungen dank ihrer eigenen finanziellen Ressourcen rentabel machen könnten.

Die verschiedenen Franchise-Unternehmen sind nicht gleichmäßig über die Welt verteilt. McDonald's ist in Europa der *Big Player*, KFC ist dagegen in Ost- und Südostasien erfolgreicher. Im Jahr 2013 überflügelte China die USA, was die Zahl der KFC-Filialen anbelangt. Die Tatsache, dass China auf dieser Karte nicht farbig strahlt, spiegelt nur die hohe Bevölkerungszahl wider, nicht etwa den Mangel an amerikanischem Fastfood. Subway, das in Europa, Asien und auf dem amerikanischen Kontinent rasch expandierte, stellte eine der jüngeren Erfolgsgeschichten dar. Inzwischen unterhält es etwa 45 000 Restaurants in 112 Ländern (McDonald's hat etwa 36 500 Restaurants weltweit).

Nicht alle amerikanischen Fastfood-Unternehmen wollten sich zu *Global Players* entwickeln, und einige, wie White Castle, haben es versucht, sind aber gescheitert. Viele andere, zum Beispiel Taco Bell und Krispy Kreme Doughnuts, treiben ihre Expansion voran. Und die Welt scheint noch immer Appetit auf amerikanisches Fastfood zu haben – trotz regelmäßiger Berichte über sinkende Gewinne einzelner Firmen. Derzeit nehmen die USA eine Sonderstellung ein. In anderen

McDonald's
36 500 Restaurants in

119
Ländern

KFC
19 955 Restaurants in

123
Ländern

Starbucks
20 995 Niederlassungen in
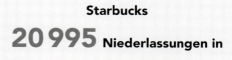

70
Ländern

Subway
44 810 Restaurants in
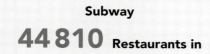

112
Ländern

Pizza Hut
16 125 Restaurants in

59
Ländern

Eine Momentaufnahme der weltweiten Fastfood-Imperien. Subway hat sich zu einem der größten Fastfood-Anbieter der Welt entwickelt.

Ländern wurden eigene Fastfood-Ketten gegründet, aber sie expandierten nicht über ihre Landesgrenzen hinaus. In einem angeblich wettbewerbsorientierten Markt ist das ein wenig seltsam: Wenn es um internationales Fastfood geht, hat man nur die Wahl zwischen amerikanischem oder gar keinem.

AMERIKANISCHE FASTFOOD-KETTEN

SCHIFFAHRTSWEGE

In einer Welt, in der das Internet und der Flugverkehr vorherrschend zu sein scheinen, ist es sinnvoll, daran erinnert zu werden, dass die meisten Güter, die wir ein- und ausführen, per Schiff transportiert werden. Laut *The Economist* argumentieren viele, dass das Containerschiff „ein stärkerer Treiber der Globalisierung war als sämtliche Handelsabkommen der vergangenen 50 Jahre". Containerschiffe haben das, was einst eine arbeitsintensive, kostspielige und umständliche Angelegenheit war, in ein automatisiertes und kostengünstiges System verwandelt.

Etwa 60 Prozent der verschifften Güter werden in Containern transportiert, alles Übrige in Massengutfrachtern. Die auf unserer Karte eingezeichneten Schiffe versuchen, die Orthodrome zu finden, das heißt die kürzeste Entfernung zwischen zwei Punkten auf der Oberfläche einer Kugel. Auf einem Planeten, auf dem so viele Landmassen im Weg sind, ist das keine leichte Aufgabe. Die Routen, die am deutlichsten hervorstechen, sind die vielbefahrenen Schifffahrtsstraßen über den Nordpazifik und den Nordatlantik sowie diejenigen, die von Ost- und Südasien über den Indischen Ozean bis nach Europa führen, entweder durch den ägyptischen Suezkanal oder um Südafrikas Kap der Guten Hoffnung herum.

Zwei weitere Engstellen sind die Straße von Malakka, eine Meerenge zwischen der Malaiischen Halbinsel und Sumatra, sowie die Straße von Hormus, die jedes durch den Persischen Golf fahrende Schiff passieren muss.

Was den amerikanischen Kontinent anbelangt, so ist die Bündelung der Routen in Mittelamerika auf die große Zahl von Schiffen zurückzuführen, die den Panamakanal durchlaufen. Es ist ein Problem der Schifffahrtskanäle, das erklärt, warum noch immer so viele Schiffe den langen Weg um Südamerika und Südafrika nehmen: Die Kanäle sind für die neue Generation der Riesenschiffe schlicht nicht groß genug. Die Größenangaben „Panamax" und „Suezmax" sagen dem Kapitän, ob sein Schiff hindurchpasst. Das erste „Postpanamax"-Schiff – ein Schiff, das für den Panamakanal zu groß ist – war die RMS *Queen Mary*, die 1934 in Betrieb genommen wurde. In den 1980er-Jahren lief die neue Generation von Postpanamax-Riesen aus und stellte dieses globale Nadelöhr vor gewaltige Probleme. Deutlich größere Schleusen wurden gebaut und 2016 eröffnet, doch die größten Containerschiffe passen noch immer nicht hindurch und müssen den weiten Umweg in Kauf nehmen.

Ein weiterer nautischer Begriff ist „Chinamax". Es handelt sich um eine Größenangabe für voll beladene Schiffe, die auch verdeutlicht, woher die meisten Frachter heutzutage kommen. Der Schiffstransport wird häufig mit der Frachtkapazität eines Schiffes angegeben, und zwar in der Einheit TEU (*Twenty-foot Equivalent Unit*, deutsch: „Standardcontainer"). Die meistbefahrene Route der Welt verläuft von Asien nach Nordamerika und stellt mit über 23 000 000 TEU die nächstgrößte Route, von Asien nach Nordeuropa mit 13 700 000 TEU, weit in den Schatten.

164   ATLAS UNSERER ZEIT

Weil das Eis der Arktis schmilzt, öffnen sich neue Routen, wie zum Beispiel die Nordseeroute zwischen Singapur und Deutschland.

Die Handelsrichtung ist vielleicht sogar noch aussagekräftiger. Auf der Asien-Nordamerika-Route wird doppelt so viel Fracht nach Osten, Richtung Nordamerika, verschifft als in die andere Richtung. Und auf der Asien-Nordeuropa-Route gehen mehr als 9 000 000 TEU Richtung Nordeuropa, aber nur 4 500 000 TEU von Nordeuropa nach Asien.

Die vielen Linien auf dieser Karte sagen uns darüber hinaus, wo die Waren hergestellt und wo sie konsumiert werden.

SCHIFFFAHRTSWEGE

ENERGIEFLÜSSE

Schätzungen besagen, dass die Welt in den vergangenen 100 Jahren etwa 100 Billionen US-Dollar für den Ausbau der Energie-Infrastruktur investiert hat. Das Ergebnis sehen wir auf dieser Karte; außerdem erkennen wir, wohin das Geld geflossen ist. Die weiß markierte Stromübertragung und die gelb dargestellten Pipelines, die hauptsächlich Öl und Gas transportieren, verlaufen dicht gedrängt über einen großen hellen Bereich Europas, von wo Versorgungsleitungen weit in die umliegenden Regionen führen. Lange gelbe Pipelines befördern Kohlenwasserstoffe von den fernen Ölfeldern in Sibirien und dem Nahen Osten nach Europa. Die USA und der südliche Rand von Kanada stellen eine weitere Region intensiver Aktivitäten dar, ebenso Ostasien und Japan. Auch Indien sticht wegen seiner umfassenden Elektrizitätsinfrastruktur hervor.

Die meisten der dunklen Regionen auf der Karte zeigen an, dass diese dünn besiedelt sind. Man muss sich daran erinnern, dass die Bevölkerungszahl Indiens in etwa der des gesamten afrikanischen Kontinents entspricht. Deshalb überrascht es nicht, dass dieser große Kontinent nicht von Pipelines durchzogen ist. Allerdings mangelt es bevölkerungsreichen afrikanischen Regionen, wie zum Beispiel Westafrika, eindeutig an einer ausreichenden Infrastruktur. Ein großer Teil von Nigeria würde gleich hell leuchten wie Europa, wenn die Menschen dort ebenso leichten Zugang zu Energie hätten wie die Europäer. Einige ganz dunkle Gebiete belegen einen katastrophalen Ausfall der Versorgung.

Dieses Bild entstand mithilfe der Arbeit von Globaïa, einer gemeinnützigen kanadischen Organisation, die unter dem Titel *Cartography of the Anthroprocene* („Kartografie des Anthropozäns") eine Reihe von Karten herausgegeben hat. Das Anthropozän gilt als neues geologisches Zeitalter, das durch das Einwirken des Menschen auf den Planeten angebrochen ist. Manche Geologen lehnen diesen Begriff ab und halten die Vorstellung, wir seien als Spezies derart wichtig, für Hybris, während andere einräumen, dass wir die Umwelt grundlegend verändert haben, und zwar zum großen Teil infolge der hier abgebildeten Art der Infrastruktur.

Aus der Ferne betrachtet, wirkt die Energieübertragung wie ein riesiges Verbundsystem. Aber das trifft nicht zu. Wie die langen gelben Linien belegen, gibt es keine Begrenzung der Länge von Gas- oder Ölpipelines, die man verlegen kann, vorausgesetzt, man baut auch ein paar Pumpstationen. Für die Elektrizität gilt das nicht. Das knisternde Geräusch, das Sie in der Nähe von Stromleitungen hören, wird durch verloren gehende Elektrizität hervorgerufen. Und das Durchhängen der Leitungen liegt zum Teil daran, dass sie sich erwärmen und deshalb ausdehnen – ein weiteres Zeichen von Energieverlust. Dieses leckende System erklärt, warum die weißen Linien auf der Karte viel kürzer sind als die gelben. Seit jeher stellt dieser Energieverlust eine Herausforderung für Ingenieure dar, und wenn das Problem behoben werden könnte, würde dies eine Revolution in der weltwei-

Die Karte zeigt die Kombination aller Versorgungssysteme weltweit: Transport, Kommunikationsnetze und die Energie-Infrastruktur.

ten Stromversorgung bedeuten. Vor Kurzem wurde festgestellt, dass uns extrem gekühlte Supraleiter den Strom in Erdkabeln buchstäblich ohne Energieverlust liefern können – allerdings zu sehr hohen Kosten. Die Suche nach einer effizienten Langstreckenlösung geht also weiter.

ENERGIEFLÜSSE **169**

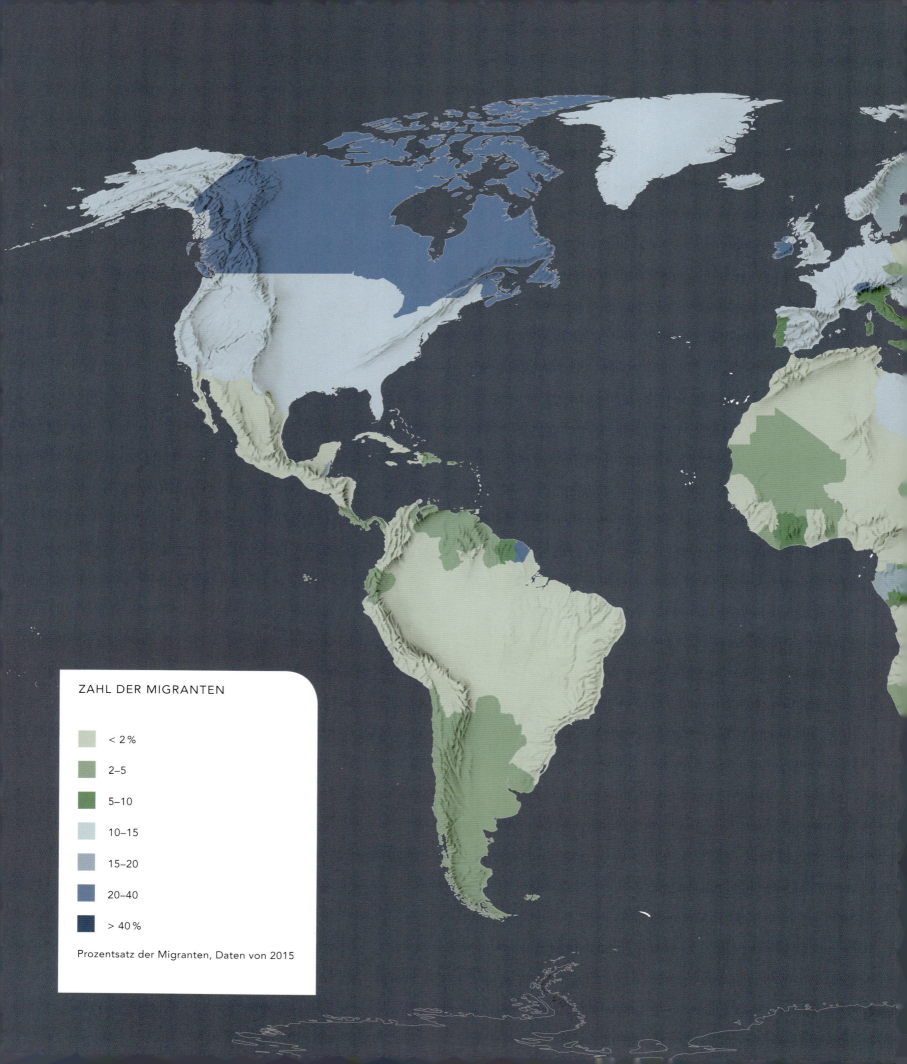

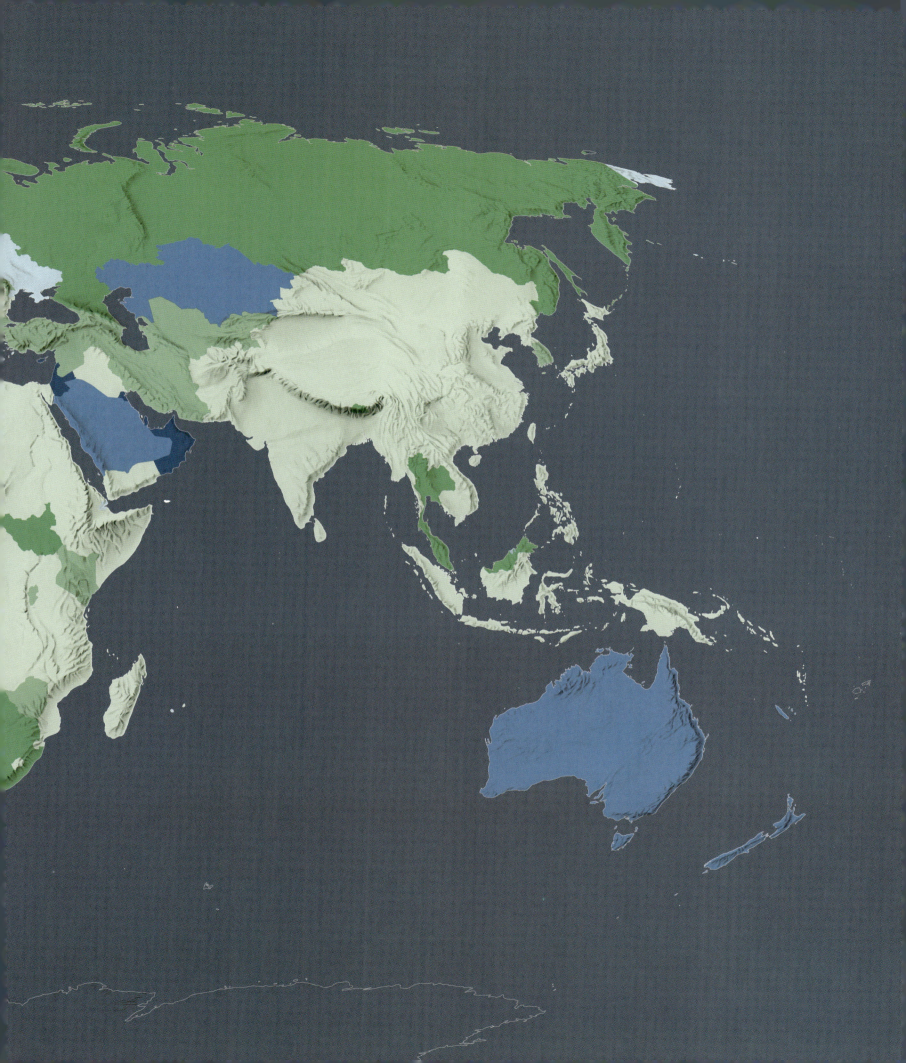

ZAHL DER MIGRANTEN

Hinsichtlich der Größe der zugewanderten Bevölkerungsgruppen offenbaren die einzelnen Länder eklatante Unterschiede. Der Nahe Osten und Zentralasien weisen den deutlichsten Kontrast auf. Der Anteil der aus anderen Ländern Zugewanderten lag in Oman, Jordanien und Israel im Jahr 2015 bei über 40 Prozent, und in Saudi-Arabien war er beinahe ebenso hoch, doch im benachbarten Jemen und Irak bleibt er sehr gering. Auf dieser Karte geht es gewissermaßen um Wohlstand, Sicherheit und Erreichbarkeit. Niemand möchte in einem Land leben, das nicht sicher ist. Es ist klar, dass die Menschen diese Vorzüge in vielen Ländern des Westens finden, aber auch in Wohlstandsinseln.

Eine der größten blau gekennzeichneten Regionen auf dieser Karte liegt direkt südlich von Russland: Es ist das zentralasiatische Land Kasachstan. In dem ölreichen Land leben mehr als zwei Millionen Russen sowie eine wachsende Zahl an Zuwanderern aus den anderen Nachbarstaaten. Weitere interessante Kontraste sind vielleicht besser bekannt, zum Beispiel die Tatsache, dass Kanada einen höheren Prozentsatz an Zuwanderern verzeichnet als die USA und dass Australien und Neuseeland weiterhin viele Migranten anlocken.

In Afrika, Südamerika sowie Süd- und Ostasien gibt es weite Landstriche, in denen Länder mit geringer Migration liegen. Die Vorstellung, die ganze Welt sei inzwischen kosmopolitisch und Menschen verschiedener Herkunft würden überall leben, mag ihren Reiz haben, aber sie ist eine gewaltige Übertreibung. Indien, China und Japan mögen in mancherlei Hinsicht vielfältig sein, dennoch leben dort nur wenige Zuwanderer. Vielleicht spaltet sich die Welt in Länder auf, in denen viele Zuwanderer leben, und Länder, in denen diese ziemlich rar sind. Es scheint jedenfalls einen Trend zu geben, dass Länder, die Zuwanderer anlocken, noch mehr Menschen anziehen werden. Und gegenwärtig gibt es kaum Anzeichen dafür, dass weite Teile Asiens so kosmopolitisch werden, wie es ein großer Teil Westeuropas und einige Gebiete des Nahen Ostens geworden sind.

Weltweit wächst die Zahl der Migranten weiter an. Im Jahr 2000 gab es 173 Millionen internationale Migranten. Diese Zahl stieg bis 2015 auf 244 Millionen an und umfasste auch 20 Millionen Flüchtlinge. Auf dieser Karte werden Prozentsätze abgebildet, doch in absoluten Zahlen berechnet leben fast zwei Drittel der internationalen Migranten in Europa (76 Millionen) oder Asien (75 Millionen), während Nordamerika die drittgrößte Anzahl aufweist (54 Millionen). Wiederum zwei Drittel aller internationalen Migranten leben in lediglich 20 Ländern, die meisten in den USA, gefolgt von Deutschland, Russland und Saudi-Arabien. Die Kehrseite dieser Konzentration ist jedoch, dass es viele Länder mit sehr wenigen Zuwanderern gibt – ein weiterer Beweis dafür, dass die Kluft zwischen kosmopolitischen und nichtkosmopolitischen Nationen größer geworden ist.

<100 000

Peru
Marokko
Mongolei
Nicaragua
Honduras
Guatemala
Namibia

76
Millionen
Europa

54
Millionen
Nordamerika

75
Millionen
Asien

Fast zwei Drittel der internationalen Migranten leben in Europa oder Asien.

ZAHL DER MIGRANTEN

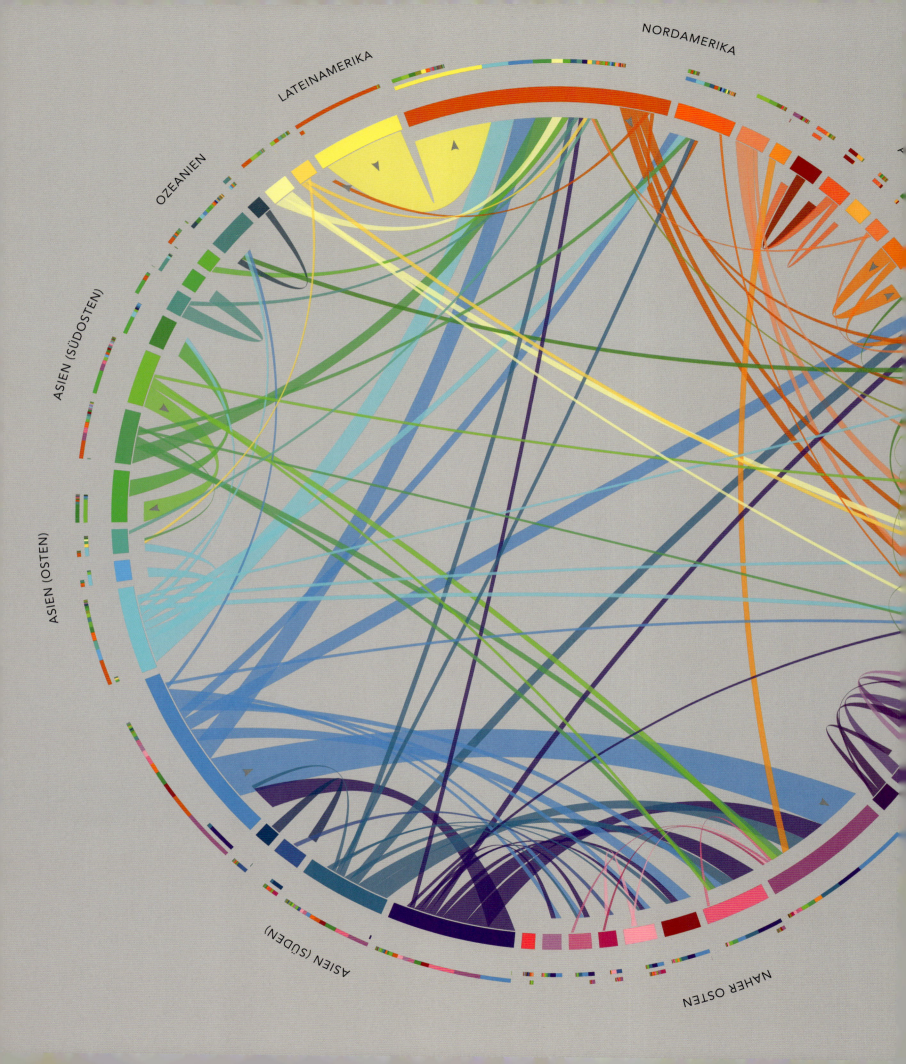

MENSCHENSTRÖME

NORDAMERIKA
- USA
- Kanada

AFRIKA
- Marokko
- Ägypten
- Elfenbeinküste
- Burkina Faso
- Ghana
- Nigeria
- Simbabwe
- Südafrika

EUROPA
- Großbritannien
- Deutschland
- Frankreich
- Niederlande
- Schweiz
- Spanien
- Italien
- Portugal

RUSSLAND UND ZENTRALASIEN
- Ukraine
- Russland
- Kasachstan
- Usbekistan

NAHER OSTEN
- Vereinigte Arabische Emirate
- Saudi-Arabien
- Katar
- Syrien
- Jordanien
- Kuwait
- Bahrain
- Israel

LATEINAMERIKA
- Mexiko
- Brasilien
- Peru

OZEANIEN
- Neuseeland
- Australien

ASIEN (SÜDOSTEN)
- Vietnam
- Thailand
- Myanmar
- Singapur
- Indonesien
- Philippinen
- Malaysia

ASIEN (OSTEN)
- Japan
- Hongkong
- China

ASIEN (SÜDEN)
- Indien
- Afghanistan
- Iran
- Pakistan

Äußerer Ring = Zielland
Innerer Ring = Herkunftsland

GLOBALE MENSCHENSTRÖME

Chord diagrams („Sehnendiagramme") sind eine neue Möglichkeit, komplexe Daten darzustellen, vor allem Daten mit einer Unmenge von Querverbindungen. Diese Diagramme, die 2007 zum ersten Mal genutzt wurden, um Informationen über Genome visuell darzustellen, sind mittlerweile auch bei Migrationsforschern beliebt. Sie verarbeiten Informationen visuell, wie die Karten in diesem Buch: Sie vereinfachen und liefern keine feinen Details. Was wir dagegen erhalten, ist ein grober Überblick. Würde man so viele Informationen über bilaterale Migrationsströme auf einer Weltkarte darstellen, würde das Ergebnis wie ein Teller Spaghetti wirken, doch mit einem Kreismodell sieht es recht schön aus.

Wir brauchen lediglich drei Dinge zu wissen, um das Diagramm nutzen zu können: dass jedes Land seine eigene Farbe hat, dass die Kontinente in einer bestimmten Farbe dargestellt werden (die europäischen Länder sind zum Beispiel in verschiedenen Grünschattierungen gekennzeichnet) und dass die Farbe der Bänder das Herkunftsland anzeigt. Kombinieren wir diese drei Faktoren mit einem weiteren, nämlich dass die Breite der Bänder den Umfang des Menschenstroms abbildet, dann haben wir schon einen besseren Überblick.

Wir erkennen, dass Europa – auf der rechten Seite des Kreises – mehr Menschen aufnimmt, als von dort abwandern, und dass ein großer Teil dieser Migranten aus Afrika und vom amerikanischen Kontinent stammt. Betrachten wir die linke Seite, dann sehen wir ein sehr breites gelbes Band, das von Mexiko in die USA hineinreicht und das den Umfang der Migration in die USA veranschaulicht. Konzentrieren wir uns auf die violetten Schleifen am violetten Rand auf der rechten Seite, wird klar, dass ein großer Teil der Migration in die Länder der ehemaligen Sowjetunion innerhalb dieser Region stattfindet. Ein weiteres erkennbares Muster ist der blau dargestellte große Strom von Menschen aus bestimmten asiatischen Ländern in die Golfstaaten.

Wenn wir das *chord diagram* noch fachkundiger nutzen wollen, gilt es, ein paar weitere Merkmale zu beachten: Der äußere Ring ist in den Farben des Ziellandes der Auswanderer gehalten, der nächste Ring zeigt das Herkunftsland der Einwanderer an. Manche Länder haben fast keinen äußeren Ringabschnitt, weil sie hauptsächlich Migranten aufnehmen. Andere Länder haben dagegen einen kurzen inneren Ringabschnitt, weil aus ihnen hauptsächlich abgewandert wird. Es gibt nur wenige Länder, bei denen diese beiden Ringabschnitte ähnlich lang sind, doch wenn wir uns den afrikanischen Kontinent ansehen, entdecken wir dennoch ein paar wenige solcher Staaten. Betrachten wir die Herkunfts- und Zielpunkte dieser Länder, wird klar, dass auf dem afrikanischen Kontinent viel Binnenwanderung, aber auch eine beträchtliche Abwanderung stattfindet.

Dieses ansprechende Diagramm ist das Werk von Bevölkerungsspezialisten am Institut für Demographie in Wien. Sie nutzten ein Softwareprogramm namens „Circos", das Daten in Kreisform veranschaulicht. Das Diagramm basiert auf der

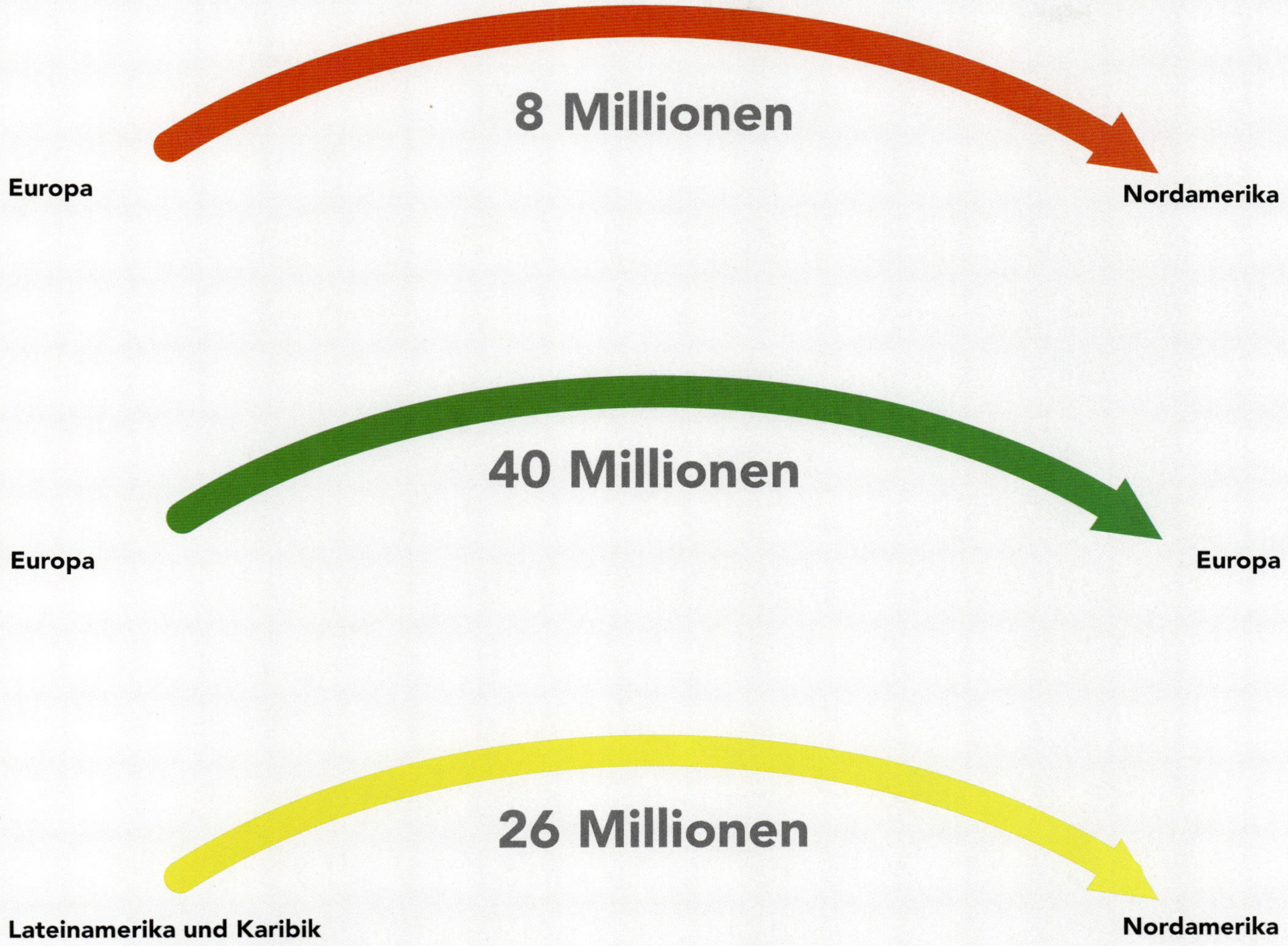

8 Millionen

Europa → Nordamerika

40 Millionen

Europa → Europa

26 Millionen

Lateinamerika und Karibik → Nordamerika

Herkunfts- und Zielländer der internationalen Migranten bis 2015.

Zahl der Menschen, die zwischen 2005 und 2010 in ein anderes Land ausgewandert sind, sowie auf einer Schätzung für die 50 Länder, die wenigstens 0,5 Prozent der weltweiten Migranten stellten oder aufnahmen.

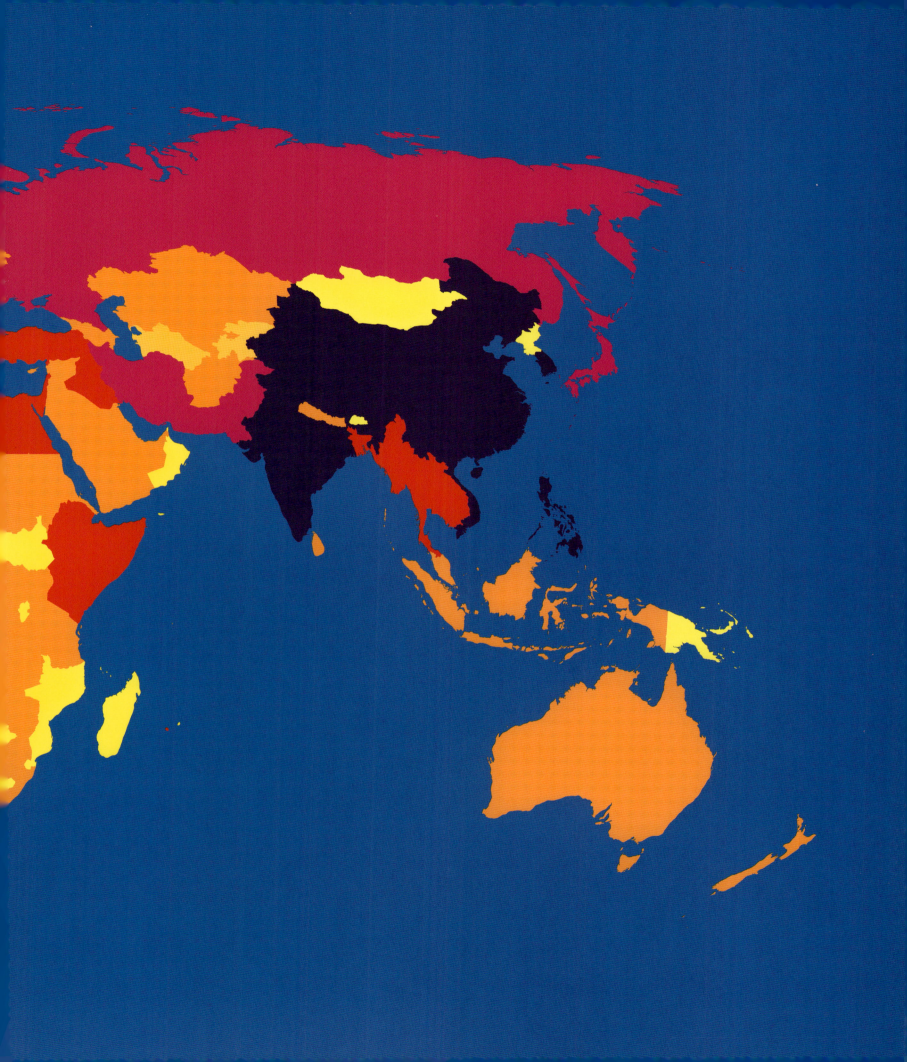

BEWOHNER DER USA, DIE NICHT DORT GEBOREN WURDEN

Jeder fünfte internationale Migrant lebt in den USA. Im Jahr 2015 wohnten in den USA 46 630 000 Menschen, die in anderen Ländern geboren worden waren. Diese Karte zeigt, woher sie gekommen sind. Die Länder mit der größten Zahl an Auswanderern in die USA sind dunkellila gekennzeichnet. Es besteht ein enormes Ungleichgewicht zwischen den Spitzenreitern und dem Rest. Die mit Abstand größte Immigrantengruppe in den USA stammt aus Mexiko. Etwas mehr als 12 Millionen Mexikaner haben die Reise nach Norden angetreten.

Die Zahl der in die USA Eingewanderten stellt die der Zugewanderten in Deutschland in den Schatten, das die zweite Position als Zielland von Migranten einnimmt und bereits etwa 12 Millionen Einwanderer zählt. Die zweitgrößte Einwanderergruppe in den USA nach den Mexikanern stammt aus China mit 2 100 000, gefolgt von Indien (1 970 000), den Philippinen (1 900 000), Puerto Rico (1 740 000), Vietnam (1 300 000), El Salvador (1 280 000), Kuba (1 130 000), Südkorea (1 120 000) und der Dominikanischen Republik (940 000).

Ein erstaunlicher Aspekt der Liste von Menschen, die in die USA einwandern, ist deren unterschiedliche Herkunft: Es handelt sich um ein multikulturelles Migrationsmuster, denn die Immigranten stammen aus Mittel- und Südamerika, der Karibik, Südasien sowie aus Ost- und Südostasien. Und obwohl die Zahl der Migranten aus den zehn bedeutendsten Auswanderungsnationen höher ist als die aller anderen Migranten zusammengenommen, gibt es eine lange Liste von Ländern mit geringeren, aber dennoch signifikanten Abwanderungsströmen. Diese lila dargestellten Länder – die zweithöchste Kategorie nach der dunkellila gekennzeichneten – machen klar, dass es eine große Zahl von in den USA lebenden Menschen gibt, die in Deutschland (630 000), Großbritannien (710 000) und – am wenigsten überraschend – in Kanada (840 000) geboren wurden.

Es gibt kein Land der Erde, das nicht ein gewisses Maß an Auswanderung in die USA zu verzeichnen hätte. Dies gilt auch für Kanada und viele Länder Westeuropas, die jeweils Migrationsmuster erlebt haben, welche durch ihren Umfang, aber auch durch ihre ungeheure Vielfalt charakterisiert waren. Die großen Hauptstädte der Welt können sich zu Recht rühmen, die Heimat von Menschen aus allen Ecken der Welt zu sein.

Interessant ist darüber hinaus die Feststellung, dass der Prozentsatz derjenigen, die die USA verlassen wollen, sehr gering ist. Nur etwa ein Prozent der in den USA geborenen Menschen lebte 2015 fern der Heimat – eine deutlich geringere Zahl, als für viele andere Länder des Westens angegeben wird.

Zu den für diese Karte verwendeten Daten gehören Schätzungen über die Zahl illegaler Einwanderer, die vom Pew Research Center vorgenommen wurden, einer überparteilichen amerikanischen „Faktenschmiede". Sie ergeben, dass die absoluten Zahlen zwar hoch sind, sich aber nicht zu einem überwältigenden Prozentsatz der US-Bevölkerung summieren. Etwa 14 Prozent der in den USA lebenden Menschen sind fremder Herkunft, eine deutlich geringere Zahl als in Kanada

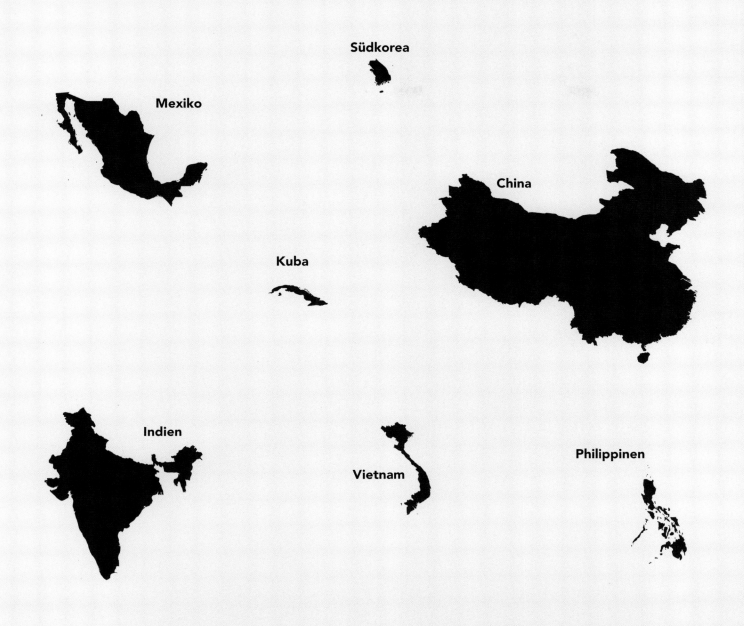

Die Herkunftsländer der meisten Immigranten in den USA.

(22 Prozent) oder Australien (28 Prozent). Interessanterweise zeigen jüngste Forschungsergebnisse des Pew Research Center, dass inzwischen mehr Mexikaner die USA verlassen, als dort ankommen.

BEWOHNER DER USA, DIE NICHT DORT GEBOREN WURDEN

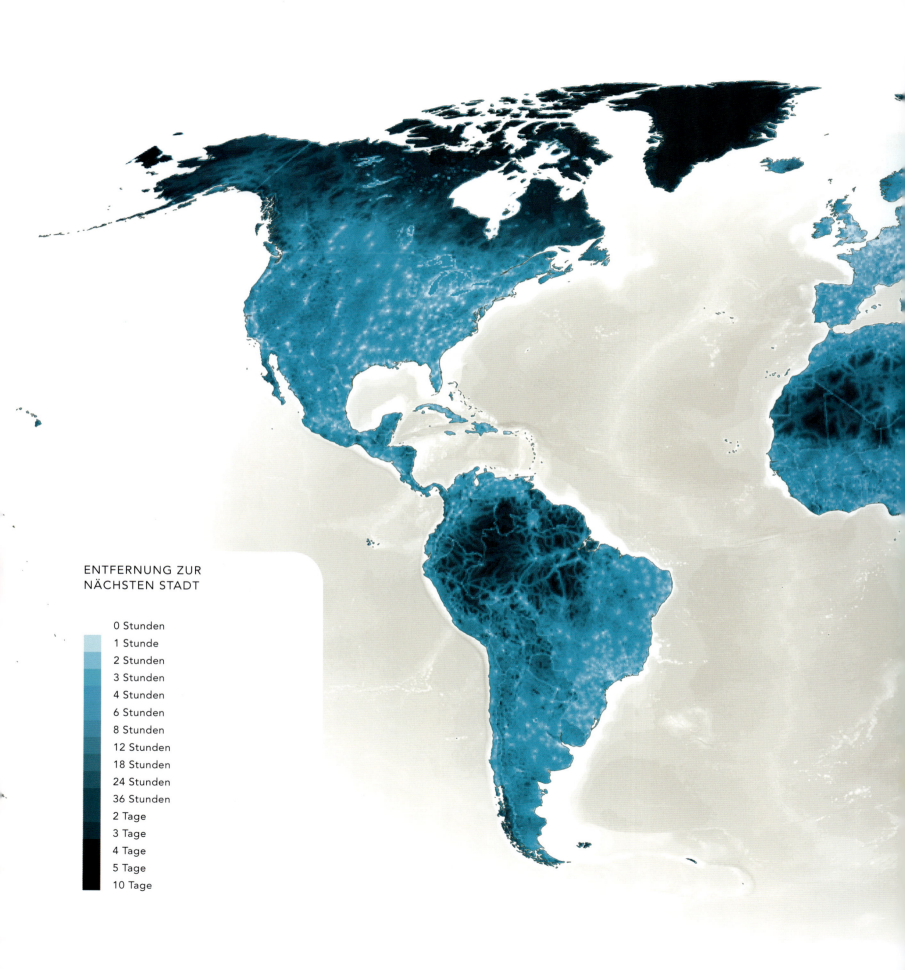

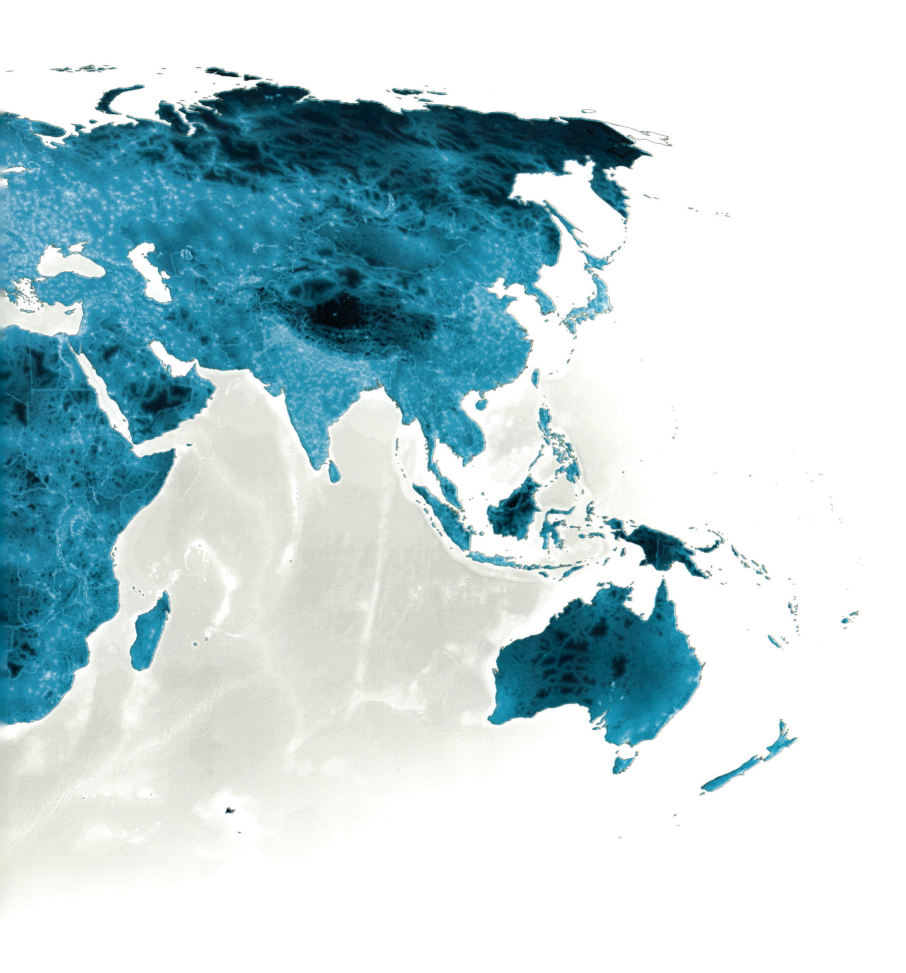

ENTFERNUNG ZUR NÄCHSTEN STADT

Unsere Vorstellung von Abgeschiedenheit hängt noch immer davon ab, wie weit wir von der nächsten Stadt entfernt wohnen. In Zeiten des Internets könnte man vermuten, dass dieser Zusammenhang an Bedeutung verloren hat, aber in Wahrheit geht es um vielerlei Annehmlichkeiten, vom Zugang zu medizinischer Versorgung bis hin zu politischen und kulturellen Veranstaltungen, die auf dem Land nicht angeboten werden. Die dunklen Flecken auf dieser Karte stellen wirklich abgelegene ländliche Gebiete dar: In diesen Gegenden nimmt die Reise in die nächste Stadt nicht Stunden in Anspruch, sondern Tage, und man kann bis zu zehn Tage unterwegs sein.

Diese Karte gibt die Entfernung zu 8 518 Städten mit mehr als 50 000 Einwohnern an und umfasst nur Reisen über Land und Wasser. Die hellen Bereiche repräsentieren Gegenden, von denen die Reise in die nächstgelegene Stadt Stunden, nicht etwa Tage dauert. Die wichtigste Schlussfolgerung aus dieser Karte ist, dass die große Mehrzahl der Menschen in diesen helleren Regionen lebt.

Von etwa 60 Prozent des Kulturlands aus ist eine Stadt innerhalb von zwei Stunden erreichbar. In früheren Jahrhunderten hätte es viel weniger dieser hellen Zonen gegeben, doch die heutige Generation kann es als selbstverständlich betrachten, dass die urbane Welt nicht allzu weit entfernt ist. Selbst wenn sie umgeben von Feldern und Bergen lebt, ist die Stadt mit all ihren Chancen und Problemen inzwischen Teil des normalen Lebens geworden.

So betrachtet, handelt es sich hier um eine Karte, auf der die alte Unterscheidung zwischen ländlicher und städtischer Gesellschaft nicht mehr sinnvoll ist. Diese Erosion der Unterschiede zwischen Stadt und Land betrifft nicht nur den Westen. Es ist verblüffend, wie hell Indien auf dieser Karte leuchtet, ebenso weite Gebiete Südamerikas, Ostasiens und ein großer Teil Afrikas. Gerade in diesen Regionen wurde in den vergangenen 50 Jahren eine besonders aggressive Stadterweiterung betrieben. Nicht nur die großen Hauptstädte sind gewachsen, aus zahllosen Dörfern sind Städte und aus Städten Großstädte geworden.

Die meisten der ganz dunklen Stellen auf dieser Karte sind kaum besiedelte Regionen. Im größten Teil von Grönland oder im äußersten Norden Sibiriens oder Kanadas lebt kaum eine Menschenseele, und die Bevölkerungsdichte der Sahara, des Amazonasbeckens oder der australischen Wüste ist sehr gering, wenn sie auch nicht zu vernachlässigen ist. Doch die Karte lenkt die Aufmerksamkeit auf ein paar verbleibende Gebiete, die eine beachtliche Bevölkerung aufweisen, aber nach heutigem Maßstab dennoch abgeschieden sind. In der Himalaja-Region und auf dem Tibetischen Hochland leben Millionen, doch die Abgeschiedenheit zumindest einiger dieser Bergregionen wird durch die neuen Straßen- und Bahnverbindungen, die China gerade bauen lässt, bald der Vergangenheit angehören. Die dunklen Zonen in Indonesien – Westpapua und Borneo – zählen vielleicht bald zu den wenigen Gegenden, in denen eine beachtliche Bevölkerungszahl in weiter Entfernung zur nächsten Stadt lebt.

ATLAS UNSERER ZEIT

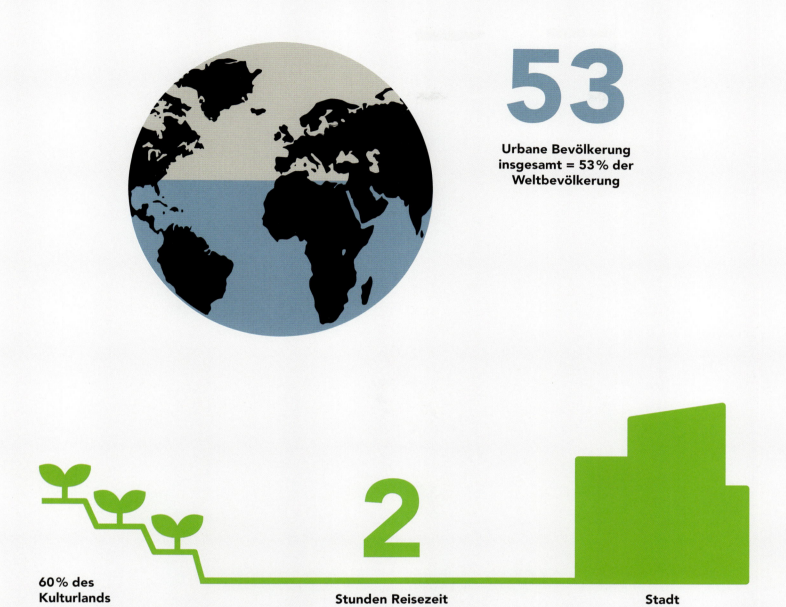

Nahezu zwei Drittel des Kulturlands sind nur zwei Stunden von der nächsten Stadt entfernt.

ENTFERNUNG ZUR NÄCHSTEN STADT

STARK GEFÄHRDETE SPRACHEN

„Nach der Klimaerwärmung ist der Sprachenverlust die akuteste Krise der Erde." Diese kühne Feststellung der UNESCO lässt das Ausmaß und die Auswirkung des Verschwindens so vieler Sprachen erkennen.

Auf dieser Karte sind 577 stark gefährdete Sprachen dargestellt. Sie bilden die Spitze des Sprachverlust-Eisbergs, denn es handelt sich um diejenigen, die kurz vor dem Aussterben stehen. Der Begriff „stark gefährdet" bedeutet, dass die Sprachen auf eine letzte Generation beschränkt sind: Die jüngsten Sprecher sind bereits Großeltern beziehungsweise hochbetagt, sie beherrschen die Sprache nur zum Teil und verwenden sie selten. Wir erkennen, wie viele dieser Sprachen in den Tropen gesprochen wurden: unter den einheimischen Gruppen Amazoniens und unter Stämmen in Afrika und Südostasien. Außerdem gibt es in Mexiko, den USA, Kanada und Australien einheimische Sprachen, die in diese Kategorie fallen.

Unsere Daten stammen aus dem von der UNESCO herausgegebenen *Atlas der gefährdeten Sprachen der Welt*. Die UNESCO erklärt, dass von den über 6 000 auf der Erde gesprochenen Sprachen mehr als 43 Prozent gefährdet seien und dass „mehr als die Hälfte sämtlicher Sprachen innerhalb von 100 Jahren verschwunden sein werden, wenn es so weitergeht". Ein interaktiver Atlas wurde ins Netz gestellt, mit dessen Hilfe die gefährdeten Sprachen erfasst werden sollen. Die Unterfinanzierung dieser Maßnahme ist ein trauriger Hinweis auf den geringen Stellenwert, der dem Problem eingeräumt wird. Sprachen, die sich über Tausende von Jahren entwickelt haben, sterben aus, und es gibt nur geringfügige Bestrebungen, sie zu erhalten oder neu zu beleben.

Die zehn wichtigsten Sprachen der Welt werden heute von etwa der Hälfte der Weltbevölkerung gesprochen. Diese Zahl verdeutlicht eine dramatische Verschiebung hin zu sprachlicher Homogenität. Immer mehr Menschen, die nicht zu dieser Hälfte zählen, würden ihr gerne angehören und betrachten ihre eigene Muttersprache als altmodisch. Etwa 100 der auf der Liste als gefährdet aufgeführten Sprachen werden nur noch von sehr wenigen Menschen gesprochen, wie zum Beispiel Ainu in Japan und Yagan in Chile. Die Alten, die diese Sprache noch beherrschen, sprechen sie meist nur noch untereinander, auch weil man ihnen häufig über Jahre hinweg das Gefühl vermittelte, sie müssten sich für ihre alte Sprache schämen.

Wenn die Zahl der Sprechenden stark zurückgeht, können Bemühungen zur Erhaltung schwierig werden. Die letzten beiden überlebenden Sprecher der präkolumbischen mexikanischen Sprache Ayapaneco konnten sich nicht leiden und lehnten es ab, sich miteinander zu unterhalten. Darüber hinaus können solche Sprachen selbst in den Köpfen derjenigen, die sie einst gut beherrschten, verkümmern. Salikoko Mufwene, der heute Linguist an der Universität von Chicago ist, wuchs im Kongo auf und sprach dort Kiyanzi. Doch als er nach 40 Jahren im Ausland in seine Heimat zurückreiste, stellte er fest, dass ihm die Worte fehlten. „Mir wurde klar, dass Kiyanzi mehr in meiner Fantasie als in der Praxis existiert", sagt er und fügt hinzu: „So sterben Sprachen aus."

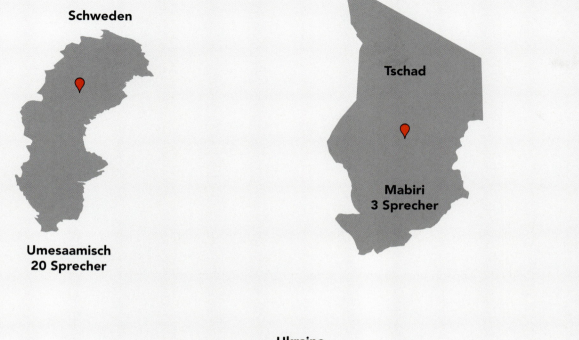
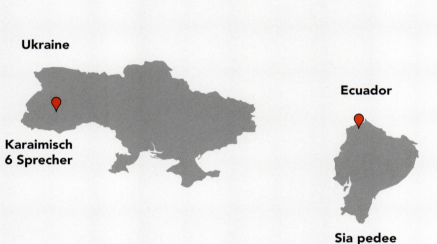

Mabiri ist mit geschätzten drei Sprechern eine der gefährdetsten Sprachen der Welt.

Beim Blick auf Großbritannien keimt allerdings ein wenig Hoffnung auf. Ned Maddrell, der letzte Mensch, dessen Muttersprache Manx gewesen war, verstarb 1974, und die letzte Kornisch-Sprecherin, Dolly Pentreath, starb schon im Jahr 1777. Doch in den vergangenen Jahren haben kleine Aktivistengruppen diese alten Sprachen wieder aufleben lassen. In Zukunft werden noch viele weitere Sprachen eine ähnliche Auferweckung nötig haben.

STARK GEFÄHRDETE SPRACHEN

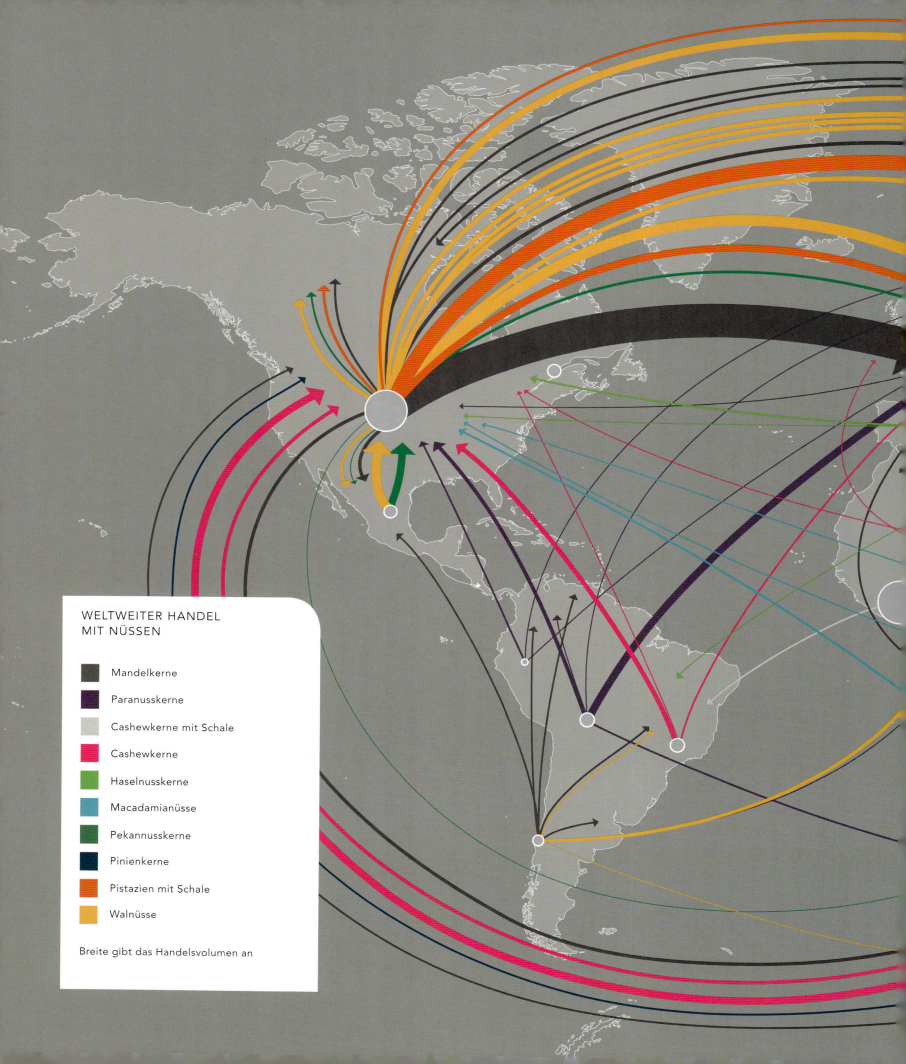

WELTWEITER HANDEL MIT NÜSSEN

In der Folge der Globalisierung des Handels wurden viele Versuche unternommen, Karten zu erstellen, die die Warenströme und den Austausch veranschaulichen. Viele davon sind sehr spezifisch, so wie diese vereinfachte Kartenversion des Nusshandels, die 2015 von der International Nut and Dried Fruit Council Foundation veröffentlicht wurde. Sie zeigt uns, wo die großen Erzeugergebiete liegen und in welche Richtung Import und Export fließen. Auf den ersten Blick ist offenkundig, dass die Erzeugungsgebiete sehr konzentriert sind. Die beherrschende Stellung der USA beim Mandelanbau ist an dem großen dunkelgrauen Pfeil erkennbar, der von den USA in Richtung Europa führt. Die Statistik hinter diesem Pfeil besagt, dass der größte Teil des gesamten Welthandels mit Mandeln (472 Tonnen) aus den USA stammte und dass davon wiederum 237 Tonnen nach Europa exportiert wurden.

Ein anderes Beispiel: die großen hellgrauen Pfeile aus Westafrika. Diese Farbe steht für „Cashewnüsse mit Schale". Vom weltweiten Gesamthandel dieses Erzeugnisses (824 Tonnen) exportierte Westafrika 442 Tonnen nach Indien und 285 Tonnen nach Vietnam. Hier geht es um eine Handelsroute zwischen Afrika und Asien: Ersteres besitzt die günstigen Umweltbedingungen für die Erzeugung, Letzteres pflegt eine Ernährungskultur, in der sehr viele Cashewnüsse Verwendung finden.

Einige der kleineren Erzeugungszentren sind ebenso aufschlussreich. Die Türkei exportiert fast ihre gesamte Haselnussernte nach Europa. Der Iran ist ein Haupterzeuger von „Pistazien mit Schale" und verschifft sie in alle Himmelsrichtungen: Vom Gesamthandel mit 138 Tonnen exportierte der Iran 33 Tonnen nach China, 20 Tonnen in die Vereinigten Arabischen Emirate und 15 Tonnen nach Europa.

Auch hinter den kleineren Details verbergen sich Geschichten. Beim Blick auf Südamerika erkennen wir, dass Paranüsse nicht etwa aus Brasilien, sondern aus Bolivien stammen und dass eine geringere Exportmenge aus Peru kommt. Es stellt sich heraus, dass die Blüten des außergewöhnlich hoch wachsenden Paranussbaumes von tropischen Bienen bestäubt werden, deren eigener Fortpflanzungszyklus davon abhängig ist, dass sie eine ganz bestimmte Orchideenart aufsuchen, die hoch oben in der Krone des Baumes wächst. In Brasilien wächst diese Orchidee nicht, wohl aber in Bolivien und Peru. Ohne Orchidee keine Bienen und keine Paranüsse. Deshalb gehen von Brasilien auch keine violetten Pfeile aus.

Vereinfachte Handelskarten liefern uns kein Gesamtbild. Wie so manche Nuss sind auch diese Karten nur mit Vorsicht zu genießen. Viele der kleineren Handelsrouten und Erzeugungsstandorte werden hier nicht abgebildet, und das Bild, das wir erhalten, ist nur so verlässlich wie die Daten, auf denen es basiert. Doch solange wir dies im Kopf behalten, sind es unglaublich effektive Werkzeuge, die es uns ermöglichen, sehr schnell den aktuellen Stand auf dem Weltmarkt zu erfassen. Die International Nut and Dried Fruit Council Foundation scheint jedenfalls optimistisch zu sein. Sie verweist auf einen 56-prozentigen Anstieg des Nussverzehrs seit 2004 und einen

Der Handel mit Cashewkernen mit Schale wird von der Route von Westafrika nach Asien beherrscht.

33-prozentigen Anstieg des Verzehrs von Erdnüssen. Obwohl sich ihr Augenmerk allem Anschein nach mehr auf die Nüsse als auf das Trockenobst konzentriert, stellt sie darüber hinaus fest, dass wir auch mehr getrocknete Früchte essen und sowohl Erzeugung als auch Verzehr in den letzten beiden Jahrzehnten stark angestiegen seien.

WELTWEITER HANDEL MIT NÜSSEN

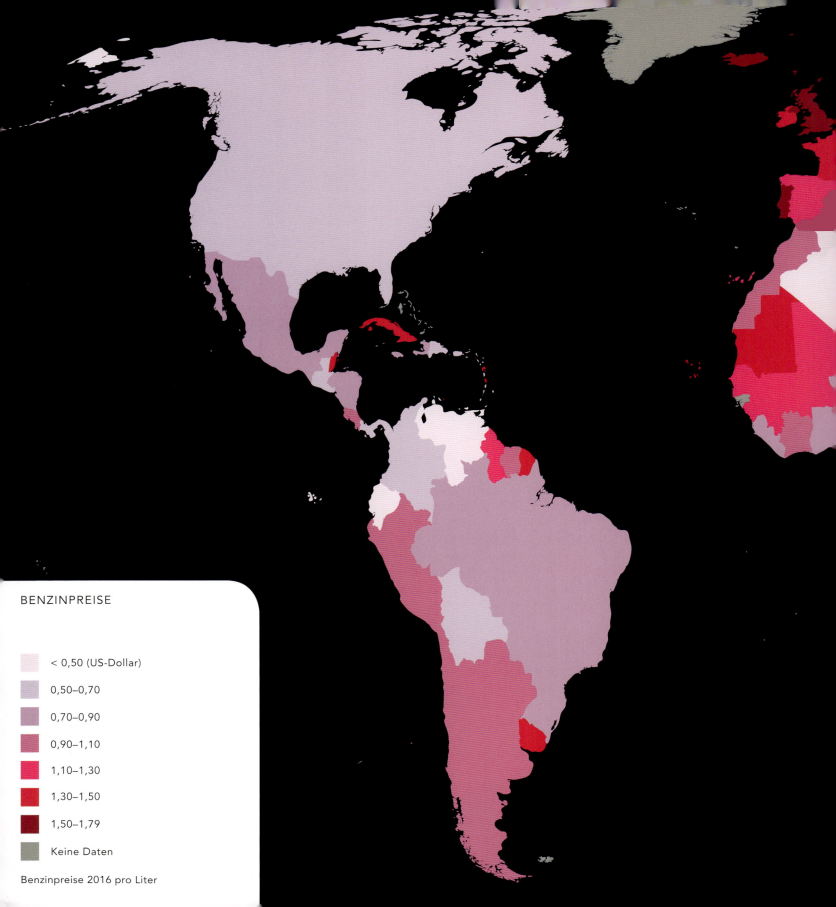

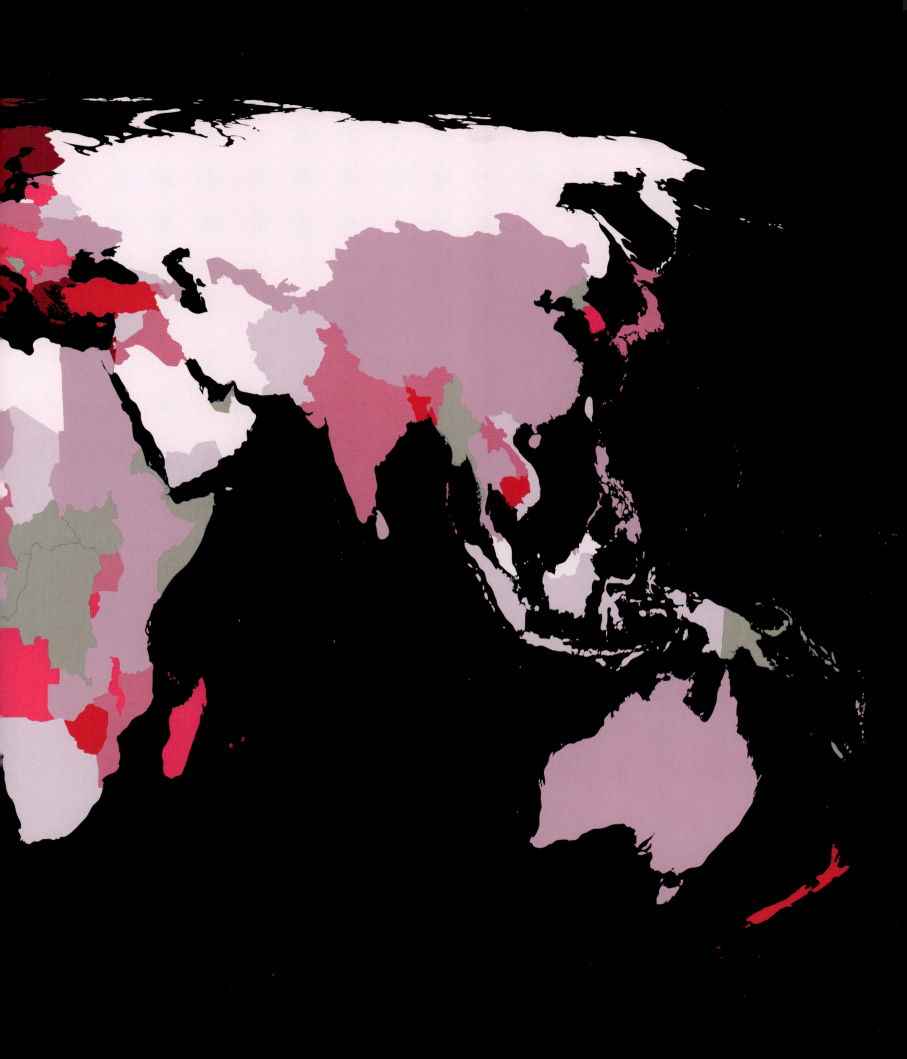

BENZINPREISE

Beim Blick auf diese Karte versteht man, warum der Benzinschmuggel ein so lukratives Geschäft ist. Die Unterschiede zwischen den Benzinpreisen in der Türkei und dem Iran oder zwischen Finnland und Russland sind so groß, dass die Menschen zwangsläufig versucht sind, den Stoff heimlich zu importieren oder über die Grenze zu fahren, um den Tank aufzufüllen.

Finnische „Benzintouristen" nutzen die Tatsache, dass der Treibstoff in Russland nicht einmal halb so teuer ist wie in ihrem eigenen Land. Warum der Benzinpreis fast überall in Afrika so hoch ist, erschließt sich einem nicht sofort. Man würde hohe Kosten eher in reichen Ländern wie Finnland erwarten, wo hohe Gebühren erhoben werden und das meiste Geld in die Staatskasse fließt. Doch einige der höchsten Preise werden in den ärmsten Ländern verlangt. Die besonders betroffenen afrikanischen Länder sind häufig Binnenstaaten, was hohe Treibstofftransportkosten verursacht. Schätzungen zufolge werden 75 Prozent des in Benin verkauften Benzins aus Nigeria, wo es nur halb so viel kostet, ins Land geschmuggelt. Weiter wird vermutet, dass die Schmuggler aus Togo und Burkina Faso ihr Benzin aus Ghana beziehen.

Die Einstellungen der Regierungen zu diesem Problem sind unterschiedlich. Der Benzinpreis ist ein leicht einsetzbarer Hebel, dessen Politiker sich gern bedienen, um entweder die Staatseinnahmen zu erhöhen oder sich beliebt zu machen. In Angola, einem bedeutenden Ölexporteur, war das Benzin immer billig, bis die Regierung beschloss, diese Politik zu beenden. Jetzt ist es sehr teuer, was das lukrative Schmuggelgeschäft, das zwischen Angola und seinen Nachbarn florierte (die zentralafrikanischen Länder haben meist sehr hohe Benzinpreise), zum Erliegen brachte. Benzin ist ein Grundrohstoff, und Preisanstiege können die Menschen auf die Straße treiben und zu politischer Instabilität führen. In Nigeria versuchte die neue Regierung 2012 die Subvention von Benzin zu beenden und den Preis freizugeben. Ein neuer, deutlich höherer Preis wurde angekündigt. Nigeria ist ein großer Ölproduzent, und allem Anschein nach vermuteten viele Menschen, dies sei eine neue Masche der Regierung, sie auszuplündern. Ein Generalstreik wurde ausgerufen, und es kam zu Krawallen. Wie die Karte belegt, gab die Regierung klein bei, und Nigeria erfreut sich inzwischen wieder relativ günstiger Benzinpreise.

Das Land mit den niedrigsten Benzinpreisen ist Venezuela. Im Jahr 2014 kostete ein Liter Benzin 0,008 US-Dollar. Die Regierung hält den Preis sehr niedrig, allerdings ließ sie 2016 zu, dass er auf 0,02 US-Dollar anstieg. Das ist prozentual ein enormer Anstieg, aber noch immer liegt der Preis viel niedriger als in den USA, wo die Autofahrer etwa 60 US-Cent bezahlen, oder in Großbritannien, wo ein Liter etwa 1,50 US-Dollar oder mehr kostet. Aber die Benzinkosten sind nicht nur auf nationaler Ebene unterschiedlich. Treibstoff ist in Colorado billiger als in Kalifornien; im australischen Adelaide kostet er deutlich weniger als in Alice Springs. Benzinpreise verändern sich rasch und schwanken stark, daran wird sich voraussichtlich auch in den kommenden Jahren nichts ändern.

Norwegen $ 1,62

Saudi-Arabien $ 0,24

Italien $ 1,51

Algerien $ 0,21

Großbritannien $ 1,46

Venezuela $ 0,02

Drei Länder, in denen Benzin am
teuersten, und drei, in denen es
am billigsten ist.

BENZINPREISE

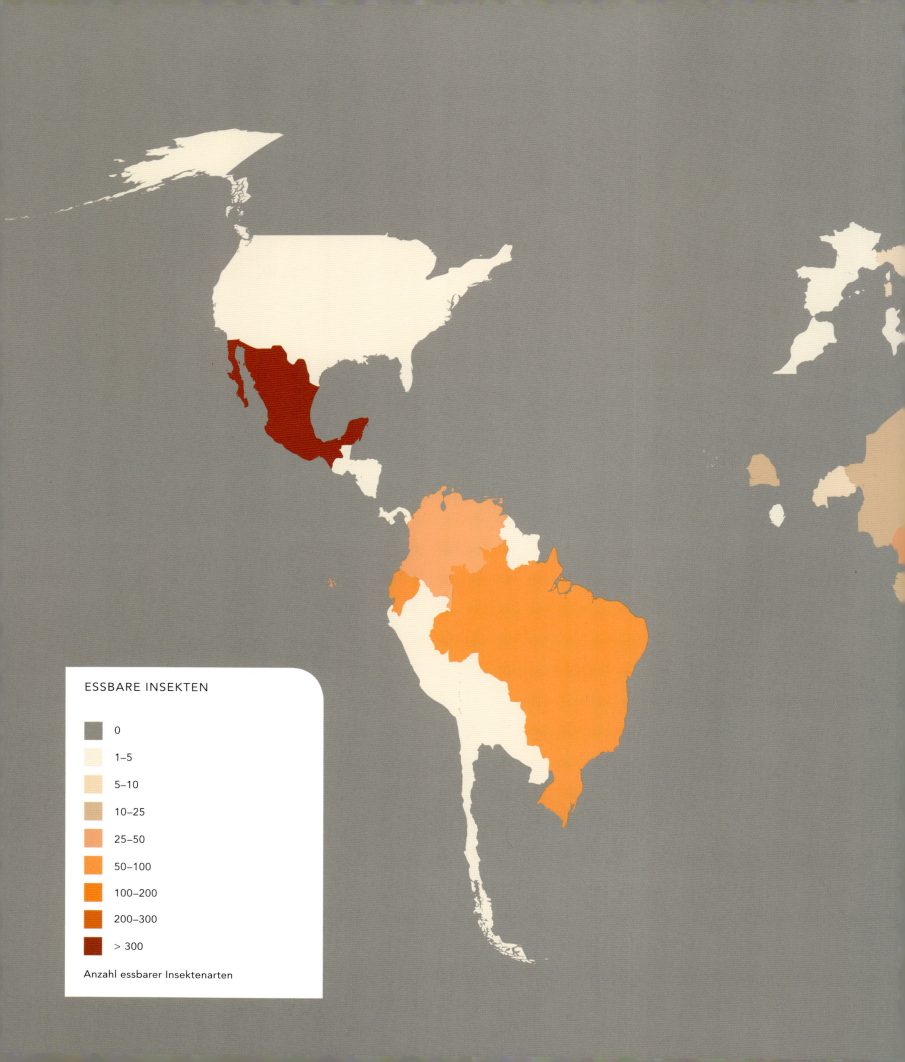

ESSBARE INSEKTEN

Eine der bemerkenswertesten Schlagzeilen des vergangenen Jahrzehnts lautete: „In 50 Jahren werden wir uns alle von Insekten ernähren." Wenn an dieser Meldung wirklich etwas dran ist, sollte man sich ansehen, wo Menschen schon heute Insekten verzehren. Die Karte zeigt, dass diese Angewohnheit geografisch sehr begrenzt ist. In manchen Ländern werden viele verschiedene Insekten verspeist, doch ein großer Teil der Weltbevölkerung verzehrt keine oder fast keine Insekten. In einigen Ländern, in denen Insekten offenbar auf dem Speiseplan stehen, wie zum Beispiel in Australien, ist dies weitgehend auf die indigene Bevölkerung beschränkt. Eine Karte, auf der dargestellt würde, wie viele Menschen tatsächlich Insekten essen, würde deutlich anders aussehen als diese Karte, die sich auf die Vielfalt der verzehrten Insektenarten konzentriert.

Einige Arten sind allseits bekannt: Die Agavenraupe, die sich von Agaven ernährt, findet man in Mezcal-Flaschen. In Mexiko wird sie auch geröstet konsumiert und in Konservendosen verkauft. Grillen sind weltweit die am häufigsten verzehrten Insekten. Allein in Thailand gibt es 20 000 Grillenfarmen. Grillen können gebraten und geröstet werden, und es heißt, dass sie in etwa wie geröstete Nüsse schmecken. Obwohl ich an ein paar Grillen herumgeknabbert habe, muss ich zugeben, dass der Genuss eher auf das Knacken als auf den Geschmack zurückzuführen war. Wie Grillen werden auch Heuschrecken in Ländern, in denen Insekten auf dem Speiseplan stehen, verzehrt. Angeblich schmecken sie am besten, wenn sie sich von Sesamblättern ernährt haben.

Es gibt auch eine ganze Reihe von Ameisen, die in verschiedenen Ländern unterschiedlich zubereitet verspeist werden. Die in Kolumbien und Brasilien beliebten Blattschneider-Ameisen sollen angeblich nach „Speck und Pistazien" schmecken, während die appetitlicher klingende Zitronen-Ameise im Amazonasgebiet ihren Namen ihrer Zitrusnote zu verdanken hat.

Die Daten für diese Karte stammen von einer von Yde Jongema von der Universität Wageningen in den Niederlanden erstellten Liste der 2 040 essbaren Insektenarten. Seine Forschungen ergeben, dass die größte Gruppe der weltweit verzehrten Insekten Käfer und Rüsselkäfer sind, die nächstgrößte Gruppe ist die der Raupen.

Die Entomophagie, also der Verzehr von Insekten, wird als das neue große Ernährungsphänomen angepriesen. Eine wachsende Weltbevölkerung und die Umweltkosten anderer Formen der Proteinerzeugung, vor allem die Menge an Futter und Land, die für die Viehwirtschaft benötigt wird, haben die Aufmerksamkeit der Menschen auf das Potenzial der Insekten für die Ernährung des Planeten gelenkt. Insekten sind reich an Proteinen und enthalten viele Spurenelemente. Sie vermehren sich rasch und massenhaft, und viele Arten sind dürreresistent. Die Zucht von Insekten verbraucht deutlich weniger Wasser als die Aufzucht anderer Tiere. Insektenfarmen benötigen nur wenig Land. Etwa ein Kilogramm Tierfutter erzeugt 12 Mal mehr Grillen- als Rinderprotein.

15

Spinnen

302

Ameisen, Bienen
und Wespen

35

Fliegen

634

Käfer

32

Schaben

359

Raupen

Die Zahl der wichtigsten Arten essbarer Insekten. Es gibt deutlich mehr essbare Käfer- als andere essbare Insektenarten.

Wieso sollten wir sie nicht essen wollen? Die Antwort auf diese Frage liegt auf der Hand. Selbst in jenen Ländern, in denen Insekten verzehrt werden, stellen sie eher einen Snack dar als eine echte Mahlzeit. Und in jenen Regionen, in denen sie nicht verzehrt werden, löst die Aussicht, dass wir eines Tages aufgrund der Überbevölkerung gezwungen sein werden, uns mit einem Teller voll gerösteter Käfer zu begnügen, bedrückende Gefühle aus. Befürworter stellen gern den Vergleich mit Sushi auf, das im Westen als absonderlich galt, inzwischen aber überall gegessen wird. Nach dem Motto: Wenn wir dazu überredet werden können, rohen Fisch zu essen, können wir auch dazu überredet werden, Insekten zu verzehren. Ich kann mich irren, aber ich bezweifle es.

ESSBARE INSEKTEN

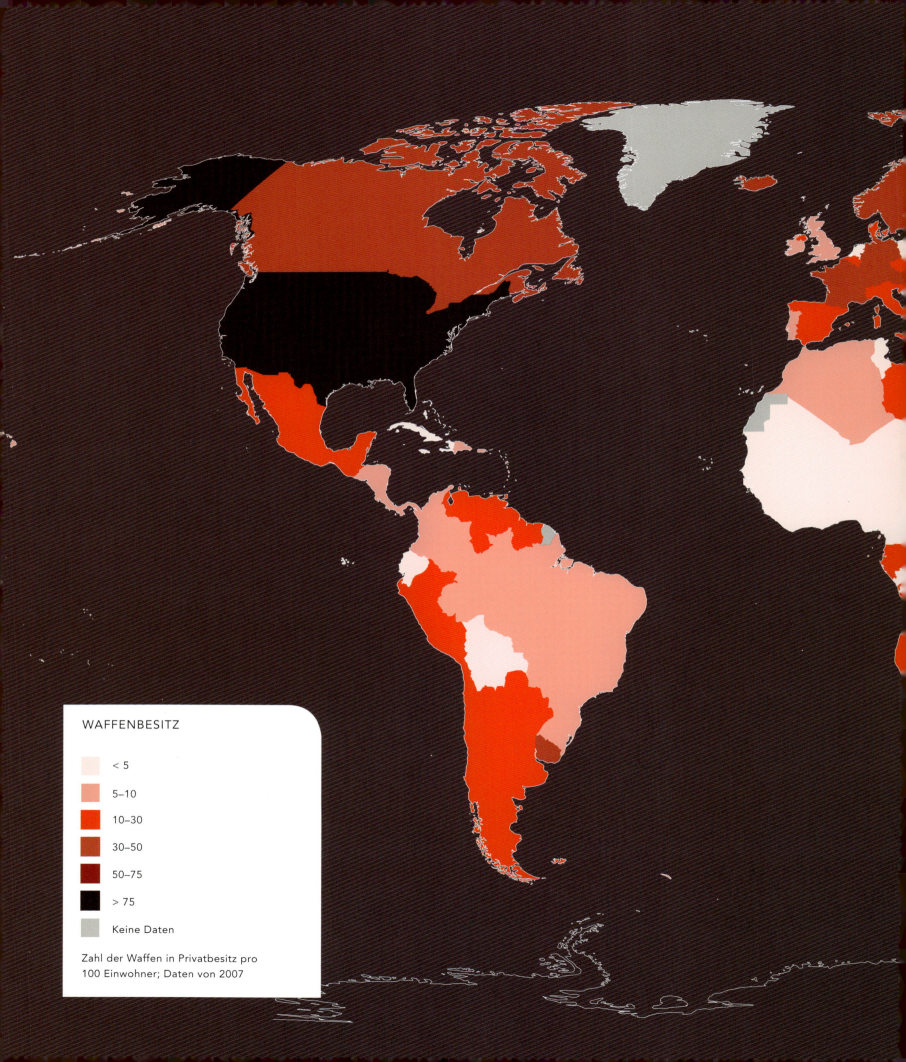

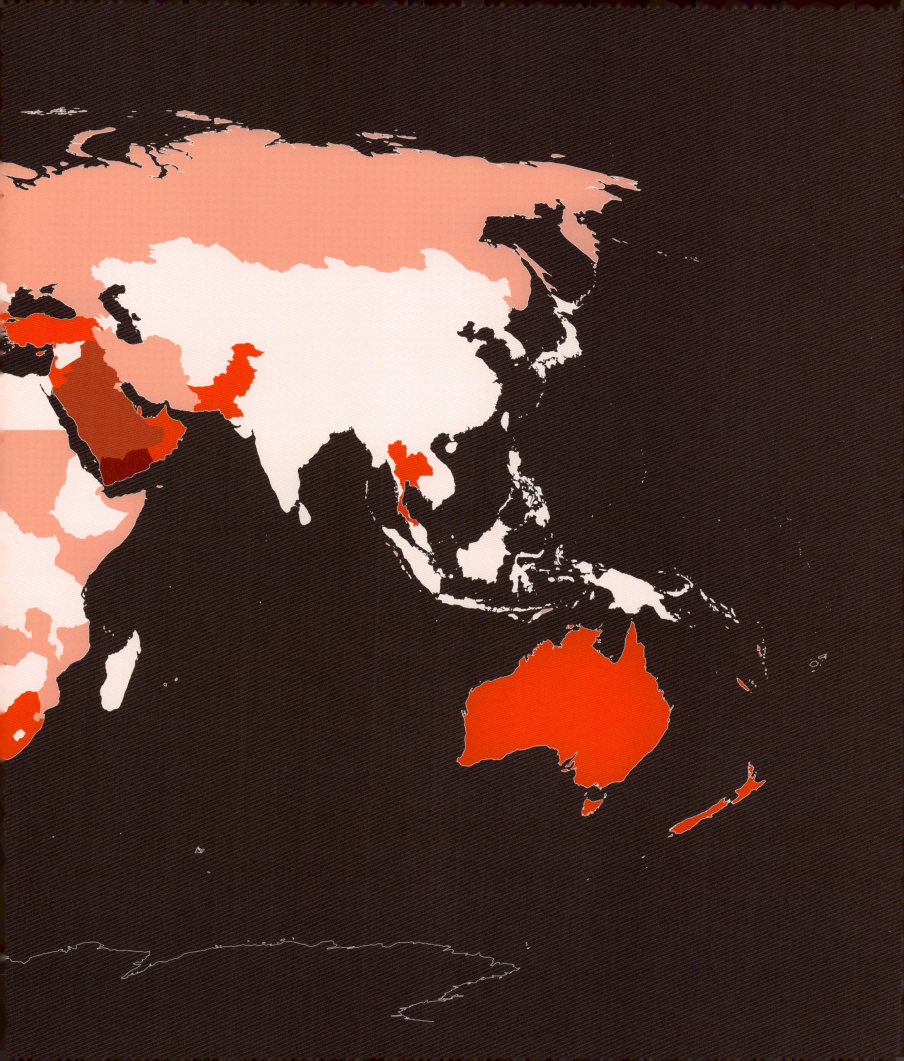

WAFFENBESITZ

Die Zahl der Handfeuerwaffen in Privatbesitz ist ein guter Indikator für die Kultur des Waffenbesitzes in einem Land. Die dunkelsten Stellen auf der Karte geben eine Rate von mehr als 75 solcher Waffen pro 100 Einwohner an. In den USA gibt es 89 Waffen pro 100 Einwohner, und weil die Bevölkerung der USA zahlenmäßig so groß ist, bedeutet dies, dass 42 Prozent der weltweit in Privatbesitz befindlichen Waffen US-Amerikanern gehören. Doch diese Waffen sind nicht gleichmäßig über die Bevölkerung verteilt. Drei Prozent der erwachsenen Amerikaner sind das, was man als „Großbesitzer" bezeichnen könnte, weil sie pro Person etwa 17 Waffen angehäuft haben.

Andere Regionen mit geringeren, aber dennoch relativ hohen Waffenbesitzraten findet man auf der Arabischen Halbinsel (insbesondere im Jemen), in einer Reihe anderer Länder auf dem amerikanischen Kontinent (vor allem in Kanada) und in Westeuropa. Letzteres sorgt auf der Karte vielleicht für die größte Überraschung. In der Schweiz gelten Waffengesetze, die fast so liberal sind wie in den USA. Zwar variieren die Angaben über den Prozentsatz der Schweizer, die eine Waffe besitzen, doch es wird vermutet, dass dieser, vorsichtig geschätzt, bei 25 Prozent liegt. Auch in Frankreich, Deutschland und Skandinavien gibt es trotz ziemlich restriktiver Waffengesetze eine Menge Waffen.

Zum Teil erklärt sich diese Besonderheit mit der Zahl der Menschen, die Hobby- und Sportschützen sind, die Waffen sammeln oder eine solche geerbt haben beziehungsweise zur Jagd gehen. In Deutschland zum Beispiel gibt es 300 000 Waffensammler, 900 000 Menschen, die eine Waffe geerbt haben, 1,5 Millionen Sportschützen und bis zu 400 000 Jäger. Das sind immense Zahlen, und sie legen den Schluss nahe, dass diese Waffen nicht als Angriffs- oder Verteidigungswaffen erworben wurden, sondern aus anderen Gründen – ein Umstand, der wiederum zur Erklärung beitragen kann, warum es in Deutschland viele Waffen, aber wenig Waffenkriminalität gibt.

Die großen Regionen mit geringem Waffenbesitz in Afrika und Süd- und Ostasien zeigen an, dass es dort wenige Waffen in privater Hand gibt. Wir müssen uns jedoch davor hüten, davon auszugehen, dies würde bedeuten, dass es in den Ländern dieser Regionen wenig Waffengewalt beziehungsweise überhaupt wenige Waffen gebe. In vielen Gegenden befinden sich die meisten Waffen in der Hand von Soldaten oder Milizionären. Häufig werden diese Waffen in Privathäusern aufbewahrt, aber sie wurden für die Erstellung dieser Karte nicht erfasst. So bewahren zum Beispiel in Israel viele Militärangehörige staatseigene Waffen in ihren Häusern auf – echte Waffen, die aber in den Angaben über Handfeuerwaffen in Privatbesitz nicht auftauchen.

Manchmal ist die Unterscheidung zwischen privater und militärischer Nutzung schwer zu treffen. Die offiziellen Zahlen sagen uns, dass sich in Afghanistan recht wenige Waffen in Privatbesitz befinden. Doch es liegen zahlreiche Berichte vor, dass das Land mit Waffen „überschwemmt" werde, auch mit vielen nicht regis-

USA
88,8 pro 100 Einwohner

Jemen
54,8 pro 100 Einwohner

Island
30,3 pro 100 Einwohner

Deutschland
30,3 pro 100 Einwohner

Das Verhältnis von Waffen und Einwohnern in zwei Ländern mit geringer und zwei Ländern mit hoher Waffenkriminalität.

trierten US-Waffen, die verloren gegangen seien. Häufig ist es schwierig, den Weg zurückzuverfolgen, den Waffen nehmen. Die Menschen verstecken sie und melden sie nicht an. Die Weltkarte des Waffenbesitzes sagt uns viel, aber nicht alles.

WAFFENBESITZ

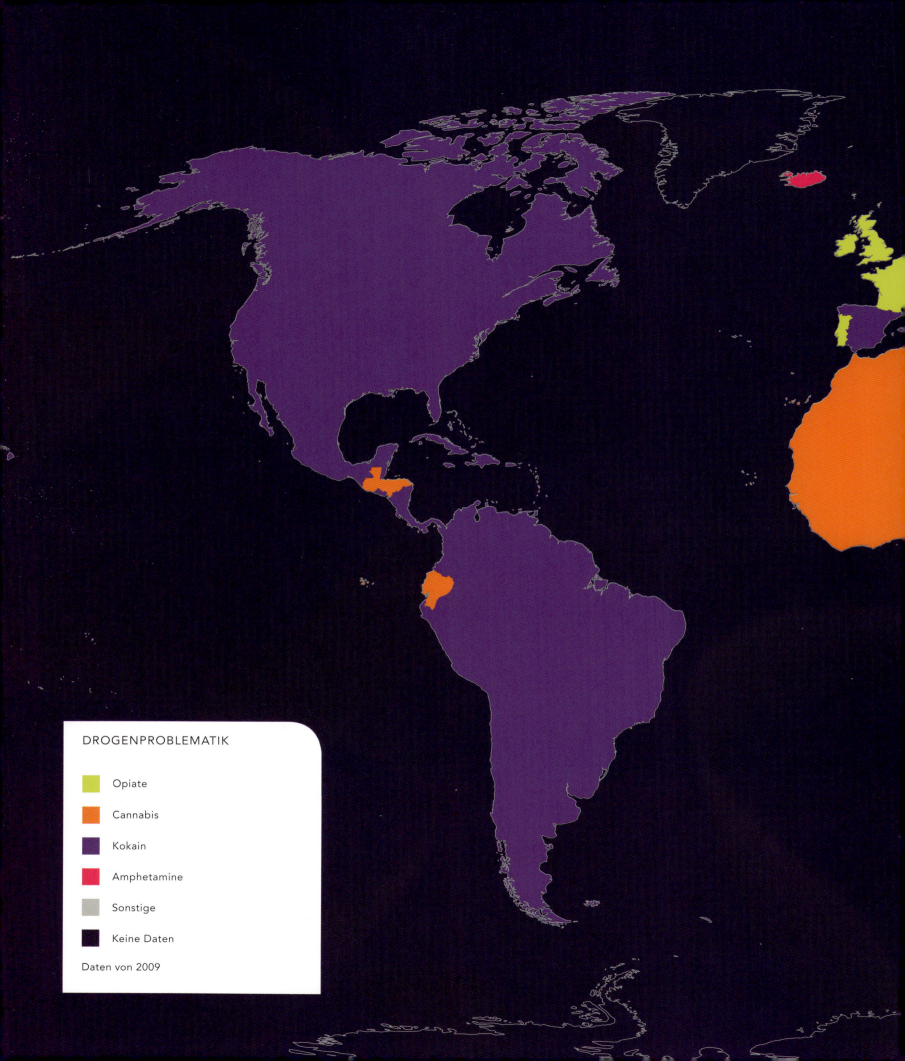

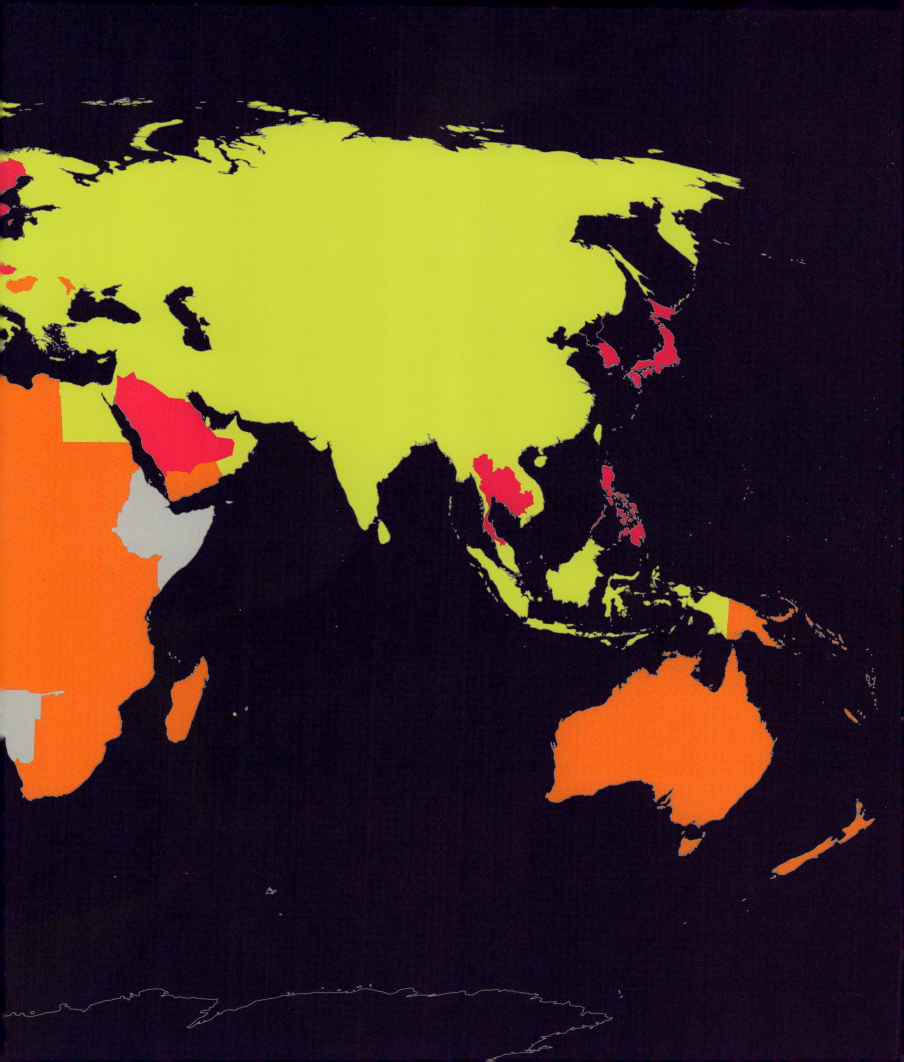

DROGENPROBLEMATIK

Eins der Themen, die deutliche Unterschiede zwischen den Kontinenten zutage treten lassen, ist das des Drogenkonsums. Die Neue Welt, von Kanada bis Argentinien, bevorzugt Kokain, zweifelsohne weil fast die gesamte weltweite Versorgung mit Kokablättern von dort stammt (der größte Teil aus nur drei Ländern: Bolivien, Kolumbien und Peru). Im Gegensatz dazu stellen in ganz Europa und Asien Opiate das Hauptproblem dar. Allerdings gibt es ein paar lokale Besonderheiten: Amphetamine in Saudi-Arabien und Japan, während Spaniens Verbindungen mit Südamerika in seinem Kokainproblem ihren Niederschlag finden.

Die Karte basiert auf dem Welt-Drogen-Bericht der UNO, der die Drogenproblematik speziell unter dem Aspekt der „Therapienachfrage" untersuchte. Das heißt, er befasst sich damit, welche Drogen als medizinisches und soziales Problem gelten, dient aber auch als Hinweis darauf, welche Drogen tatsächlich konsumiert werden. Es handelt sich zugegebenermaßen um eine grobe Analyse, die einige wesentliche Unterschiede unberücksichtigt lässt. Dazu zählt, dass in Nordamerika Kokain zwar die wichtigste Problemdroge darstellt, doch dass die drei anderen Drogen auf der Liste jeweils, sehr grob berechnet, für je etwa 20 Prozent der Drogentherapien verantwortlich sind. In Mittel- und Südamerika nimmt Kokain eine deutlich dominantere Position ein, und Opiate stellen ein viel geringeres Problem dar.

Heroin ist das gefährlichste weitverbreitete Opiat, und der Heroinkonsum erklärt den großen hellgrünen Fleck, der sich über Asien und Europa ausbreitet. Diese vorherrschende Stellung ist zum Teil auf die Tatsache zurückzuführen, dass der größte Teil des illegal erzeugten Opiums in Asien, genauer gesagt: in Pakistan, Myanmar, Thailand und Afghanistan angepflanzt wird. Das Ausmaß des durch Heroin verursachten Problems steht in keinem Verhältnis zur tatsächlichen Zahl der Konsumenten, die weltweit auf zwischen 9 und 16 Millionen geschätzt wird. Das ist eine unbedeutende Zahl im Vergleich zur Zahl der Personen, die zum Beispiel Cannabis rauchen, die offiziell mit etwa 180 Millionen angegeben wird, aber wahrscheinlich deutlich höher ist.

Ein allgemeiner Trend ist der Rückgang des Drogenkonsums im Westen, auch der gefährlichsten und teuersten Drogen, wie zum Beispiel Kokain und Heroin, und der Anstieg an anderer Stelle, auch in den Hauptstädten Afrikas. Eines der überraschenden Merkmale dieser Karte ist, dass sie auf ein Problem mit dem Cannabis-Konsum in Afrika hinweist. Es handelt sich um ein weitgehend unbeachtetes Problem. Afrika erzeugt weltweit am meisten Cannabis, und die UNO beschreibt die Produktion auf dem Kontinent als „allgegenwärtig". Durch Maßnahmen zur Legalisierung des Cannabis-Konsums in Afrika, insbesondere in Südafrika, könnte dessen Status als Problemdroge vermindert werden. Doch wir sollten uns daran erinnern, dass es bei dieser Karte um den Bedarf an Drogentherapien geht: Es wäre also unklug, davon auszugehen, dass Cannabis kein Problem mehr darstellen wird, nur weil es legalisiert wird.

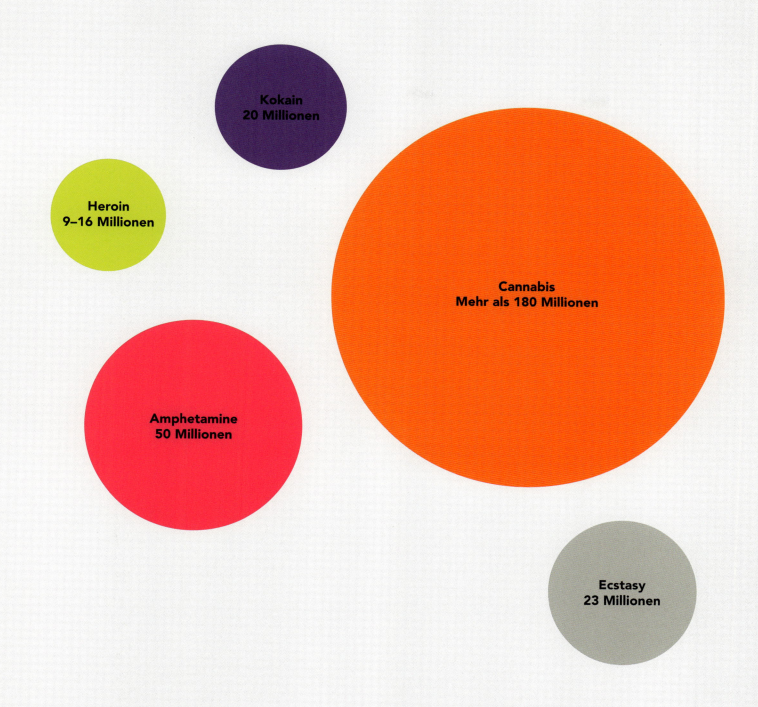

Zahl der Drogenkonsumenten.
Diese offiziellen Zahlen sind wahrscheinlich zu niedrig geschätzt.

DROGENPROBLEMATIK

ZUCKERKONSUM

Nicht überall auf der Welt gibt es gleich viele Naschkatzen. Auf dem amerikanischen Kontinent, in Europa, Russland und einem großen Teil des Nahen Ostens lieben die Menschen zuckerhaltige Nahrungsmittel. In großen Teilen Afrikas und Ostasiens begeistert man sich nicht in gleichem Maße für Süßigkeiten. Das soll nicht heißen, dass die Menschen dort keinen Zucker mögen, es gibt vielmehr wirtschaftliche und kulturelle Faktoren, die den Konsum bremsen. Ein Durchschnittsrusse oder -amerikaner verzehrt ein Vielfaches an Zucker im Vergleich zu einem Durchschnittschinesen. Es wurde spekuliert, dass die Menge an heißem Tee, die man in Ostasien trinkt, die Menschen auf Süßes empfindlicher reagieren lasse und sie deshalb weniger geneigt seien, zusätzlichen Zucker zu verwenden. Doch diese Karte zeigt, dass auch Gesellschaften, in denen viel heißer Tee getrunken wird, wie zum Beispiel in Thailand, trotzdem einen hohen Zuckerkonsum aufweisen, deshalb müssen andere Faktoren eine Rolle spielen.

Traditionell war Zucker eine teure und unnötige Zutat, deshalb haben arme Leute häufig darauf verzichtet. Wenn Gesellschaften wohlhabender werden, wächst die Vorliebe für süße Nahrungsmittel. Wohlstand und Süße sind lange Zeit Hand in Hand einhergegangen. Umgekehrt gilt: Je mehr die Nahrungsmittel industrialisiert und verarbeitet werden, desto mehr Süßungsmittel werden zugefügt, weil es eine billige Methode ist, die Speisen schmackhafter zu machen. Ein großer Teil des auf dieser Karte dargestellten Zuckerkonsums erfolgt nicht in offenkundiger Weise, wie zum Beispiel durch den Verzehr von Schokoladentafeln. Der Zucker ist vielmehr in Soßenpackungen, kohlensäurehaltigen Getränken und Konserven enthalten.

Diese Momentaufnahme des Zuckerkonsums könnte bald veraltet sein. In Ländern mit traditionell wenig Zuckerverzehr verändern sich die Vorlieben. Der große Druck auf die globale Kakaoversorgung in den letzten Jahren ging vom boomenden chinesischen Markt aus. Im vergangenen Jahrzehnt hat sich der Verkauf von Schokolade in China mehr als verdoppelt. Obwohl der Asien-Pazifik-Raum mehr als die Hälfte der Weltbevölkerung aufweist, werden hier gegenwärtig nur etwas mehr als 10 Prozent der weltweit verfügbaren Schokolade verzehrt. Ein durchschnittlicher Chinese isst weniger als 5 Prozent der Schokoladenmenge, die ein durchschnittlicher Westeuropäer zu sich nimmt, aber das wird wohl nicht so bleiben.

Unterdessen drosseln die Gesundheitswarnungen vor der Schädlichkeit von zu viel Zucker im Westen den Verzehr. Ein hoher Zuckerkonsum wird mit Diabetes und Fettleibigkeit in Verbindung gebracht, und es ist aufschlussreich, dass diese Karte mithilfe der Arbeit des Internationalen Dachverbands der Zahnärzte erstellt wurde (basierend auf Daten der Welternährungsorganisation). Während die Menschen in einigen Teilen der Welt weniger Zucker verzehren, nehmen sie in anderen, wie Ostasien und Afrika, mehr zu sich. Die großen geografischen Unterschiede im Zuckerkonsum, die bis ins 21. Jahrhundert vorherrschten, könnten bald verschwinden.

Die 19 Länder, in denen im
Durchschnitt weniger als
25 Gramm Zucker pro Person
pro Tag konsumiert werden.

ZUCKERKONSUM

KARTENPROJEKTIONEN

Für den *Atlas unserer Zeit* wurden vier verschiedene Kartenprojektionen sowie ein neuerer Diagrammtypus – das *chord diagram* („Sehnendiagramm") – verwendet. Am häufigsten haben wir Robinson und Eckert IV genutzt. Im Folgenden werden die verschiedenen Projektionstypen beschrieben, dann wird aufgelistet, für welche Karten welcher Typus verwendet wurde.

Robinson: Eine Projektion, die häufig für die thematische Kartografie zum Einsatz kommt. Es handelt sich um einen Kompromiss zwischen einer flächentreuen und einer winkeltreuen Abbildung; an den Polen weist die Karte stärkere Verzerrungen auf.

Eckert IV: Eine flächentreue Kartierung, die den Maßstab entlang des Äquators verzerrt. Wird gewöhnlich für Schullandkarten und thematische Kartierung eingesetzt.

Stereografische Gall-Projektion: Es handelt sich um eine zylindrische Kartierung, bei der die Verzerrung in Richtung der Pole ab 45 Grad Nord und Süd zunimmt. Diese Kartierung wird meist für Weltatlanten genutzt.

Plate-carrée-Projektion: Diese Zylinderprojektion wird für einfache Abbildungen der Welt verwendet. Die Projektion ist „äquirektangulär", das heißt, dass sich alle Breiten- und Längenlinien im rechten Winkel schneiden.

ROBINSON

Verwundbarkeit durch Naturkatastrophen

Wasserstress

Atomkraft und erneuerbare Energien

Länder mit den meisten giftigen Tieren

Vernachlässigte Tropenkrankheiten

Friedfertigkeit

Asteroiden-Einschläge

Temperaturanomalien

Veränderung der Niederschläge

Vielfalt der Vogelarten

Ökologischer Fußabdruck jedes Einzelnen

Sprachliche Vielfalt

Gesamtfruchtbarkeitsrate

Religiöse Vielfalt

Fettleibigkeit

Zahl der Migranten

Bewohner der USA, die nicht dort geboren wurden

Entfernung zur nächsten Stadt

Waffenbesitz

Drogenproblematik

ECKERT IV

Feuersbrünste

Das Heben und Senken der Erdkruste

Artenvielfalt der Amphibien

Ameisen

Blitzschläge

Glück

Stark gefährdete Sprachen

Benzinpreise

Zuckerkonsum

Essbare Insekten

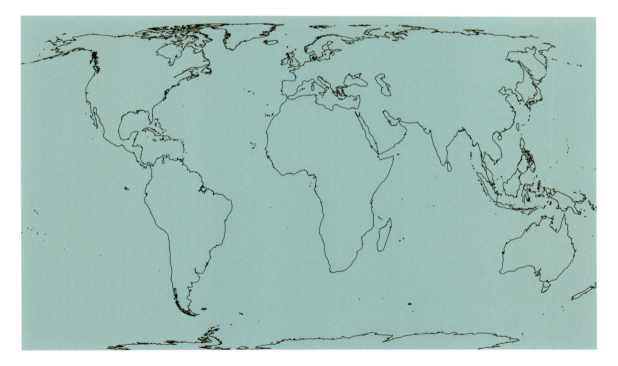

KARTENPROJEKTIONEN **215**

GALL-PROJEKTION
Luftverschmutzung
Flugverkehr
Sonnenenergie
Fünf Prozent der Weltbevölkerung
Amerikanische Fastfood-Ketten
Weltweiter Handel mit Nüssen

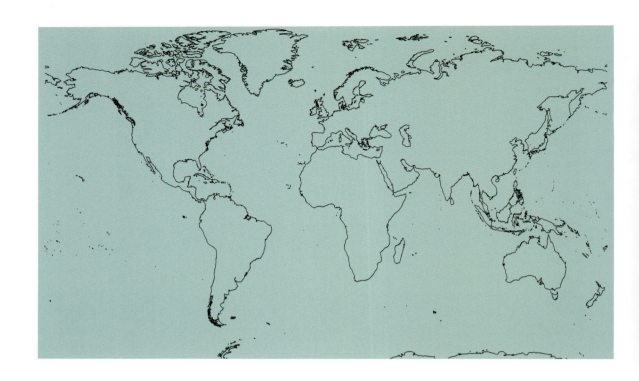

PLATE-CARRÉE-PROJEKTION
Wälder: Verlust und Zuwachs
Unbekannte Meere
Trockenlegung der Ozeane
Unterwasserkabel
Die Erde bei Nacht
Twitter-Verbindungen
Schifffahrtswege
Energieflüsse

PLATE-CARRÉE-PROJEKTION, PAZIFIKZENTRIERT

Müll im Meer
Schwankungen des Meeresspiegels

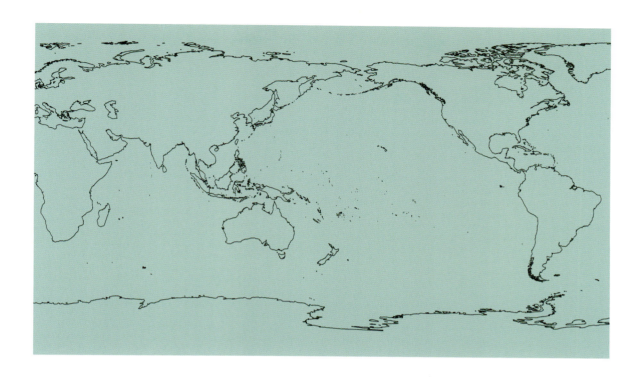

ECKERT IV, PAZIFIKZENTRIERT

Die von niemandem beanspruchte Welt
Driftbojen

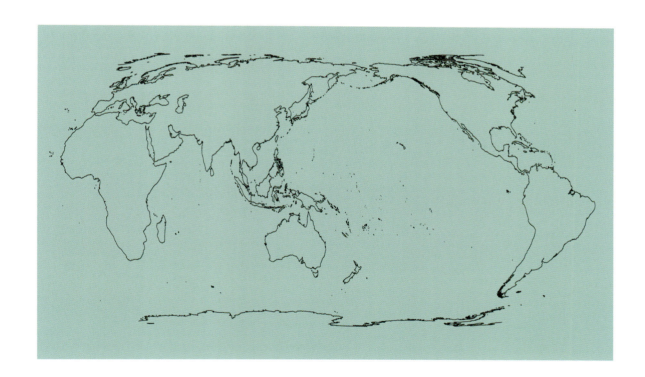

KARTENPROJEKTIONEN

LITERATURVERZEICHNIS

Feuersbrünste
NASA/Earthdata, *Fire Information for Resource Management System (FIRMS)*, https://earthdata.nasa.gov/earth-observation-data/near-real-time/firms

Asteroiden-Einschläge
NASA/Center for Near-Earth Object Studies, https://cneos.jpl.nasa.gov [Diese Website ersetzt die des Near-Earth Object Program Office.]

Verwundbarkeit durch Naturkatastrophen
Alliance Development Works / United Nations University / The Nature Conservancy, *WorldRiskReport 2012*, Berlin: Bündnis Entwicklung Hilft – Alliance Development Works, 2012, http://reliefweb.int

Institut für Raumordnung und Entwicklungsplanung, *World Risk Index*, http://www.uni-stuttgart.de/ireus/Internationales/WorldRiskIndex

Wälder: Verlust und Zuwachs
Hansen, M. et al., *Global Forest Change*, University of Maryland: Department of Geographical Sciences, https://earthenginepartners.appspot.com

Wasserstress
World Resources Institute, *World's 36 Most Water-Stressed Countries, Dez. 2013*, http://www.wri.org, sowie: *Water: Mapping, Measuring, and Mitigating Global Water Challenges*, http://www.wri.org/our-work/topics/water

Pangaea Ultima
Scotese, Christopher R., *PALEOMAP Project*, http://www.scotese.com/future2.htm

Das Heben und Senken der Erdkruste
Milne, G. und Shennan, I., „Isostasy: Glaciation-Induced Sea-Level Change", *Encyclopaedia of Quaternary Science*, 2. Aufl., New York: Elsevier, 2013, S. 452–259.

UNESCO, *High Coast / Kvarken Archipelago*, http://whc.unesco.org/en/list/898

Atomkraft und erneuerbare Energien
REN21, *Renewables Interactive map*, http://www.ren21.net

Luftverschmutzung
NASA, *MOPITT – Measurement of Pollution in the Troposphere*, https://terra.nasa.gov/about/terra-instruments/mopitt

Sonnenenergie
World Energy Council, *Solar*, https://www.worldenergy.org/data/resources/resource/solar/

Temperaturanomalien
Lynch, P. und Perkins, L., *Five-Year Global Temperature Anomalies from 1880 to 2016*, NASA/Scientific Visualization Studio (SVS), https://svs.gsfc.nasa.gov/4546

Flugverkehr
Grandjean, M., *Connected World: Untangling the Air Traffic Network*, http://www.martingrandjean.ch

Die von niemandem beanspruchte Welt
United Nations, *United Nations Convention on the Law of the Sea*, http://www.un.org/depts/los/convention_agreements/convention_overview_convention.htm

Müll im Meer
Maximenko, N. und Hafner, J., *Marine Debris*, International Pacific Research Center, 2010, http://iprc.soest.hawaii.edu/news/marine_and_tsunami_debris/Marine_Debris_IPRC_Climate_Stories.pdf

NOAA, *Marine Debris Program*, https://marinedebris.noaa.gov

Unbekannte Meere
Census of Marine Life, http://www.coml.org

Trockenlegung der Ozeane
Mitchell, H., *Draining the Oceans*, NASA/Scientific Visualization Studio (SVS), https://svs.gsfc.nasa.gov/3487

Driftbojen
NOAA/AOML, Physical Oceanography Division, *The Global Drifter Program*, http://www.aoml.noaa.gov/phod/dac/index.php

Blitzschläge
NASA/Earth Observatory, *Global Lightning Activity*, https://earthobservatory.nasa.gov/IOTD//view.php?id=85600

Unterwasserkabel
International Cable Protection Committee, https://www.iscpc.org

TeleGeography, *Submarine Cable Map*, http://www.submarinecablemap.com

Schwankungen des Meeresspiegels
Handleman, M. und Elkins, K., *Earth's Rising Seas*, NASA/Scientific Visualization Studio (SVS), https://svs.gsfc.nasa.gov/11927

Veränderung der Niederschläge
European Centre for Medium-Range Weather Forecasts, http://www.ecmwf.int

Umweltbundesamt, *Trends der Niederschlagshöhe*, http://www.umweltbundesamt.de/daten/klimawandel/trends-der-niederschlagshoehe

Artenvielfalt der Amphibien
Bundesamt für Naturschutz, *Artenschutz-Report 2015. Tiere und Pflanzen in Deutschland*, https://www.bfn.de/fileadmin/BfN/presse/2015/Dokumente/Artenschutzreport_Download.pdf

NatureServe, *Global Amphibian Assessment: 2004–2014*, http://www.natureserve.org/conservation-tools/projects/global-amphibian-assessment

Ameisen
Antsmap.org, GABI Visualization Tool, http://antmaps.org

Bundesamt für Naturschutz, *Artenschutz-Report 2015. Tiere und Pflanzen in Deutschland*, https://www.bfn.de/fileadmin/BfN/presse/2015/Dokumente/Artenschutzreport_Download.pdf

Guénard, B., *The Global Ant Biodiversity Informatics (GABI) Project*, https://benoitguenard.wordpress.com/gabi-articles/

Vielfalt der Vogelarten
Biodiversitymapping.org, *Birds of the World*, http://biodiversitymapping.org/wordpress/index.php/birds/

BirdLife International, *Data Zone*, http://datazone.birdlife.org

Länder mit den meisten giftigen Tieren
Armed Forces Pest Management Board, *Living Hazards Database*, http://www.acq.osd.mil/eie/afpmb/livinghazards.html

ATLAS UNSERER ZEIT

Naturschutzbund Deutschland (NABU), *Giftschlangen im Ländle?*, https://baden-wuerttemberg.nabu.de/tiere-und-pflanzen/amphibien-und-reptilien/schlangen-in-baden-wuerttemberg/

Vernachlässigte Tropenkrankheiten

Centers for Disease Control and Prevention, *Map: Global Overlap of Six of the Common NTDs*, https://www.cdc.gov/globalhealth/ntd/diseases/ntd-worldmap-static.html

Uniting to Combat Neglected Tropical Diseases, *The London Declaration*, http://unitingtocombatntds.org/london-declaration

Fünf Prozent der Weltbevölkerung

Galka, M., *The Global Extremes of Population Density*, Metrocosm, http://metrocosm.com/the-global-extremes-of-population-density/

Ökologischer Fußabdruck jedes Einzelnen

Global Footprint Network, http://www.footprintnetwork.org

Henrie, G., *World Ecological Footprint per Capita*, Lewis & Clark College Environmental Studies Program (*Situating the Global Environment*), http://dsarchive.lclark.io/sgearchive/2012/09/20/gis-world-ecological-footprints-per-capita/

Friedfertigkeit

The Institute for Economics and Peace, *Global Peace Index 2016*, http://visionofhumanity.org/indexes/global-peace-index/

Die Erde bei Nacht

Carlowicz, M., *Night Light Maps Open Up New Applications*, NASA/Earth Observatory, https://earthobservatory.nasa.gov/IOTD/view.php?id=90008

NASA/Earth Observatory, *Night Lights 2012 – The Black Marble*, https://earthobservatory.nasa.gov/NaturalHazards/view.php?id=79803

Sprachliche Vielfalt

Greenberg, J. H., „The Measurement of Linguistic Diversity", *Language*, Vol. 32.1, Washington, DC: Linguistic Society of America, 1956, S. 109–115.

Simons, Gary F. und Fennig, Charles D. (Hrsg.), *Ethnologue: Languages of the World*, 20. Aufl., Dallas, Texas: SIL International, 2017, https://www.ethnologue.com

Gesamtfruchtbarkeitsrate

Central Intelligence Agency (CIA), *Country Comparison: Total Fertility Rate*, https://www.cia.gov/library/publications/the-world-factbook/rankorder/2127rank.html

United Nations, *World Population Prospects 2015*, https://esa.un.org/unpd/wpp/publications/Files/WPP2015_DataBooklet.pdf

Religiöse Vielfalt

Pew Research Center, *Global Religious Diversity*, http://www.pewforum.org/2014/04/04/global-religious-diversity/

Fettleibigkeit

World Health Organisation (WHO), *Prevalence of Obesity, Ages 18+, 2014, Both Sexes*, http://gamapserver.who.int/gho/interactive_charts/ncd/risk_factors/obesity/atlas.html

World Obesity, http://www.worldobesity.org

Glück

Helliwell, J., Layard, R. und Sachs, J. (Hrsg.), *World Happiness Report 2015*. New York: Sustainable Development Solutions Network, 2015.

Royal Government of Bhutan, *The Report of the High-Level Meeting on Wellbeing and Happiness: Defining a New Economic Paradigm*. New York: The Permanent Mission of the Kingdom of Bhutan to the United Nations, 2012.

Twitter-Verbindungen

Leetaru, K. et al., „Mapping the Global Twitter Heartbeat: The Geography of Twitter", *First Monday*, Vol. 18.5, 2013, http://firstmonday.org/ojs/index.php/fm/article/view/4366/3654

Amerikanische Fastfood-Ketten

Daszkowski, D., „The Expansion of American Fast Food Franchises", *the balance*, 2017, https://www.thebalance.com/how-american-fast-food-franchises-expanded-abroad-1350955

The Data Team, „Fast-food Nations", *The Economist*, 2015, http://www.economist.com/fastfood

Schifffahrtswege

Anon., „Free Exchange: The Humble Hero", *The Economist*, 2013, http://www.economist.com/news/finance-and-economics/21578041-containers-have-been-more-important-globalisation-freer-trade-humble

Globaïa, *The Global Transportation System*, 2013, http://globaia.org/wp-content/uploads/2013/09/gts1.jpg

Energieflüsse

Globaïa, *A Cartography of the Anthropocene*, http://globaia.org/portfolio/cartography-of-the-anthropocene/

Zahl der Migranten

United Nations, *International Migrant Stock 2015: Maps*, http://www.un.org/en/development/desa/population/migration/data/estimates2/estimatesmaps.shtml?0t0

Globale Menschenströme

Sander, N., Abel, G. und Bauer, R., *The Global Flow of People*, http://www.global-migration.info

Vienna Institute of Demography/Institut für Demographie (VID), Österreichische Akademie der Wissenschaften (ÖAW), http://www.oeaw.ac.at/vid/home/

Bewohner der USA, die nicht dort geboren wurden

Pew Research Center, *Origins and Destinations of the World's Migrants, from 1990–2015*, http://www.pewglobal.org/2016/05/17/global-migrant-stocks/?country=US&date=2015

Entfernung zur nächsten Stadt

Nelson, A., *Travel Time to Major Cities: A Global Map of Accessibility*, Luxemburg: Office for Official Publications of the European Communities, 2008, http://forobs.jrc.ec.europa.eu/products/gam/index.php

Stark gefährdete Sprachen

Moseley, C. (Hrsg.), *Atlas of the World's Languages in Danger*, Paris: UNESCO Publishing, 2010, http://www.unesco.org/languages-atlas/en/atlasmap.html

Weltweiter Handel mit Nüssen

International Nut and Dried Fruit Council, *2014/2015 World Nuts & Dried Fruits Trade Map*, https://www.nutfruit.org/wp-continguts/uploads/2015/07/MAPA-15-07-2015-FINAL-03.pdf

Benzinpreise

Emerson, K., „Map of the Week: Oil Prices! See how the cost of oil has changed across the globe from 2014 to 2016", *American Geographical Society*, 2016, http://americangeo.org

Essbare Insekten

Jongema, Y., *List of Edible Insects of the World (April 1, 2017)*, Wageningen University & Research, 2017, http://www.wur.nl/en/Expertise-Services/Chair-groups/Plant-Sciences/Laboratory-of-Entomology/Edible-insects/Worldwide-species-list.htm

Waffenbesitz

Myers, J., *This is What Gun Ownership Looks Like Around the World*, World Economic Forum, 2016, https://www.weforum.org/agenda/2016/01/this-is-what-gun-ownership-looks-like-around-the-world/

Small Arms Survey, *Small Arms Survey 2007: Guns and the City*, http://www.smallarmssurvey.org/publications/by-type/yearbook/small-arms-survey-2007.html

Geneva Graduate Institute of International Studies, *Privately Owned Guns per 100 Residents*, 2007, http://graduateinstitute.ch

Drogenproblematik

Guardian Datablog, „The World in Drugs Use 2009", *The Guardian*, 2009, https://www.theguardian.com/news/datablog/2009/jun/24/drugs-trade-drugs

United Nations Office on Drugs and Crime, *World Drug Report 2016*, http://www.unodc.org/wdr2016/

Zuckerkonsum

World Dental Federation, *The Challenge of Oral Disease: A Call for Global Action. The Oral Health Atlas*, 2. Aufl., Genf: FDI World Dental Federation, 2015, http://www.fdiworlddental.org/resources/oral-health-atlas/oral-health-atlas-2015

INDEX

Kursive Seitenzahlen verweisen
auf Abbildungen.

Afghanistan 143, 151, 175, 204,
208
Afrika 12, 20, 24, 28, *29*, 32, 40, 44,
48, 56, *74–75*, 80, *81*, 92, 98, 102,
103, 106, 110, 114, 126, 130,
134, 138–139, 142, 146,
150–151, 156, *157*, 160, 164,
168, 172, *174–175*, 176, 184,
188, 192–193, 196, 204, 208,
212–*213*
Amazonasgebiet 12, 102, 106, 184,
188, 200
Ameisen 6, *100–101*, 102–103, *103*,
200, 201, 215, *215*
Amerikanisch-Samoa 146
Amphibien *96–97*, 98, 99, *99*, 106,
215, *215*
Angola 196
Antarktis 32, 36, 48, 52, 53, *58–59*,
60, 84
Antarktis-Vertrag (1959) 60
Anthropozän 168
Arabische Halbinsel 20, 122, 150,
156, 204
Arktis 52, 61, 165
Artenbildung 98
Artenvielfalt der Amphibien *96–97*,
98, 99, *99*, 106, 215, *215*
Artenvielfalt: Amphibien, Vögel 7,
96–97, 98, 99, *99*, *104–105*, 106,
107, *107*, 215, *215*
Asien 28, 32, 44, 56, 72, 80, 92,
111, 114, 119, 122, 126, 130,
138, 142, 146, 150, 156, 160,
164, 165, 168, 172, 173,
174–175, 180, 184, 192, 193,
204, 208, 212

Asteroiden-Einschläge *14–15*, 16,
17, *17*, 215, *215*
Äthiopien 40, 106, 115
Atlantik 48, 56, 64, 72, 76, 84, 88,
156, 164
Atomkraft und erneuerbare
Energien *38–39*, 40, 41, *41*, 215,
215
'Ausbauchungen' 36
Australien 12, 28, 32, 41, 44, 52, 60,
72, *74–75*, 77, 84, 102, 110, 111,
130, 150, 160, 172, *175*, 181,
184, 188, 200
Australisches Meteorologisches
Institut 76

Bangladesch 21, 84, 118, *119*
Benzinpreise 7, *194–195*, 196, 197,
197, 215, *215*
Bewohner der USA, die nicht dort
geboren wurden *178–179*, 180,
181, *181*, 215, *215*
Bhutan 127, 150
BIP 150
BirdLife International 106
Birkmann, Jörn 20
Blauer Nil 40
Blitzschläge 6, *78–79*, 80, 81, *81*
BMI (Body-Mass-Index) 146
Bolivien 24, 192, 208
Borneo 102, 184
Bottnischer Meerbusen 36
Brasilien 24, 28, 41, *41*, 52, *74–75*,
98, 99, 107, 110, 111, 138, 150,
175, 192, 200
Burkina Faso *175*, 196

Cartography of the Anthropocene
168
Census of Marine Life 68

Center for the Study of Global
Christianity 142
Chile 28, 60, *74–75*, 188
China 40, 44, 56, 60, *74–75*, 138,
142, 156, 160, 172, *175*, 180,
181, *181*, 184, 192, 212
Costa Rica 41, *41*, 127

Dänemark 60, 127, *127*, 150, 151
Demokratische Republik Kongo 40,
56–57, *57*, 80, *81*, 188
Deutschland 52, 92, 98, 102, 110,
127, 150, 165, 172, *175*, 180,
204, 205, *205*
Die von niemandem beanspruchte
Welt *58–59*, 60, 61, *61*, 217, *217*
Dinoponera gigantea (Ameise)
102
Doggerland 72
Dominikanische Republik 180
Driftbojen *74–75*, 76, 77, *77*, 217,
217
Drogenproblematik *206–207*, 208,
209, *209*, 215, *215*
Dürre 20, 28, 29, 52, 92, 200

Eckert-IV-Projektion 214, 215, *215*,
217, *217*
Economo, Evan 102
El Salvador 180
Energieflüsse *166–167*, 168, 169,
169
Entfernung zur nächsten Stadt
182–183, 184, 185, *185*, 215, *215*
Erde bei Nacht, Die *128–129*, 130,
131, *131*, 216, *216*
Essbare Insekten 6, *198–199*, 200,
201, *201*, 215, *215*
Europa 24, 32, 36, 37, 48, 52, 56,
74–75, 92, 98, 111, 122, 126,

130, 134, 138, 146, 151, 156, 160, 164, 165, 168, 172, 173, *174–175*, 176, 177, 180, 192, 204, 208, 212

Europäisches Zentrum für die mittelfristige Wettervorhersage 92

Fastfood-Ketten, US *158–159*, 160, 161, *161*, 216, *216*
Fettleibigkeit *144–145*, 146, 147, *147*, 212, 215, *215*
Feuersbrünste 6, *10–11*, 12, 13, *13*, 215, *215*
Finnland 24, 36, 40, 103, *151*, 196
Flugverkehr *54–55*, 56, 57, *57*, 164, 216, *216*
Friedfertigkeit 6, *124–125*, 126, 127, *127*, 215, *215*
Fünf Prozent der Weltbevölkerung *116–117*, 118, 119, *119*, 216, *216*

Galka, Max 118, 119
Gesamtfruchtbarkeitsrate *136–137*, 138, 139, *139*, 215, *215*
Gestalt der Erde 37, *37*
Gibraltar 134
Gila-Krustenechse 110
Globaïa 168
Global Amphibian Assessment 98
Global Ant Biodiversity Informatics 102
Global Drifter Program 76–77
Globale Menschenströme *174–175*, 176, 177, *177*
Globalisierung 152–213
Global Peace Index (GPI) 126–127
Global Trachoma Mapping Project 115
Glück *148–149*, 150, 151, *151*, 215, *215*
Golfstaaten 56, 131, 176
Golf von Bengalen 118
Great Pacific Garbage Patch 64
Greenberg, Joseph 134
Grönland 17, *17*, 36, 60, 81, *81*, 119, *119*, 184
Großbritannien 36, 48, 60, 72, *74–75*, 92, 98, 106, 127, 150, 156–157, 160, *175*, 180, 189, 196–197
Großer Pazifik-Müllfleck 64
Guénard, Benoit 102

Haiti 20, 134
Hansen, Matthew 24, 25

Heben und Senken der Erdkruste, Das *34–35*, 36, 37, *37*, 215, *215*
Henrie, Gabby 122
Himalaja 32, 48, 184–185
Hindi 134
Hongkong 28, 102, *175*
Hussein, Saddam 130

Indien 20, 28, 41, *41*, 48, 56, *74–75*, 84, 92, 93, 110, 111, 118, 127, 134, 135, 138–139, 142, 164, 168, 172, *175*, 180, *181*, 184, 192
Indischer Ozean 20, 48, 76, 110, 164
Indonesien 28, *74–75*, 77, *77*, 110, *175*, 184
Insect Biodiversity and Biogeography Laboratory, Universität Hongkong 102
Institute for Economics and Peace 126, 127
Institut für Demographie, Wien 176
Internationaler Dachverband der Zahnärzte 212–213
Internationales Kabelschutzkomitee 84
International Nut and Dried Fruit Council Foundation 192, 193
Irak 127, 130, 172
Iran 143, *175*, 192, 196
Island 127, *127*, 150, *151*, 160, 204, *205*
Israel 127, 172, *175*, 189, *189*, 204

Japan 20, *74–75*, 102, 146, 156, 168, 172, *175*, 188, 208
Jemen 20, 84, 172, 204, *205*
Jongema, Yde 200
Jordanien 172, *175*

Kalifornien 88, 196
Kanada 24, 36, 41, *41*, 61, *74–75*, 102, 111, 122, *123*, 146, 150, 168, 172, *175*, 180, 181, 184, 188, 204, 208
Kartenprojektionen 214–217, *215*, *216*, *217*
Kasachstan 17, *17*, 172, *175*
Katar 20, 56, *57*, 127, *175*
Klimawandel 21, 48, 92, 122
Kohlenmonoxid *42–43*, 44, 45
Kolumbien 110, 200, 208
Kuba 20, 134, 180, 181, *181*

Länder mit den meisten giftigen Tieren *108–109*, 110, 111, *111*, 215, *215*

Landkarten-Kegelschnecke 110
Land, Luft und Meer 8–93
Lateinamerika 56, 114, 122, 138, 150, 156, *175*, 177
Lenin, Wladimir Iljitsch 130
Lesotho 41, *41*
Libyen 138, 146
Living-Hazards-Datenbank 110
Londoner Deklaration zum Thema „Vernachlässigte Tropenkrank-heiten" 114
Luftverschmutzung *42–43*, 44, 45, *45*, 216, *216*

Mali 92
Maracaibo-See, Venezuela 80, *81*
Marianengraben 68, 72
Mawsynram, Indien 92–93, *93*
Maximenko, Nikolai 64
Measures of Pollution in the Troposphere (MOPITT) 44, 45
Meereseisdecke 52, 53, 89, *89*, 165, *165*
Mensch und Tier 94–151
Mexiko 28, 110, 111, 127, 150, *175*, 176, 180, 181, *181*, 188, 200
Morse, Samuel 84
Mufwene, Salikoko 188

Naher Osten 28, 29, 52, 126, 130, 142, 146, 150, 168, *175*, 172, 212
NASA 6, 12, 16, 44, 45, 52, 53, 72, 88, 130
    Fire Information for Resource Management System 12
    Goddard Institute for Space Studies 52
    National Geophysical Data Center 72
    Near-Earth Object Observations Program 16
National Oceanic and Atmospheric Administration, US 76, 77, *77*
NatureServe 106
Neuseeland 41, *41*, 60, *74–75*, 122, *123*, 127, *127*, 143, 150, 172, *175*
Nigeria 138, 156, 157, *157*, 168, *175*, 196
Nil 130, 131
Nordamerika 24, 36, 92, 122, 134, 164, 172–173, *173*, *174–175*, *177*, 208
Nordatlantik 48, 56, 64, 84, *89*, 164
Nordkorea 130, 134
Nordpolexpedition (2007) 61
Nordsee 72, 165, *165*

INDEX **221**

Norwegen 40, 60, *74–75*, 122, *123*, 150, 151, *151*, 197, *197*

Okinawa Institute of Science and Technology 102
Ökologischer Fußabdruck jedes Einzelnen 6, *120–121*, 122, 123, *123*, 215, *215*
Oman 172
Österreich 127, *127*
Ozeane:
Müll im Meer *62–63*, 64, 65, *65*, 217, *217*
Trockenlegung der Ozeane *70–71*, 72, 73, *73*, 216, *216*
Unbekannte Meere *66–67*, 68, 69, *69*, 216, *216*

Pacific Cartography 122
Panamakanal 164
Pangaea Ultima 7, *30–31*, 32, 33, *33*
Papua-Neuguinea 72, 127, 134, 135, *135*, 143
Paraguay 40
Pausas, Juli 12–13
Pazifik 20, 48, 64–65, *65*, 76, 88–89, 110, 146–147, 164, 212, 217, *217*
Pazifischer Müllstrudel *62–63*, 64–65
Peru *74–75*, 102, 173, *175*, 192, 208
Pest Management Board, US 110
Pew Research Center 142, 180
Philippinen 20, 21, *21*, 88, 175, 180, 181, *181*
Plate-carrée-Projektion 214, 216, *216*, 217, *217*
Portugal 127, *127*, 175
Puerto Rico 180

Religiöse Vielfalt *140–141*, 142, 143, *143*
Robinson-Projektion 214, 215, *215*
Russland 16, 24, 44, 61, 126, 130, 150, 172, *175*, 196, 212

Sahara 12, 48, 49, 92, 143, 146, 184
Samoa 146–147
Saudi-Arabien 20, 146, 172, 173, *175*, *197*, 208
Schifffahrtswege *162–163*, 164, 165, *165*, 216, *216*
Schmidt, Gavin 52
Schwankungen des Meeresspiegels *86–87*, 88, 89, *89*, 217, *217*

Scotese, Christopher 32
Singapur 127, 142, *143*, *165*, *175*
Solarenergie 40–41, 48–49
Sonnenenergie *46–47*, 48, 49, *49*, 216, *216*
Sowjetunion 130, 176
Sprachliche Vielfalt *132–133*, 134, 135, *135*
Stark gefährdete Sprachen *186–187*, 188, 189, *189*
Stereografische Gall-Projektion 214, 216, *216*
Straße von Hormus 164
Straße von Malakka 164
Südamerika 24, 32, 40, 44, 48, 92, 98, 102, 106, 107, *107*, 110, 118, 126, 142, 146, 156, 164, 172, 180, 184, 192, 208
Südkorea 130, 134, 156, 180, *181*
Südostasien 72, 84, 88, 92, 102, 106, 122, 134, 146, *147*, 156, 160, 180, 188
Südpolarmeer 88

Temperaturanomalien *50–51*, 52, 53, *53*, 215, *215*
Thailand *175*, 200, 208, 212
Tibetisches Hochland 48, 184
Togo 196
Tonga *21*, 146
Trockenlegung der Ozeane *70–71*, 72, 73, *73*, 216, *216*
Tscheljabinsk, Russland 16
Türkei 127, 192, 196
Twitter-Verbindungen *154–155*, 156, 157, *157*, 216, *216*

Ukraine 40, *175*, *189*
Unbekannte Meere *66–67*, 68, 69, *69*, 216, *216*
UNESCO 36, 188
Atlas der gefährdeten Sprachen der Welt 188
Ungarn 40
UNO siehe Vereinte Nationen
Unterwasserkabel *82–83*, 84, 85, *85*, 216, *216*

Vanuatu 20, *21*
Veränderung der Niederschläge *90–91*, 92, 93, *93*, 215, *215*
Vereinigte Arabische Emirate 122, *123*, 150–151, 160, *175*, 192
Vereinigte Staaten 99, *99*, *123*, 146, *157*
Fastfood-Ketten *158–159*, 160, 161, *161*, 216, *216*

Bewohner der USA, die nicht dort geboren wurden *178–179*, 180, 181, *181*, 215, *215*
Vereinte Nationen 20, 60, 61, 139, 150, 208
High Level Meeting on Happiness and Well-Being 150
Seerechtsübereinkommen 60, 61
Welt-Drogen-Bericht 208
Welt-Risiko-Bericht (2012) 20
Verlust des Lebensraums 98
Vernachlässigte Tropenkrankheiten *112–113*, 114, 115, *115*, 215, *215*
Verwundbarkeit durch Naturkatastrophen *18–19*, 20, 21, *21*, 215, *215*
Vielfalt der Vogelarten 7, *104–105*, 106, 107, *107*, 215, *215*
Vietnam 110, *175*, 180, *181*, *189*, 192
Viktoriasee, Afrika 106
Visible Infrared Imaging Radiometer Suite 130
Voluntary Observing Ship Program 76

Waffenbesitz 7, *202–203*, 204, 205, *205*, 215, *215*
Wagner, Tom 88
Wälder: Verlust und Zuwachs *22–23*, 24, 25, *25*
Wasserkraft 40, 41
Wasserstress *26–27*, 28, 29, *29*, 215, *215*
Weltgesundheitsorganisation (WHO) 114, 146
Welt-Glücks-Report 150, 151, *151*
Weltweiter Handel mit Nüssen *190–191*, 192, 193, *193*, 216, *216*
Westpapua 184
Wilson, Edward O. 102
'Wirbel' 64
Wirtschaftliche Wasserknappheit 28
Würfelqualle 110
Wüstenforschungszentrum, Spanien 12
'Wüstenstrom' 40

Yeomans, Donald 16

Zahl der Migranten *170–171*, 172, 173, *173*, 180, 215, *215*
Zuckerkonsum *210–211*, 212, 213, *213*, 215, *215*

BILDNACHWEIS

10–11 Pausas, J. G. und Ribeiro, E., 2013, Global Ecology and Biogeography; 13 Reto Stöckli, NASA's Earth Observatory Team, mit freundlicher Genehmigung von: the MODIS Land Science Team at NASA Goddard Space Flight Center; 14–15, 17 Planetary Defense Coordination Office, NASA Headquarters; 18–19, 21 © DW, basierend auf Informationen von Bündnis Entwicklung Hilft, Berlin; 22–23, 25 © Hansen/UMD/Google/USGS/NASA; 26–27, 29 Gassert, F., Reig, P., Luo, T. und Maddocks, A., „Aqueduct country and river basin rankings: a weighted aggregation of spatially distinct hydrological indicators", Arbeitspapier, Washington, DC: World Resources Institute, November 2013, lizenziert unter: CC BY 3.0; 30–31 © C. R. Scotese (Universität Texas, Arlington), PALEOMAP; 33 Ziko-C / Public Domain; 34–35 Milne, G. A. und Shennan, I., „Isostasy: Glaciation-Induced Sea-Level Change", in: S. Elias (Hrsg.), *Encyclopedia of Quaternary Sciences*, 2. Aufl., London, UK: Elsevier, S. 452–459; 37 © ESA/HPF/DLR; 38–39, 41 Karten im Internet unter: http://mapsontheweb.zoom-maps.com/post/120939690653/percentage-of-electricity-produced-from-renewable; 42–43, 45 Abel, G. J., und Sander, N., „Quantifying Global International Migration Flows", in: *Science*, 343 (6178), S. 1520–1522, https://doi.org/10.1126/science. 1248676; 46–47, 49 © Copyright 2014, alle Rechte vorbehalten – Natura Eco Energy Pvt. Ltd.; 50–51, 53 NASA/Goddard Space Flight Center, Scientific Visualization Studio, Daten zur Verfügung gestellt von Robert B. Schmunk (NASA/GSFC GISS); 54–55, 57 Lizenziert unter: CC-BY-SA, http://www.martingrandjean.ch/connected-world-air-traffic-network/; 58–59, 61 Lizenziert unter: CC BY SA 3.0 cl; 62–63, 65 Nikolai Maximenko, International Pacific Research Center, School of Ocean and Earth Science and Technology, University of Hawaii; 66–67, 69 Ocean Biogeographic Information System, Intergovernmental Oceanographic Commission of UNESCO, www.iobis.org [letzter Zugriff: 12.01.2017]; 70–71, 73 NASA/ Goddard Space Flight Center, Scientific Visualization Studio, U.S. Department of Commerce, National Oceanic and Atmospheric Administration, National Geophysical Data Center, 2006, 2-minute Gridded Global Relief Data (ETOPO2v2): http://www.ngdc.noaa.gov/mgg/fliers/06mgg01.html; 74–75, 77 Driftbojen-Daten mit freundlicher Genehmigung von NOAA's Global Drifter Program; 78–79, 81 NASA/Earth Observatory – Bild von Joshua Stevens anhand von LIS/OT-Daten von Global Hydrology and Climate Center Lightning Team; 82–83, 85 AIMS, GBRMPA, JCU, DSITIA, GA, UCSD, NASA, OSM, ESRI; 86–87 © enthält modifizierte Copernicus-Sentinel-Daten (2016), bearbeitet von ESA and CNES; 89 © ESA/CNES/CLS; 90–91, 93 Bild mit freundlicher Genehmigung von Dr. Sean Birkel; 96–97, 99 AmphibiaWeb Copyright © 2000–2017 The Regents of the University of California; 100–101, 103 Janicki, J., Narula, N., Ziegler, M., Guénard, B. Economo, E.P., „Visualizing and interacting with large-volume biodiversity data using client-server web-mapping applications: The design and implementation of antmaps.org", in: *Ecological Informatics* 32, 2016, S. 185–193; 104–105, 107 BirdLife International und *Handbook of the Birds of the World* (2017), Weltkarten der Vogelarten und -vorkommen, Version 6.0, verfügbar unter: http://datazone.birdlife.org/species/requestdis; 108–109, 111 Office of the Assistant Secretary of Defense for Energy, Installations and Environment (Armed Forces Pest Management Board), *Living-Hazards*-Datenbank: http://www.acq.osd.mil/eie/afpmb/livinghazards.html; 112–13, 115 U.S. Centers for Disease Control and Prevention; 116–17, 119 Original-Quelle: http://io9.gizmodo.com/this-maps-redand-blue-regions-each-contain-5-of-the-w-1719773481; 120–21, 123 Gabby Henrie, Lewis & Clark College Environmental Studies Program; 124–25, 127 Institute for Economics and Peace; 128–29, 131 NASA/Goddard Space Flight Center, Scientific Visualization Studio, U.S. Department of Commerce, National Oceanic and Atmospheric Administration, National Geophysical Data Center, 2006, 2-minute Gridded Global Relief Data (ETOPO2v2): http://www.ngdc.noaa.gov/mgg/fliers/06mgg01.html, The Blue Marble Next Generation – Daten mit freundlicher Genehmigung von Reto Stöckli (NASA/GSFC) und NASA/Earth Observatory, The Blue Marble – Daten mit freundlicher Genehmigung von Reto Stöckli (NASA/GSFC); 132–33, 135 *Ethnologue* 18 linguistic diversity index BlankMap-World6.svg, lizenziert unter: CC-BY-SA 3.0; 136–37, 139 Daten vom CIA world factbook; 140–41, 143 Copyright 2016 Pew Research Center; 144–45, 147 Daten © World Health Organisation data © World Health Organisation, nachgedruckt von: http://apps.who.int/bmi/index.jsp?introPage=intro_3.html; 148–49, 151 Helliwell, J. F., Layard, R. und Sachs, J. (Hrsg.), *World Happiness Report 2015*, New York: Sustainable Development Solutions Network, 2015; 154–55, 157 Bild mit freundlicher Genehmigung von Kalev Leetaru; 162–63, 165 NOAA's SEAS BBXX Datenbank, vom 14.10.2004 bis zum 15.10.2005; 166–67 National Geospatial-Intelligence Agency, September 2000; 169 FELIX PHARAND-DESCHENES, GLOBAIA/SCIENCE PHOTO LIBRARY; 170–71, 173 Lizenziert unter: CC-BY-SA, http://www.un.org/en/ development/desa/population/migration/data/estimates2/estimatesmaps.shtml?1t1; 175–76, 177 Sander, N., Abel, G. und Bauer, R., *The Global Flow of People* (www.global.migration.info), in *Science* 2014 unter dem Titel „Quantifying global international migration flows" erschienen; 178–79, 181 United Nations Population Division; 182–83 © European Union, 1995–2017; 185 Erstellt von David Marioni und Yu Luck vom Noun Project; 186–87, 189 © 2016 – The Language Conservancy (diese Karte basiert auf Daten der UNESCO & © UNESCO 1995–2010); 190–91, 193 INC International Nut and Dried Fruit Council; 194–95, 196 American Geographical Society © 2016, alle Rechte vorbehalten; 198–99, 201 Jongema, 2012; 202–203, 205 Lizenziert unter: CC1.0 Universal; 206–207, 209 Daten von Mortality and Burden of Disease estimates for WHO member states in 2002; 210–11, 213 Food and Agriculture Organization of the United Nations, 2015, FDI World Dental Federation, *The Challenge of Oral Disease: A call for global action. The Oral Health Atlas*, 2. Aufl., http:// www.nature.com/bdj/journal/v220/n9/full/sj.bdj.2016.322.html.

DANKSAGUNG

Dieses Buch ist ein Gemeinschaftswerk. Lucy Warburton vom Aurum Verlag hatte die Idee dazu und hat das Projekt unermüdlich vorangetrieben, und die ausgezeichneten Entwürfe von Paileen Currie haben den *Atlas unserer Zeit* wunderbar ergänzt. Ein Dank gilt auch all den Kartografen von Lovell Johns für die Herstellung der Karten, Jenny Page für die Korrektur und Überarbeitung des Textes und Dr. Wen Lin von der Newcastle University für die fachkundige Begutachtung und Beratung.